能源互联网导论

杨　峰　李　瑞　主编

宋永端　主审

科学出版社

北　京

内 容 简 介

能源互联网是一种新型能源系统，是“互联网+智慧能源”得以实现的物理支撑，同时也是一种以用户用能体验为中心的定制化能源服务产业生态环境。许多新的概念、方法及技术得以不断突破并应用于能源互联网的建设之中。此书总结了作者对能源互联网技术当下趋势以及未来发展的理解和感悟，主要内容包括能源互联网的基本概念、全球电力骨干网、微电网系统、新能源发电、储能系统、电动汽车与V2G技术、能源路由器等。

本书可作为高校电气工程、电气信息、电力系统及其自动化、新能源系统等专业本科生或研究生教材，也可作为从事新能源行业的科研人员和工程技术人员参考用书。

图书在版编目(CIP)数据

能源互联网导论 / 杨峰, 李瑞主编. — 北京：科学出版社, 2019.6
ISBN 978-7-03-061053-9

Ⅰ. ①能… Ⅱ. ①杨… ②李… Ⅲ. ①互联网络-应用-能源发展-研究 Ⅳ. ①F407.2-39

中国版本图书馆 CIP 数据核字 (2019) 第 073191 号

责任编辑：李小锐 / 责任校对：彭 映
责任印制：罗 科 / 封面设计：墨创文化

科学出版社 出版
北京东黄城根北街16号
邮政编码：100717
http://www.sciencep.com

成都锦瑞印刷有限责任公司印刷
科学出版社发行 各地新华书店经销

*

2019年6月第 一 版 开本：787×1092 1/16
2019年6月第一次印刷 印张：10 1/2
字数：242 000

定价：46.00元
(如有印装质量问题，我社负责调换)

前　言

在能源发展进程中，历次能源革命都依赖能源技术的重大突破。第一次能源革命，蒸汽机的发明推动主导能源从薪柴向煤炭转变。第二次能源革命，内燃机和电动机的发明推动主导能源从煤炭向石油、电力转变。当前，第三次能源革命兴起，从传统化石能源的开发利用向可再生清洁能源大规模开发利用转变。

可再生能源不会对环境造成影响，可以被重复利用，具有可持续，因此被视为传统能源的可靠替代，其提供了彻底解决能源可持续发展的途径。但可再生能源存在地理上分散、生产不连续、随机性、波动性、不可控等特点，这使得传统电力网集中统一的管理方式难以适应可再生能源大规模利用的要求。

能源互联网借鉴互联网思维和理念构建了新型信息-能源融合的“广域网”，它以大电网为“主干网”，以微电网、分布式能源等能量自治单元为“局域网”，通过分散协同的管理和调度实现能量的双向按需传输和动态平衡，可以最大限度地适应新能源接入。为了支撑能源互联网的建设，需要在电力骨干网、微电网系统、新能源发电、储能系统、电动汽车与 V2G 技术、能源路由器等领域全面推动技术创新。

为了满足能源互联网建设发展的需要，从业者和研究者需要掌握相关领域的基础知识，并有针对性地突破应用和开发中可能遇到的技术难点。针对这种情况，本书从能源互联网基本概念和内涵入手，在此基础上阐述能源互联网的各项核心技术。其中，第 2 章重点涉及全球电力骨干网络的设计与规划；第 3 章阐述支撑分布式能源接入的局域微电网系统；第 4 章介绍构建能源互联网的动力之源——太阳能发电、风力发电、海洋能发电、地热发电、生物质能发电等新能源技术；第 5 章侧重平抑大规模可再生清洁能源发电接入电网带来波动性的储能环节；第 6 章考虑电力系统与交通系统的耦合，重点介绍了能源互联网中的典型智能负载-电动汽车及 V2G 技术；第 7 章对推动能源互联网普及的关键设备——能源路由器的实现进行了介绍。

本书由杨峰、李瑞主编，宋永端主审。实验室的研究生史林波、李鹏、张敏、石亚锋、何海林、甘霖、李玉良、唐鹏程、王大松等进行了插图绘制和数据整理。在本书的编写过程中，引用了参考文献中的部分内容，特向其作者表示真诚的谢意。同时本书出版得到了电子科技大学“十三五”规划教材建设项目的资助，在此表示感谢。

由于能源互联网技术发展很快，加之作者水平有限，本书难免存在不足之处，敬请读者给予指正。

目　　录

第 1 章　能源互联网概述

能源网、交通网、通信网是人类生活最重要的三大基础网络设施。目前通信网建设比较完善和清晰，其发展主要在于升级换代；交通网各部分之间的连接、对接都比较清楚直观；而能源互联网发展才刚刚开始，其概念和内涵仍在探索之中。

1.1　可再生能源

能源可持续发展是摆在人类面前最重要的难题。目前人类使用的主要是化石能源，这类能源存储总量有限，具有不可持续、不可再生的特点，且大多会对环境造成破坏，如形成碳排放、温室效应等。

可再生能源是指人们在自然界中能有规律地得到补充和不断再生的能源。它是取之不尽、用之不竭的清洁能源，主要有以下几种。

(1) 太阳能：太阳能是太阳内部连续不断的核聚变反应过程产生的能量。尽管太阳辐射到地球大气层的能量仅为其总辐射能量的二十二亿分之一，但太阳每年辐射到地球上的能量就已相当于 150 亿亿 kW·h，即平均每人约 2.5 亿 kW·h。

(2) 风能：风能是地球表面大量空气流动所产生的动能。风能是太阳能的一种转换形式，受地形的影响较大，世界上风能资源多集中在沿海和开阔大陆的收缩地带。根据相关资料统计，每年来自外层空间太阳辐射能的 2.5%被大气吸收，产生大约 4.3×10^{12} kW·h 的可利用风能，这是地球上可开发利用的水能总量的数十倍。

(3) 水能：水能包括河流水能、潮汐水能、波浪能、海流能量。狭义的水能是指人们利用河流流水下落所产生的能量。将水能转换为电能，则称为水电，它是一种可再生的清洁能源。太阳能驱动地球上水循环，使之持续进行。地表水的流动是重要的一环，在落差大、流量大的地区，水能资源丰富。其缺点是容易受地形、气候等多方面因素影响。

(4) 生物质能：生物质是指通过光合作用而产生的各种有机体。生物质能是指太阳能以化学能形式贮存在生物中的一种能量形式，是一种以生物质为载体的能量。生物质能资源主要有薪柴、农作物秸秆、林作物及农林业加工的残余物、禽畜粪便、城镇生活垃圾、生活污水和水生植物等。全球每年植物光合作用固定的碳约相当于全世界每年消耗能量的 10 倍。

(5) 海洋能：地球表面 71%为海洋。一望无际的海洋不仅为人类提供航运、水产和丰富的矿藏，还蕴藏着巨大的能源。海洋能是指依附在海水中的可再生能源，包括潮汐能、波浪能、海洋温差能、海洋盐差能和海流能等。

(6) 地热能：地热能是指地壳内岩石和流体(液、气相)中能被经济合理地开发出来的热能。地热资源开发的对象是热能，其中以热水形式存在的地热是至今利用价值较高的替代绿色能源之一。它集热能、水资源于一体，可用来发电，也可直接用于供暖、洗浴、医疗保健、休闲疗养等产业。

可再生能源不会对环境造成影响，可以被重复利用，具有可持续的特点，因此受到了各国能源专家的重视，被视为替代传统能源的可靠途径，是彻底解决能源可持续发展的希望所在。据测算，地球上仅开发万分之五的清洁能源即可满足全人类的能源需求。全世界按年均 12.4%的增长速度发展可再生能源，到 2050 年，世界可再生能源可占到总能源比重的 80%以上，实现能源永久性清洁供应，彻底摆脱化石能源困局。因此欧盟、美国和中国相继提出，到 2050 年实现可再生能源在能源供给中占 100%、80%和 60%～70%的目标。届时全球年碳排放降低到 105 亿吨，而温度升高也可控制在 2℃以内，力争控制在 1.5℃以内，中国长期面临的雾霾问题也会迎刃而解。

1.2 电能替代

电能替代是指在能源消费上，以电能替代煤炭、石油、天然气等化石能源的直接消费，提高电能在终端能源消费中的比重。电能替代主要体现在两个方面：发电环节由清洁能源替代化石能源，终端使用环节则是以电代柴、以电代煤、以电代油。据统计，中国电能占终端能源消费的比重每提高 1 个百分点，单位 GDP 能耗可下降 4%。

人类历史已经先后经历过用煤炭替代薪柴，用石油、天然气替代煤炭的过程，目前正在逐步进入用可再生能源替代传统化石能源的阶段。无论从发展趋势、现实要求，还是从技术条件考虑，电能替代都是终端能源替代的重要趋势，以电气化和电能替代为主要方向推进终端能源替代，符合未来的能源发展方向。客观来看，所有的一次能源都可以转换为电能，电能相对于煤炭、石油、天然气等能源具有更加便捷、安全和清洁的优势，而且可以较为方便地转换为机械能、热能等其他形式的能源，实现精确控制。并且随着能源价格比对关系逐步趋于合理，电能在终端能源消费市场的竞争力会进一步增强。电能的这些特性使其在现代经济社会中得到广泛应用，电气化已经成为现代化的重要标志之一。

此外，虽然能源形式多种多样，电能仅仅是其中的一种，但电能在能源传输效率等方面具有无可比拟的优势，未来能源基础设施在传输方面的主体必然还是电网，各类能源开发、转换、配置、使用的基本平台也是电网。风力发电、太阳能发电等大规模、集约化发展，客观要求必须实现能源资源的大范围、高效率优化配置，电能替代具有更加显著的经济效益。随着电气化进程进一步加快，在供给侧清洁能源必将替代化石能源；在消费侧电能将扮演日益重要的角色，并最终成为最主要的终端能源品种，实现更加清洁、便捷、安全的能源利用。

从某种角度上来说，电力系统是最具有互联网特征的网络。这个特征决定了电能在诸多能源类型中将起到枢纽作用。相应地，电网将成为能源转化和利用的核心平台，是能源互联网的关键物理基础。当然，在特殊环境下，根据其他形式能源的特征和用户的最终需要，利用其他形式的能源也是可选的，如可直接利用太阳能供热而不需转换成电能。

1.3　电网和互联网

电网和互联网具有相互促进的发展历程，如图 1-1 所示。互联网刚出现时借鉴了电网源荷互联和负荷即插即用的理念，实现了不同计算机互联，以及信息接收端的即插即用和使用透明。之后互联网发展迅速，进入了双向互动的 Web 2.0 和移动互联网时代，每个个体既是信息的消费者，也是信息的生产者，实现了异种设备的即插即用，具备自组织、自愈等功能，产生众多的新业态和商业新模式，成为当前最活跃的创新创业土壤。相比之下，电网发展相对缓慢，保守和自然垄断的局面未发生实质性变化，创新活力明显不足。

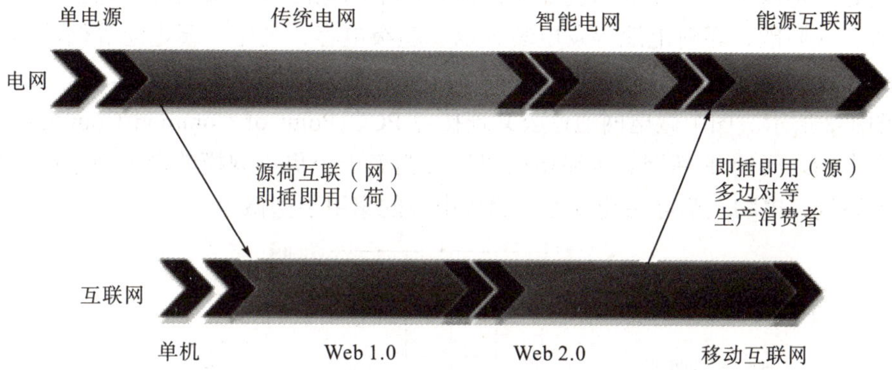

图 1-1　电网和互联网互助发展示意图

互联网的快速发展离不开开放的核心理念。传统电网的理念相比互联网最大的差距在于开放性差导致的互联程度低：①在物理层面，各电能子系统存在行业壁垒，未能实现开放互联。电能的传输也无法像互联网中信息传输一样灵活可控，导致电网总能效不高，可再生能源的消纳受限，还使得能源生产和消费的便捷性不足。②在商业层面，电网仍被少数大型公司垄断，众多的源荷之间难以形成直接对接，大量的能源用户处于被动地位，无法以对等的身份参与到能源市场中，创新创业主体不多，市场不繁荣。随着可再生能源、分布式发电的迅速发展，现有的电网越来越难以满足人们对能源民主化、高效化和绿色化方面的高要求，亟须从互联网汲取先进的理念和技术，实现电网的升级进化。

总的来说，互联网信息通信与电力能源结合发展分为三个阶段：第一为数字化、信息化阶段。此时，信息通信为电力能源行业提供服务，带来方便和快捷。第二为智能化阶段，也就是智能电网阶段。在该阶段，信息通信成为电力能源基础设施不可或缺的组成部分，以信息流与能量流的结合为特征。第三为信息物理融合阶段，表现为信息通信基础设施与电力能源基础设施的一体化，也就是信息能源基础设施一体化意义下的能源互联网阶段。

1.4 智能微电网

尽管可再生能源具有可持续、可再生的特点，但该类能源大多输出不稳定，如太阳能受限于太阳光的强弱，风能受限于风力的大小。同时由于其分布式的特点，大量能源节点的无序接入将对电网稳定运行产生很大的影响，甚至导致整个电网的崩溃。因此，需要采用一定的设备和结构形式对分布式可再生能源的接入进行处理，而微电网技术为解决这一问题提供了新的契机。

微电网也被称为分布式能源孤岛系统，其将发电机、负荷、储能装置及控制装置等结合在一起，形成单一可控的系统单元。微电网中的电源多为微电源，包括微型燃气轮机、光伏、太阳能、燃料电池等发电装置以及超级电容、飞轮、蓄电池等储能装置。其既可与大电网联网运行，也可在电网故障或需要时与主网断开单独运行，典型的微电网系统如图 1-2 所示。图中微电网通过公共连接点 PCC(Point of Common Coupling)实现微电网和大电网之间的并/断网。大微电网可以分为若干个更小规模的微电网系统，如包含光伏发电系统、电动汽车等储能设备和超级电容的家用小型微电网。

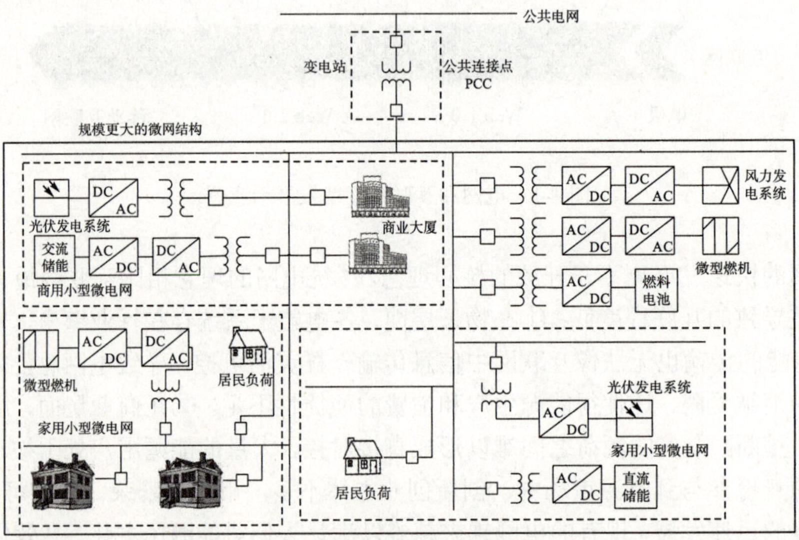

图 1-2 典型微电网系统示意图

微电网具有双重角色。对于电网，微电网作为一个大小可以改变的智能负载，为本地电力系统提供可调度负荷，可以在数秒内做出响应以满足系统需要，适时向大电网提供有力支撑。对于用户，微电网作为一个可定制的电源，可以满足用户多样化的需求，例如增强局部供电可靠性，降低馈电损耗，支持当地电压，通过利用废热提高效率，提供电压下陷校正，或作为不可中断电源服务等。微电网不仅解决了分布式电源的大规模接入问题，充分发挥了分布式电源的各项优势，还为用户带来了其他多方面的效益。其将从根本上改变传统应对负荷增长的方式，在降低能耗、提高电力系统可靠性和灵活性等方面具有巨大潜力。

1.5　能源互联网

可再生能源存在地理上分散、生产不连续、随机性、波动性和不可控等特点，这使得传统电力网集中统一的管理方式，难以适应可再生能源大规模利用的要求。对于可再生能源的有效利用方式是分布式的“就地收集，就地存储，就地使用”。但分布式发电并网并不能从根本上改变分布式发电在高渗透率情况下对上一级电网电能质量、故障检测、故障隔离的影响，也难以实现可再生能源的最大化利用。只有实现可再生能源发电信息的共享，以信息流控制能量流，实现可再生能源所产生电能的高效传输与共享，才能克服可再生能源不稳定的问题，实现可再生能源的真正有效利用。

1.5.1　概念

能源互联网借鉴互联网思维和理念构建新型信息-能源融合“广域网”，它以大电网为“主干网”，以微电网、分布式能源等能量自治单元为“局域网”，通过分散协同的管理和调度实现能量的双向按需传输和动态平衡，可以最大限度地适应新能源的接入。微电网是能源互联网中的基本组成单元，通过新能源发电、微能源的采集、汇聚与分享以及微电网内的储能或用电消纳形成“局域网”。而大电网由于在传输效率等方面具有无法比拟的优势，其构成能源互联网中的“主干网”。

从网络系统建设的角度看，能源互联网的物理规模可分为四个层次：能源个人(家庭)网络、能源局域网络、能源广域网络和全球能源互联网络。在这个体系里，通常规模较大的网络系统是由若干规模较小的网络系统互通互联而成，这种形式进而循环迭代最终形成全球性的能源网络系统基础设施。

从信息和能源的层次结构来说，能源互联网的基本架构主要包括“互联网+”和能源系统类互联网化，如图 1-3 所示。前者主要是体现在信息化层面，后者主要是实体发电、供能以及实体化的设备。前者通过获取后者的信息来制定相应的控制策略，然后将控制策略实施于后者，实现能源互联和信息一体化。

不同于传统能源系统，在能源互联网中，由于存在供给与需求的动态互换性，因此可以利用能源虚拟化与能量信息化技术为传统能源资源赋予新的互联网信息属性，进而通过传递和交换供能方与用能方的互联网信息属性进行新型负载调度，从而达到与传统能源输送同样的目的，这样就可极大提高能源资产的高效利用，以及能源资源全生命周期的利用效率。例如，可以通过能源互联网引导用能分布与能源供给分布的最大匹配，来达到与能源输送调度一样的效果，从而实现新能源就地采集与消纳，避免能源输送带来的损耗。

总体而言，能源互联网可理解成综合运用先进的电力电子技术、信息技术和智能管理技术，将大量由分布式能量采集装置、分布式能量储存装置和各种类型负载构成的新型电力网络节点互联起来，以实现能量双向流动的能量对等交换与共享网络。

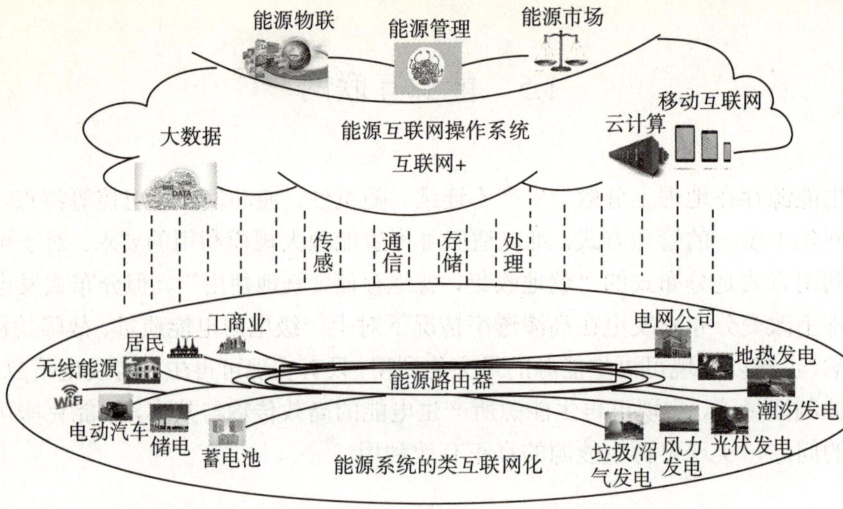

图 1-3 信息和能源层次结构

1.5.2 内涵

能源互联网是一种新型能源系统，是“互联网+”智慧能源得以实现的物理支撑系统，同时也是一种以用户用能体验为中心的定制化能源服务产业生态环境。其本质是信息演变成为一种新型生产资料之后，与传统能源行业深度融合，对能源领域里的各种生产要素进行重新配置和优化的必然结果。

能源互联网有别于传统能源系统信息化，其重要技术特点是构建信息流和能量流的双向决策控制闭环。能源互联网中能量流将被数字化和信息化处理，并与信息系统无缝对接，从而形成能量流与信息流的深度融合，而不是信息化式的简单叠加，这样使得能源最终变成一种可以计算计量的网络虚拟资源。如果说智能电网还是在现有电网架构上通过信息化和智能化的手段，解决设备利用率、安全可靠性、电能质量等基本问题，那么能源互联网的关键则在于采用互联网理念、方法和技术实现能源基础设施架构本身的重大变革，使得电能的开放互联与交换分享可以跟互联网信息分享一样便捷。

信息互联网体系架构决定了其安全稳定性较高，冗余组网方式可保证系统整体的可靠性，同时通过分散路由等方式实现设备和线路的动态备用，保持一定的利用率。能源互联网可以借鉴其中机制，但能量与信息的交换和传输有本质不同。相比现在集中式电网自上而下的紧耦合模式，能源互联网能实现局域自治，在广域互联中通过储能缓冲、直流输电等方式实现解耦，同时局域不稳定问题可以通过互联实现广域的动态互备用，达到安全稳定可靠的目标。与信息互联网类似，能源互联网在局域、广域和主干网的特点不同，相应的实现和管理方式也不尽相同。电能在局域侧重多种形式的快速转化，在广域传输侧重系统的开放性、可扩展性和标准协议的简约，在主干网强调大电网的异步自治解耦互联。

从宏观上看，能源互联网要满足国家对能源生产和消费革命的技术支撑，使传统能源实现行业从目前垂直集成、边缘封闭的业态向横向互动、边缘开放的新业态演进，还原能源的商品属性，并通过建设开放能源交易市场机制，充分释放多元存量资产高效利用后所产生的共享价值。从微观上看，能源互联网要满足多样化用能需求驱动的能源生产和供给的 C2B（Customer to Business，顾客到企业）和 C2C（Consumer to Consumer，消费者对消费者）模式，其最终产品是为各种用能需求提供灵活多样的定制化服务。

从管理者视角来看，能源互联网是兼容传统电网的，可以充分、广泛和有效地利用分布式可再生能源的、满足用户多样化电力需求的一种新型能源体系结构。从运营者视角来看，能源互联网是能够与消费者互动的、存在竞争的一个能源消费市场，只有提高能源服务质量，才能赢得市场竞争。从消费者视角来看，能源互联网不仅具备传统电网的供电功能，还为各类消费者提供了一个公共的能源交换与共享平台。

1.5.3　特征

针对电力能源的能源互联网与其他形式电力系统相比，具有以下关键特征。

(1) 可再生能源高渗透率。能源互联网中接入了大量各类分布式可再生能源发电系统，在可再生能源高渗透率的环境下，能源互联网的控制管理与传统电网之间存在很大不同，这会带来一系列新的科学与技术问题。

(2) 体系结构的开放性。能源互联网是一个对等、扁平和能量双向流动的能源共享网络。只要符合互操作标准，发电装置、储能装置和负载都能够“即插即用”，实现电能的随时随地接入与获取。

(3) 组成结构的对等性。同传统电网自顶向下的树状结构相比，能源互联网的形成是能量自治单元之间的对等互联。任意单元之间的连接是逻辑上的，其真正实现必须建立在分散路由的基础之上。能量的传输是多次路由的结果，传输路由路径之间为动态互为备用。各路由器间是解耦的，从而避免安全稳定性问题。

(4) 系统的非线性、随机性。分布式可再生能源是未来能源互联网的主体，但可再生能源具有很大的不确定性和不可控性，同时考虑实时电价、运行模式变化、用户侧响应、负载变化等因素的随机特性，能源互联网将呈现复杂的随机特性，其控制、优化和调度将面临挑战。

(5) 多尺度动态特性。能源互联网是一个物质、能量与信息深度耦合的系统，是物理空间、能量空间、信息空间乃至社会空间耦合的多域、多层次关联，包含连续动态行为、离散动态行为和混沌有意识行为的复杂系统。与传统电网相比，具有更大的系统复杂性，呈现出复杂的、不同尺度的动态特性。

(6) 多源大数据特性。随着分布式电源并网，储能及需求侧响应的实施，能源互联网工作在高度信息化的环境中，将包括气象信息、用户用电特征、储能状态等多种来源的海量信息。而且随着高级量测技术的普及，能源互联网中具有量测功能的智能终端数量将会大大增加，所产生的数据量也将急剧增大。

1.5.4 支撑技术

在能源发展进程中，历次能源革命都依赖能源技术的重大突破。第一次能源革命，蒸汽机的发明，推动主导能源从薪柴向煤炭转变。第二次能源革命，内燃机和电动机的发明推动主导能源从煤炭向石油、电力转变。当前，第三次能源革命兴起，从传统化石能源的开发利用向可再生清洁能源大规模开发利用转变。此时需要在电源、电网、储能和信息通信等领域全面推动技术创新，从而支撑能源互联网的建设。

(1) 电源技术。以可再生清洁能源为主导，以电能为中心的能源格局，决定了电源技术在未来能源发展中的关键性作用。其核心是不断提高可再生清洁能源的开发效率和经济性，重点领域包括风力发电、太阳能发电、水能发电、海洋能发电及分布式电源技术等。这些技术突破是构建能源互联网的动力之源，对推动全球能源开发清洁化、低碳化十分重要。

(2) 电网技术。以电能为中心的能源发展格局，决定了电网技术在未来能源发展中的关键性作用。需要不断提高电网输送能力、配置能力和经济性。其主要领域包括特高压输电技术和装备、海底电缆技术、超导输电技术、直流电网技术、微电网技术和大电网运行控制技术等。这些技术突破是构建能源互联网的重要基础。

(3) 储能技术。储能技术发展是保障可再生清洁能源大规模发展和电网安全经济运行的关键。在电力系统中增加存储环节，使得实时平衡的“刚性”电力系统变得更加“柔性”，平抑大规模可再生清洁能源发电接入电网带来的波动性，提高电网运行的安全性。

(4) 信息通信技术。信息通信技术是实现能源互联网智能化、互动化和大电网运行控制的重要基础，主要包括信息和通信两个方面。信息技术侧重于信息的编码或解码，是有关信息收集、识别、提取、变换、存储、传递、处理、检索、检测、分析和利用的技术。通信技术侧重于信息传播，主要包含传输接入、网络交换、移动通信、无线通信、光纤通信、卫星通信、支撑管理、专网通信等。能源互联网对信息通信的安全性、实时性、可靠性要求更为严格，这需要在信息通信技术领域有更大的创新和突破。

1.5.5 全球化

能源互联网全球化是一个面向未来的能源基础设施蓝图，其基于各大洲时间差、南北半球季节差，有效利用各大洲电力负荷的时空互补性进行跨洲峰谷调节，全面优化配置全球范围内的可再生能源。美国和中国的时差有 13～16 小时，欧洲和中国的时差有 6～7 小时，时差大、季节差别大，可实现电网平衡。中国不用电时，把电输送到美国和欧洲；中国用电高峰时，则把美国、欧洲的电输送进来。

要实现能源互联网的全球化，需要一个强大的骨干能源输送网架，这就是能源互联网中的“广域能源网”。目前，除了中国力推的特高压输电技术之外，欧洲也在大力发展以高压直流输电(High Voltage Direct Current，HVDC)和柔性直流输电技术为核心的超级电网。

从世界清洁能源资源分布来看，北极圈及其周边地区(一极)风能资源和赤道及附近地区(一道)太阳能资源十分丰富，简称“一极一道”(见图 1-4)。北极地区风能资源技术可开发量约 1000 亿 kW，约占全球陆上风能资源的 20%。环北冰洋的喀拉海、巴伦支海、白令海峡和格陵兰岛等是北极风能资源最丰富的地区。赤道附近地区所处纬度低、太阳直射多，每年可以达到 3000 多小时。其中一些地区多为干旱、半干旱或沙漠地带，太阳散射少，因此太阳能资源极其丰富，是未来太阳能大规模集中开发和利用的重点区域。此外，赤道附近地区还拥有大量优质的水能资源，如非洲刚果河、南美洲亚马孙河。

集中开发北极风能以及赤道太阳能和水能资源，通过先进输电技术送至各大洲负荷中心，与各洲大型能源基地和分布式电源相互支撑，提供更安全、更可靠的清洁能源供应，将是未来世界能源发展的重要方向。

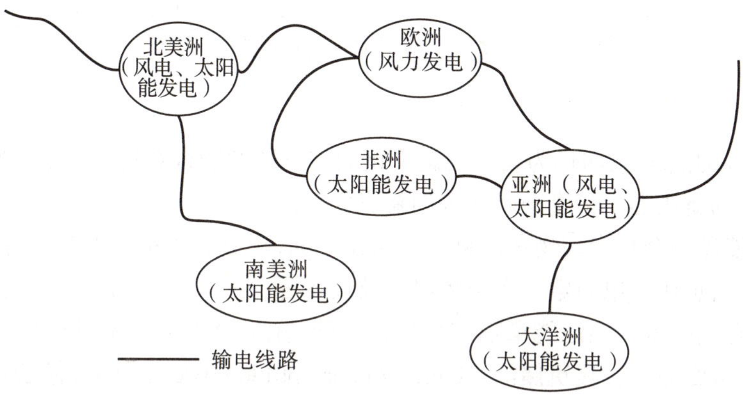

图 1-4　北极圈风能和赤道太阳能资源分布图

1.5.6　其他技术模式

电网是能源互联网的主要技术模式，但由于能源的绿色化不可能一蹴而就，特别是在中国，可再生能源与化石能源混合作用的时间可能会更长。为了提高各类能源的综合利用效率，促进能源向低碳化、绿色化方向发展，能源互联网还有可能采用第二种技术模式——多能源网络。该网络是由输配电网、天然气网、冷热气网等构成，包含分布式能源转换和储存设施在内的综合能源网，通过统筹规划建设，利用现代信息技术和智能化控制技术进行协同调度管理，适时提供气、电、冷、热多品种能源，互助互补满足用户需求，实现能源的梯级利用和产能端与用能端的智能匹配，最大限度提高能源综合利用率。

在多能源网络中，电能、化学能、热能等不同能源形式可根据需求相互转化，该概念由苏黎世联邦理工学院的 Goran Andersson 教授最先提出，并初步奠定了多能源网络运行与控制的理论基础。但真正使多能源网络变为现实的，则是电转气(Power to Gas)技术的出现。电转气技术的基本原理是首先利用富余的可再生能源电解水，再将产生的氢气与空气中的二氧化碳进一步反应产生甲烷。由于甲烷是天然气的主要成分，因此，电转气装置产生的甲烷可以注入现有天然气网络中存储和运输。电转气技术的出现，建立了电力与天然气两个原本相互独立的能源网络间能量双向流动的渠道。可再生能源可以通过电转气技术，在天然气管道中远距离传输和大规模存储，这是与目前依靠高压电网和电池实现可再生能源传输与存储截然不同的思路。

世界上的第一个电转气项目是2012年在德国斯图加特建成的250 kW的电转气示范工程。随后，奥迪公司在德国建成了第一个工业级的电转气工程，容量为6 MW，并将其与当地的天然气网络连通，从而可以直接向天然气公司出售多余的甲烷。目前，利用电转气技术将可再生能源转化为甲烷的效率在50%～70%。若再经过燃气机组将甲烷转化为电，效率是30%～38%。如果将电转气与热电联供结合，则电→气→电+热的总体效率为40%～50%。电转气技术本身还在快速发展中，欧盟在2014年资助了HELMETH项目，预计可将电转甲烷的效率进一步提高到85%，从而真正实现电转气的产业化。

1.6 技术前瞻

如上所述，能源互联网作为新一代扁平化的信息能源融合系统，已经成为当前学术界和产业界关注的新焦点，其进一步技术创新将包括：

(1)信息能源融合技术。物理信息系统(cyber-physical systems，CPS)、能源虚拟化、能量数字化与信息化、电力电子半导体器件及设备等。

(2)能量存储技术。电池能量管控系统、能量缓存、大规模分布式储能、电动汽车及其基础设施、家庭储能、建筑储能、UPS(uninterruptible power system)储能及其他各种储能技术。

(3)能源互联网网络设备技术。即插即用能量接口模块、能量交换机、能量路由器等。

(4)能源互联网网络技术。主动配电网、特高压、无线输电、异构能源网络的统一规划与调度等。

(5)能源互联网应用与服务支撑技术。开放能源交易体系、能量大数据、能量云、定制化能量服务以及各种技术标准化工作。

能源互联网是能源和互联网深度融合的产物，是能源行业继智能电网后又一前沿发展方向和重要课题。在能源革命、“互联网+”和创新驱动等背景下，能源互联网将成为能源领域创新创业的沃土。

第2章　全球电力骨干网

能源互联网由电力骨干网、配电网以及微电网等组成，其中配电网正在由传统的被动配电网向主动配电网发展，而电力骨干网也将从全国性或省际的电力输送主干架扩展到全球互联。

2.1　电力系统组成

传统的电力系统是由发电厂、送变电线路、供配电所和用电等环节组成的电能生产与消费系统。它的功能是将自然界的一次能源通过发电动力装置转化成电能，再经输电、变电和配电将电能供应到各用户。为实现这一功能，电力系统在各个环节和不同层次上还具有相应的信息与控制系统，对电能的生产过程进行测量、调节、控制、保护、通信和调度，以保证用户获得安全、优质的电能。电力网结构示意图如图2-1所示。

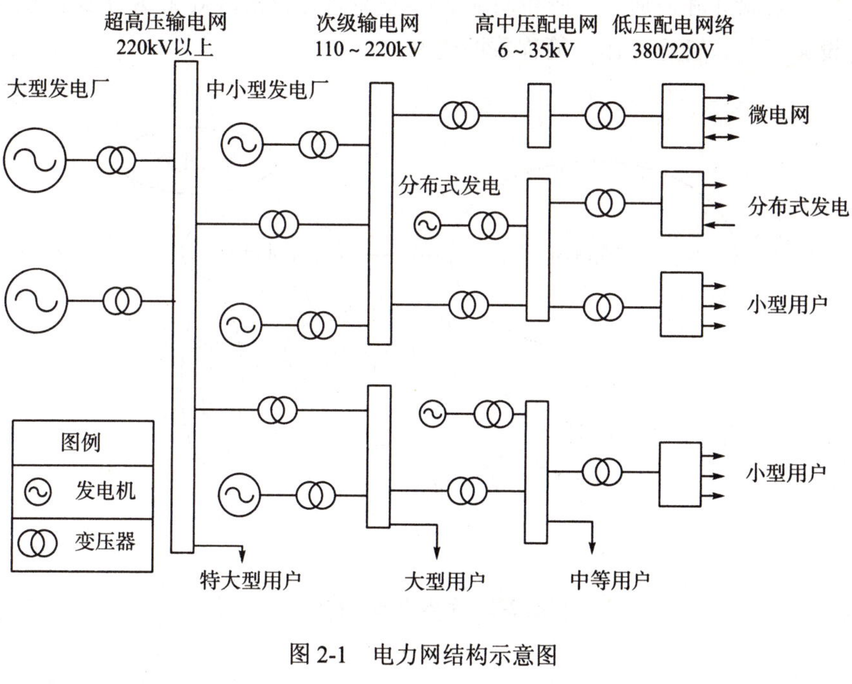

图2-1　电力网结构示意图

电力系统的主体结构有电源(水电站、火电厂、核电站等)，变电所(升压变电所、负荷中心变电所等)，输电、配电线路和负荷中心。各电源点还互相连接以实现不同地区之间的电能交换和调节，从而提高供电的安全性和经济性。输电线路与变电所构成的网络通常称电力网络。电力系统的信息与控制系统由各种检测设备、通信设备、安全保护装置、自动控制装置以及监控自动化和调度自动化系统组成。电力系统的结构在保证先进技术装备和高经济效益基础上，实现电能生产与消费的合理协调。

2.2 中国电力网

中国电力网是全球电力网的重要组成部分。近年来，伴随着中国电力发展步伐不断加快，中国电网系统运行电压等级不断提高，网络规模也不断扩大，目前拥有世界上最大的用户群体。中国的两大电网公司——国家电网和南方电网都进入了《财富》世界500强。

2.2.1 中国电力网组成

全国已经形成了东北电网、华北电网、华中电网、华东电网、西北电网、西南电网和南方电网7个跨省的大型区域电网(见图2-2)，并基本形成了完整的长距离输电电网网架，主要由两大集团分别管理。其中东北电网、华北电网、华中电网、华东电网、西北电网、西南电网属国家电网公司，南方电网属中国南方电网有限责任公司。中国电力网行政区域组成见表2-1，表中内蒙古电力(集团)有限责任公司是全国唯一独立的省级管理电网企业，负责除赤峰、通辽、呼伦贝尔、兴安盟之外自治区其余8个盟市供电营业区的电网建设、经营、管理工作，简称蒙西电网。

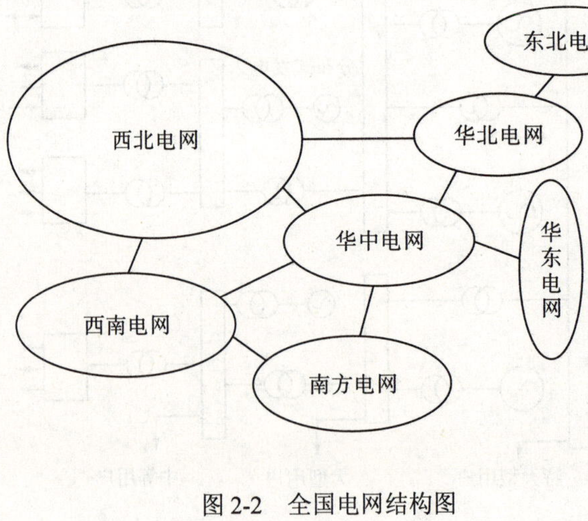

图2-2 全国电网结构图

表 2-1　中国电力网行政区域组成

<table>
<tr><td rowspan="11">中国电力网</td><td rowspan="6">国家电网</td><td>华北电网</td><td>北京电力网、天津电力网、河北电力网、山西电力网、山东电力网</td></tr>
<tr><td>东北电网</td><td>辽宁电力网、吉林电力网、黑龙江电力网、内蒙古东部电力网</td></tr>
<tr><td>西北电网</td><td>陕西电力网、甘肃电力网、青海电力网、宁夏电力网、新疆电力网</td></tr>
<tr><td>华中电网</td><td>湖北电力网、湖南电力网、江西电力网、河南电力网</td></tr>
<tr><td>华东电网</td><td>上海电力网、江苏电力网、浙江电力网、福建电力网、安徽电力网</td></tr>
<tr><td>西南电网</td><td>四川电力网、重庆电力网、西藏电力网</td></tr>
<tr><td>南方电网</td><td colspan="2">广西电力网、广东电力网、云南电力网、海南电力网、贵州电力网</td></tr>
<tr><td>蒙西电网</td><td colspan="2">内蒙古西部电网</td></tr>
<tr><td>台湾地区电网</td><td colspan="2">台湾地区</td></tr>
<tr><td>中华电灯电力有限公司
香港电灯有限公司</td><td colspan="2">香港特别行政区</td></tr>
<tr><td>澳门电力有限公司</td><td colspan="2">澳门特别行政区</td></tr>
</table>

大型区域电网一般由省级或地市级电网组成，以华北电网和华中电网为例。华北电网包括京津唐电网、河北南部电网、山西电网和山东电网几部分，并与东北电网、华中电网、蒙西电网相连，如图 2-3(a)所示。华中电网在全国电网系统中处于枢纽地位，承担主要的西电东送任务。华中电网由河南电网、湖北电网、江西电网、湖南电网几部分组成。其中河南电网与西北电网、华北电网相连，湖北电网与华东电网、南方电网、西南电网相连。如图 2-3(b)所示。

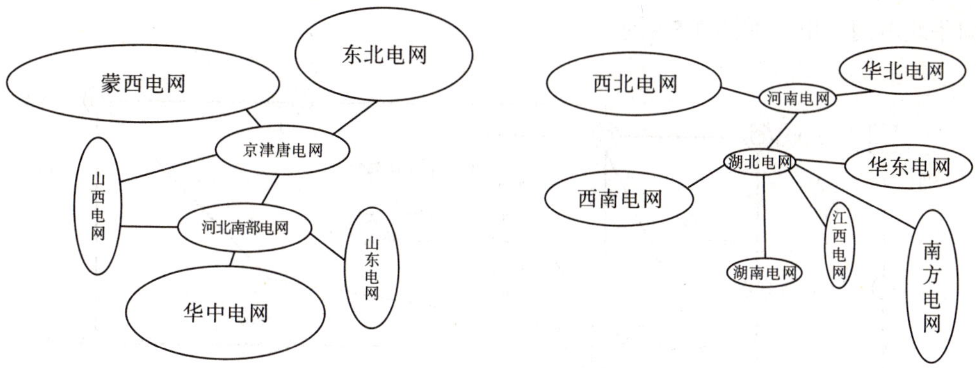

(a)华北电网结构图　　(b)华中电网结构图

图 2-3　大型区域电网结构图

省级电网一般由地市级电网组成。山西电网属于典型的省级电网，包括大同电网、朔州电网、忻州电网、太原电网、阳泉电网、吕梁电网、晋中电网、长治电网、晋城电网、运城电网、临汾电网 11 个地市级电网，如图 2-4 所示。

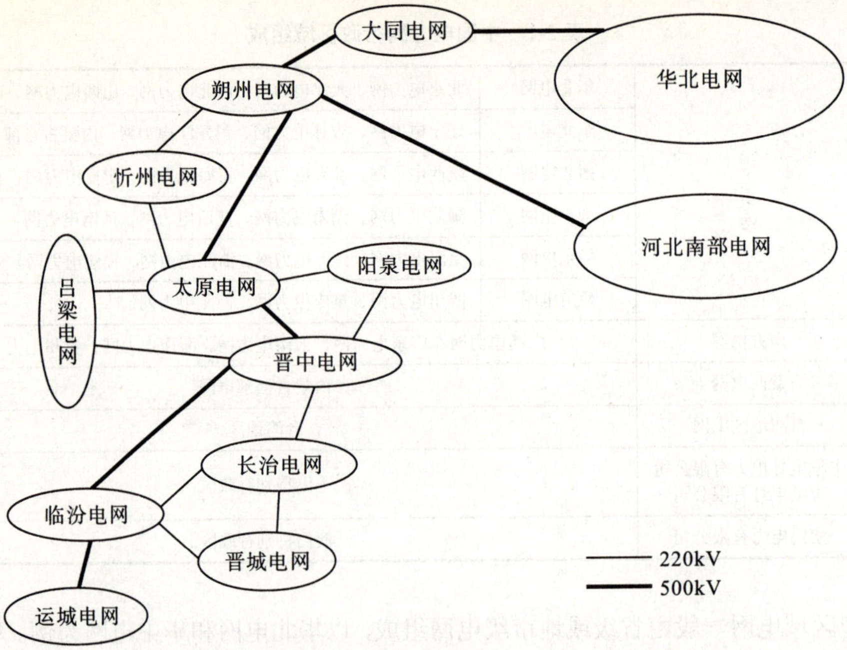

图 2-4 山西(省级)电网组成图

地市级电网负责将电能再分配到各区县或各大中型工厂。以大同地区电网为例，包括 10 个 220 kV 变电站、4 个发电厂以及若干个 110 kV 的变电站。其中，大同二电厂属大型电厂，主要向华北电网供电；大同一电厂、大同热电公司、广灵电厂都只是给本地区供电，不向华北电网送电，如图 2-5 所示。

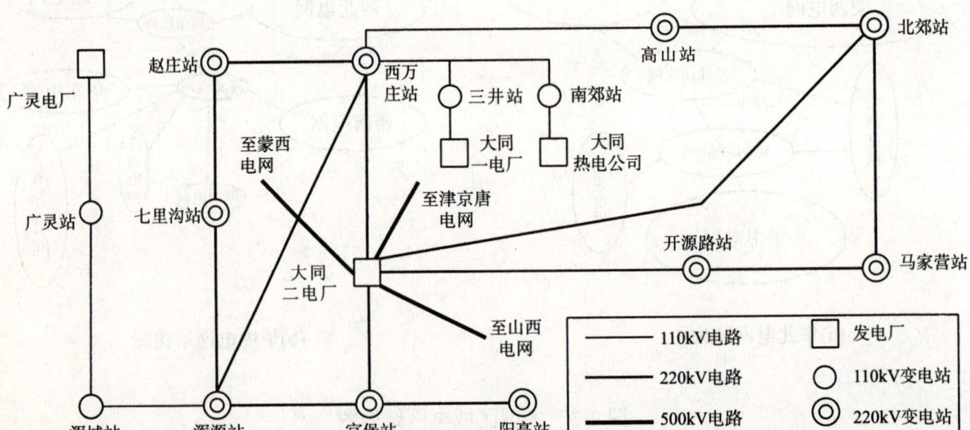

图 2-5 大同(地级市)电网组成图

2.2.2 中国电力网互联

1. 中国能源结构

能源结构决定电网形态。目前，中国的发电模式包括燃煤发电、燃气发电、燃油发电、可再生能源、核能发电等。其中发电能源主要是煤，其次是水能，核能所占比重很小，如图 2-6 所示。

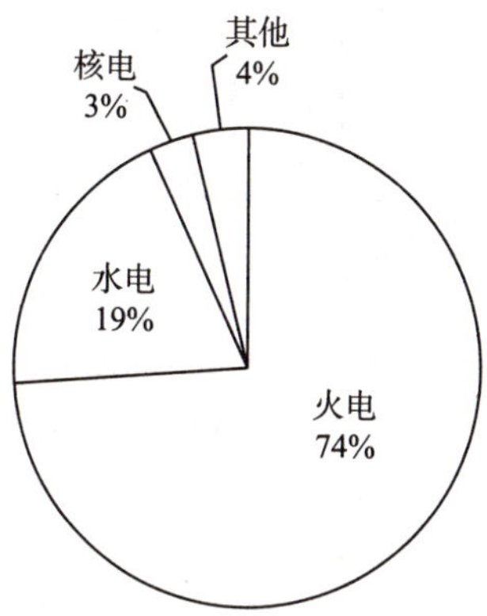

图 2-6 2016 年中国发电占比图

由于中国能源结构特点，在未来相当长时间内，煤电在电力供应中仍将占主导地位。中国煤炭资源分布呈西部、北部富集，东部、南部较为缺乏的特征，同时东中部负荷集中地区大气污染防控压力不断增大。加强西部和北部地区的大型煤电基地的电力外送，有助于缓解东中部地区大气污染，促进西部地区的资源优势向经济优势转化，对优化能源资源配置、促进区域协调发展和生态文明建设具有重要意义。

水电作为清洁能源在中国电力供应中仍是不可或缺的组成部分，中国可开发的水电资源集中于云南、四川、西藏等西南地区，进一步开发金沙江、澜沧江、大渡河、雅砻江等流域水能资源仍是中国水电发展的方向。

风电和太阳能资源开发具有集中和分散并举的特点。其中，“三北”地区风能资源丰富，中国的大型风电基地多数位于“三北”地区，利用跨省或跨区输电通道扩大风能资源配置范围是大型风电基地消纳的一个重要手段。另外，由于中国西部的气候和地理特点，适宜建设大型太阳能地面电站，光伏、光热等太阳能发电形式正在快速发展，由于其与大型风电基地存在地理位置上的重叠，因此大型太阳能发电基地也可与风电基地的电力共同跨省或跨区送出。

2. 中国电网互联格局

中国一次能源的蕴藏总量比较丰富，但能源资源的分布和经济发展极不平衡，2/3 以上的煤炭资源分布在西部、北部(见图 2-7～图 2-9)，80%以上的水电资源分布在西南，而 2/3 以上的能源需求集中在中东部地区。资源分布与能源需求的不平衡是中国的基本国情。供给与需求的空间错配客观上要求建设跨区域特高压电网，为全国统一电网的建设创造条件。这使得中国形成了特高压西电东送、北电南送的电网格局。

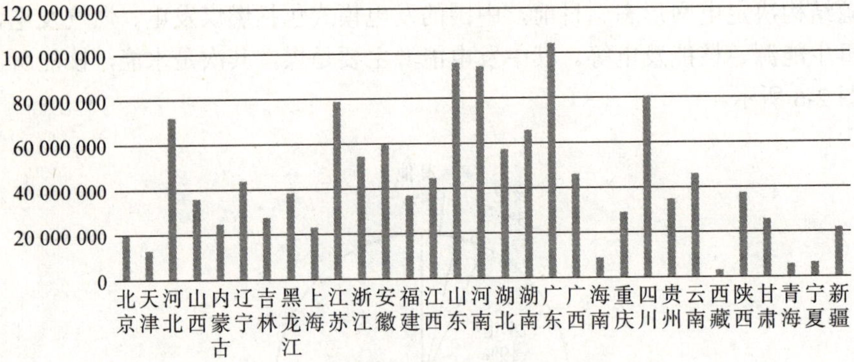

图 2-7 人口分布图

注：台湾、香港、澳门资料暂缺。余同。

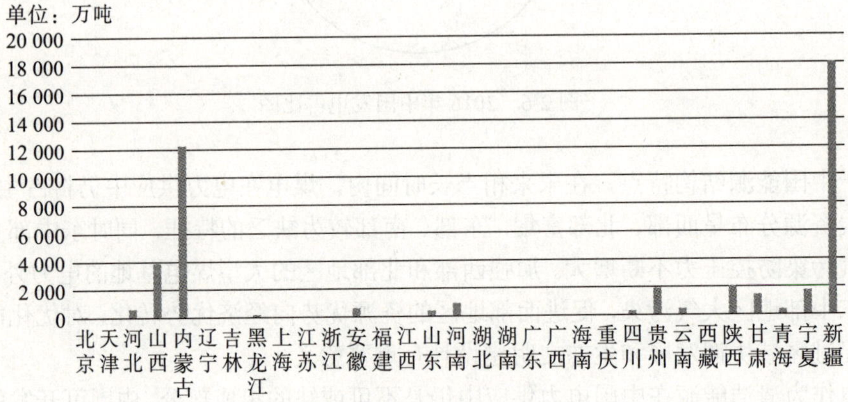

图 2-8 中国煤炭资源储量储量分布图

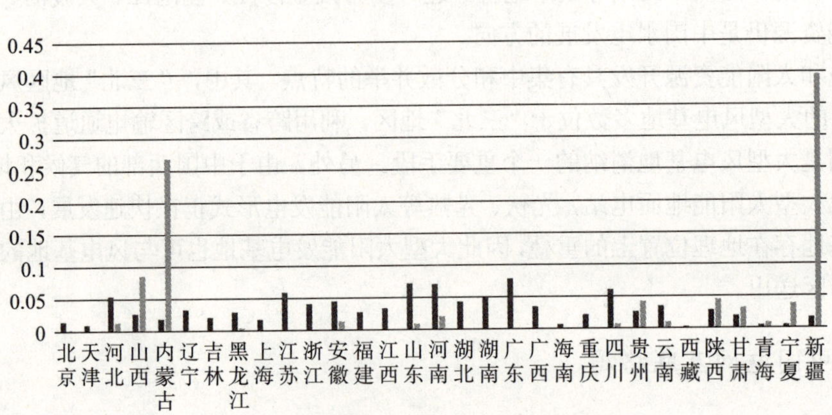

图 2-9 中国煤炭资源与人口分布对比图

中国电网建设由国企主导，电网结构大一统是必然。国家电网、南方电网建设特高压电网从技术上形成了壁垒，特高压是指±800 kV 及以上的直流电和 1000 kV 及以上交流电的电压等级。按照国家电网的长期规划，到 2020 年将建成“五纵五横”，合计 27 条特高压线路。通过特高压建设将使中国电网连成“一张网”，已投运的特高压线路见表 2-2。

表 2-2 已投运的特高压线路

<table>
<tr><th>分类</th><th>特高压线路</th><th>投资额/亿元</th><th>投运时间</th><th>建设单位</th></tr>
<tr><td rowspan="6">交流</td><td>晋东南—南阳—荆门 640 km</td><td>57</td><td>2009</td><td rowspan="11">国家电网</td></tr>
<tr><td>淮南—浙北—上海 656 km</td><td>185</td><td>2013</td></tr>
<tr><td>浙北—福州 603 km</td><td>189</td><td>2014</td></tr>
<tr><td>锡盟—山东 730 km</td><td>178</td><td>2016</td></tr>
<tr><td>淮南—南京—上海 780 km</td><td>268</td><td>2016</td></tr>
<tr><td>蒙西—天津南 608 km</td><td>175</td><td>2016</td></tr>
<tr><td rowspan="7">直流</td><td>向家坝—上海 1907 km</td><td>232</td><td>2010</td></tr>
<tr><td>锦屏—苏南 2059 km</td><td>220</td><td>2012</td></tr>
<tr><td>哈密南—郑州 2210 km</td><td>234</td><td>2014</td></tr>
<tr><td>溪洛渡—金华 1653 km</td><td>239</td><td>2014</td></tr>
<tr><td>宁东—绍兴 1720 km</td><td>237</td><td>2016</td></tr>
<tr><td>溪洛渡—广东 1223 km</td><td>137</td><td>2010</td><td rowspan="2">南方电网</td></tr>
<tr><td>糯扎渡—广东江门 1413 km</td><td>187</td><td>2013</td></tr>
</table>

按照中国“西电东送、南北互供、全国联网”的电网发展总方针，随着三峡机组的逐步投运，联网步伐正在加快。各大区电网的互联，可在更大范围内实现资源的优化配置，加强各电网间的相互支持，实现错峰效益。利用特高压输电技术，特别是直流输电技术，实现远距离、大规模的电力输送有利于节约土地资源、保护环境，是优化能源资源配置的重要途径。

从能源需求、环境容量制约以及电网发展角度来看，中国基于特高压输电技术构建电力骨干网具有广阔前景。

2.3 美国电力网

2.3.1 美国电力网组成

美国电力网在早期是由私有和公有公司根据各自负荷和电源条件组成的一个个孤立电网。随后在互利原则的基础上通过双边/多边协议，或联合经营等方式相互联网，同步运行，逐步形成了目前美国的三大联合电网，即东部、西部和南部得克萨斯电网。

三大电网能源结构迥异，各成一体。东部电网地区因靠近美国主要煤、气供应地而以煤炭和天然气发电为主。西部电网地区则因靠近科罗拉多山系和河流，分布有落基山脉等地势落差很大的山体，主要以水电装机为主。山脉地形客观上也阻碍了西部电网对外联结的发展。南部得克萨斯电网处于页岩气盆地所在地，天然气发电一家独大，形成了区域内的独立小电网。

三个区域电网主要通过直流背靠背连接，运行频率均为 60 Hz。东部电网和西部电网分别与加拿大电网并网运行，西部的加利福尼亚电网和南部得克萨斯电网与墨西哥电网连接。如图 2-10 所示。

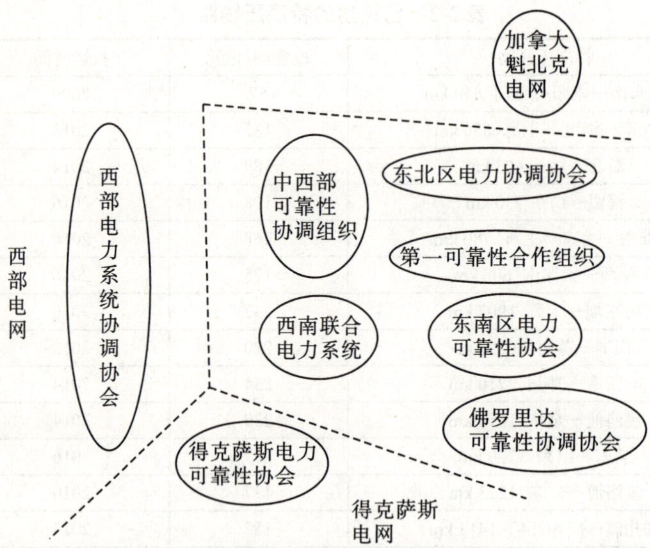

图 2-10　美国电网构成图

东西部电网以落基山脉为界。西部电网包括亚利桑那州、新墨西哥州、加利福尼亚州、科罗拉多州、爱达荷州、蒙大拿州、内华达州、俄勒冈州、犹他州、华盛顿州、怀俄明州和加拿大的阿尔伯特省、不列颠哥伦比亚省。西部电网从加拿大西部经美国西部延伸到墨西哥的下加利福尼亚州，电网供电区域较广。除了城市电网外，其他区域电网比较松散，运行方面的最大挑战是长距离输电下如何保持电网的稳定。西部电网 230 kV 以上线路 9.5 万 km，覆盖美国 6150 万人口，年消费电量 5852 亿 kW·h。

东部电网覆盖美国东北大部包括加拿大的萨斯喀彻温省、明尼托巴省、安大略省和魁北克省，是美国规模最大且联系最紧密的电网，运行方面的最大挑战是线路的功率越限。东部电网通过 6 条直流联络线与西部电网相连，通过 2 条直流联络线与得州电网相连，通过 4 条联络线和一套变频变压器与魁北克电网相连。东部电网 230 kV 以上线路 15.5 万 km，覆盖美国 21 595 万人口，年消费电量 29 410 亿 kW·h。

得州电网覆盖得州大部。得州电网与西部电网通过直流背靠背工程联网，与东部电网通过两条直流联络线互联，与墨西哥电网（非北美联合电网）通过一条直流线路和一套变频变压器互联。得州电网 230 kV 以上线路 1.4 万 km，覆盖 2384 万人口，年消费电量约 2750 亿 kW·h。

加拿大魁北克电网覆盖魁北克大部，与东部电网通过 4 条直流联络线和一套变频变压器互联。目前魁北克电网通过直流线路、直流背靠背站和 765 kV 超高压线路向美国境内新英格兰控制区和纽约控制区输电。

2.3.2　美国电力网特点

美国电力系统是世界上最零散的电力系统，全美共有 3100 家电力公司，有多种所有制，包含私营电力公司、地方州/市公营电力部门、农电合作社、联邦政府经营的电力部门等。这些公司的组成形式多样，既有发输配售一体的，也有分别从事单一或几项业务的公司。

尽管绝大多数电力资产由投资者拥有，但在电力运行地区，输电网公司拥有电网，区域输电组织(RTO)或独立系统运行机构(ISO)负责电网调度运行、市场运行以及电网规划，同时受到联邦、州和当地政府的监管。

图 2-11 是美国电力系统拥有者构成图：其中 7%(213 个)投资者拥有的电力公司(IOU)给 73%的用户供电。63%(2000 个)公有的电力公司(POU)给 15%的用户供电，其中 3 个由联邦拥有：TVA(Tennessee Valley Authority)，BPA(Bonneville Power Authority)，WAPA(Western Area Power Authority)。30%(930 个)合作拥有的电力公司(Co-Ops，主要在农村地区)给 12%的用户供电。

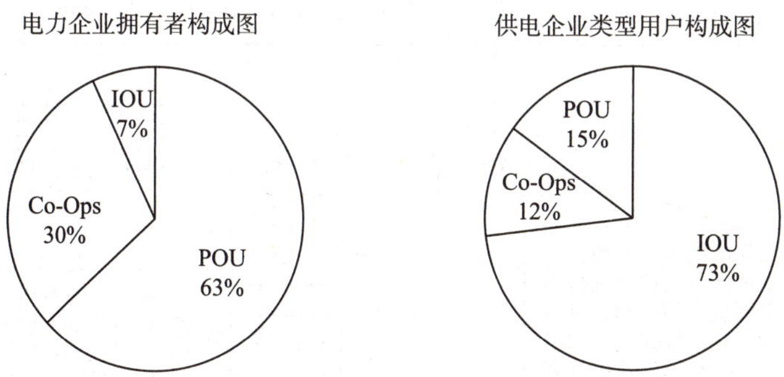

图 2-11　美国电力系统拥有者构成图

美国电网虽然由很多不同的公司和组织，采用多种不同的方式运营。但它们都必须在联邦能源管理委员会(Federal Energy Regulatory Commission，FERC)1996 年通过的 Order 888 和 2007 年修正的 Order 890 的电网开放接入机制下运营。

从电网运营管理层级来看，美国电网运营管理可分为四个层级，分别如下。

第一级是北美电力可靠性协会(North American Energy Reliability Council，NERC)协调全美电网的联网运行，NERC 受 FERC 和加拿大政府监督机构的监督，负责制定和强制实施可靠性标准、进行可靠性年度评估和季节性预测、监测北美联合电网的运行等。

第二级是 8 个区域电力可靠性协会：得克萨斯电力可靠性协会(Texas Reliability Entity，TRE)，佛罗里达可靠性协调协会(Florida Reliability Coordinating Council，FRCC)，中西部可靠性协调组织(Midwest Reliability Organization，MRO)，东北区电力协调协会(Northeast Power Coordinating Council，NPCC)，第一可靠性合作组织(Reliability First Council，RFC)，东南区电力可靠性协会(Southeast Reliability Corporation，SERC)，西南

联合电力系统(Southwest Power Pool，SPP)，西部电力系统协调协会(Western Electricity Coordinating Council，WECC)，负责各自区域内的可靠性标准以及监控所属区域内的电网可靠性。

第三级是地区独立电网运营组织(Independent System Operator，ISO)或区域输电组织(Regional Transmission Organization，RTO)，负责本地区的可靠性、经济性评估，并审批其监管的电力公司的建设计划。

第四级是地区电力公司，主要上报电网建设计划，供大区可靠性监管机构审批，并开展电网建设工作。

各层级机构及所承担责任如图 2-12 所示。

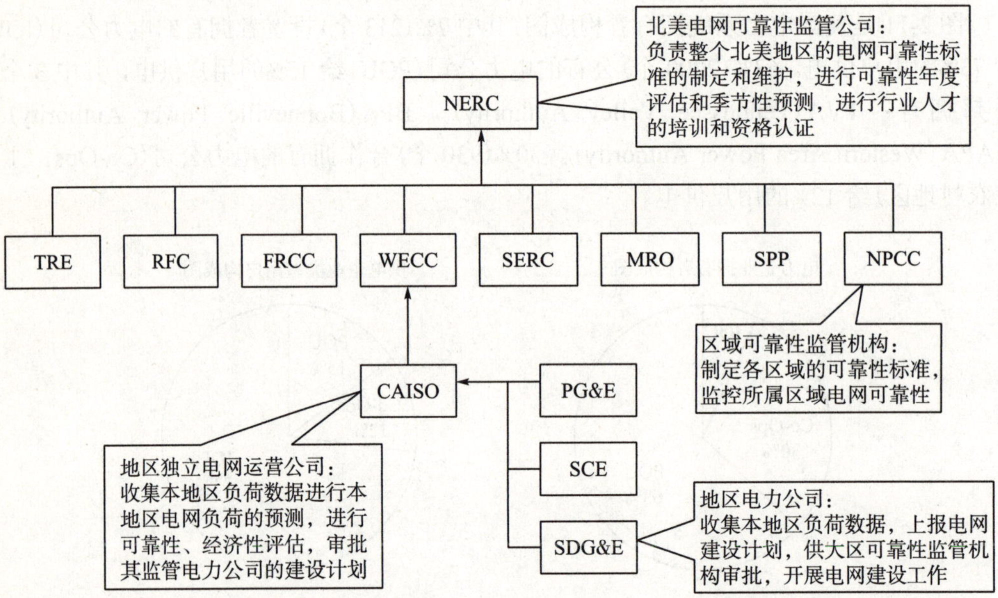

图 2-12　美国电网组织

目前，大多数的电力公司只拥有电网，而运营由跨区域 RTO/ISO 公司负责。只有少部分电力公司既拥有电网，也运营电网。在日常调度中，美国没有全国性的电力调度机构，全国电网的安全稳定问题由 NERC 统一协调。据 NERC 统计，全美电网共有约 140 个控制中心进行输配电的管理。

2.3.3　美国电力网互联

1. 美国能源结构

美国拥有世界上最大的煤炭储量，是世界第二大煤炭生产国。回顾美国能源发展历史，直到 20 世纪 80 年代煤炭装机量占比都维持在较高的水平。自 2000 年以来，随着美国页岩气革命的成功和向全世界蔓延，天然气逐渐在美国能源结构中占据主导地位。2010 年美国电源装机结构如图2-13所示，天然气装机容量比例达37.24%，已经超越煤电。

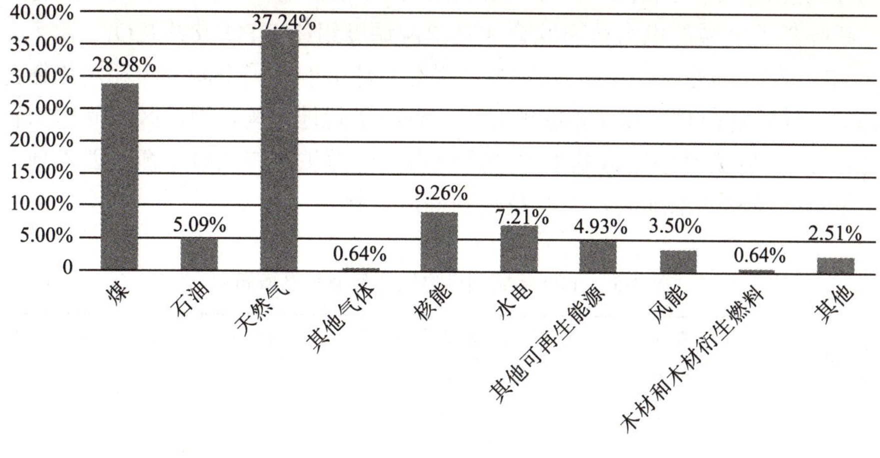

图2-13 美国电源装机结构分布比例

美国的电源分布与其人口分布格局相似，在东部、五大湖区、西南和西部沿海人口稠密地区，电源分布相对密集，体现出了“就地平衡”的布局特点。

由于各区域能源资源禀赋和资源价格不同，造成了电源结构的差异。美国是最早发展分布式发电的国家之一，在1978年颁布《公共事业管理政策法》后，正式开始推广建设分布式能源系统。美国的分布式能源在2004年的装机容量为957万kW，到2007年已经增长超过1倍，达到2099万kW，占全国总装机容量的2.11%。由于天然气价格上涨，美国工业用大容量天然气分布式能源机组(容量为2万kW以上)被限制发展，商业、社区和居民用的天然气分布式能源成为发展重点。美国政府计划到2020年，有一半以上的新建办公或商用建筑采用分布式热电冷三联产，同时15%的现有建筑改用热电冷三联产。

在美国，分布式发电站被定义为从几千瓦到3万kW之间的发电装置。大于2万kW的分布式发电站通常在当地安装，利用燃气轮机的热电联产装置，同时供电供热。2万kW或更大的电站经常与电网连接，并与现行的电力系统和本地电网同步运行。目前，美国的分布式发电装置以天然气利用为主，风电正从分散式发展向集中开发、远距离输送过渡。现有120多个风电管理机构相互间配合来平衡不同地区的风电发展、输送、运行等问题。为此，美国鼓励风电场在地理分布上更为分散，期望能够借助更大的电网规模获得更多其他发电资源，以平衡风电出力不稳定问题。

2. 美国电网互联格局

美国电网建设之初便是分散破碎的，这是由于：

(1)美国作为世界上最先广泛使用电力的国家，在私有制经济体制下，其电力产业在自由市场中从无到有逐渐发展起来。基于这样的历史背景，美国的电力产业结构非常复杂，尤其是电网的产权结构支离破碎，分散掌握在超过五百家的公司与组织手中。再加上电力产业的自然垄断性质，每一家电力公司都是当地的行业垄断者。

(2) 美国宪法高度重视对私有财产权的保护，不能随意干涉电力公司的经营，因此只能协商、呼吁邻近区域的电力公司联合成立电网调度组织 RTO 或者 ISO。

2010 年，美国跨区交易电量不足 1%。这主要是由于美国资源分布相对均衡，电源装机比较均匀；同时负荷相对集中、密度较大，有助于就地平衡，因此区域间电力输送规模较小。见表 2-3，八大经济区域基本保持区域内部电力生产与消费平衡，西南地区和落基山区有少量电力流向西部地区，主要是加利福尼亚州。

表 2-3 2009 年美国电力生产与消费区域布局

区域	净发电量/亿 kW·h	净发电量全国占比/%	用电量/亿 kW·h	用电量全国占比/%
新英格兰	1217	3	1192	3
中东部	4631	12	4456	12
五大湖	6078	15	5467	15
普莱恩斯	3158	8	2777	8
东南部	12 168	31	11 325	31
西南部	6239	16	4949	14
落基山区	1800	4	1323	4
西部	4214	11	4480	13
合计	39 505	100	35 969	100

由于美国不同区域之间电力价格存在较大差异，近年来形成了一个自北向南的电力流向——西北地区和加拿大魁北克地区的水电价格很低，造成了电力从西北流向加利福尼亚，从加拿大东部流向美国东北部。同时，美国中部煤电西送的规模也日益扩大，2009 年加利福尼亚输入 600 亿 kW·h 电力主要来自落基山区，其中约 50%来自怀俄明州。美国目前计划建立 1300 km 的高压输电线路，使怀俄明州和其他落基山区州外送到加利福尼亚的输电规模达到 1200 万 kW。此外，随着每年超过千万千瓦的新增风电装机增长，美国需要将西部的风力资源长距离输送到人口密集的东部地区，大规模输电线路和电力流向正在规划中。

因此，美国政府高层对电力网互联建设持支持态度，未来有可能建设特高压互联输电系统，这主要基于以下原因。

(1) 电网升级的现实需求。美国国内面临电网分散、电网技术陈旧、输电能力不足等问题，急需电网升级换代。美国本土分布有 9000 多个发电站，输电线路总长约 48.3 万 km，电网布局杂乱、运营效率低下，严重影响美国用电的可靠性。而随着未来电力装机容量的上升，当负载需求以当前的 3%～4%速度增加时，电网无法有效供电。

(2) 美国政府的政策导向。中国目前在特高压领域的研究与实践一直走在世界前列，是美国建设特高压的学习楷模，美国政府高层对中国特高压技术给予很高的评价。

由上述可知，美国的国土面积及电力需求总量与中国近似，未来也将有大规模可再生能源接入及远距离送电需求，因此实现骨干电力网互联也是其现实需要。

2.4　欧洲电力网

2.4.1　欧洲电力网组成

欧洲电网主要由欧洲大陆电网、北欧电网、波罗的海电网、英国电网、爱尔兰电网 5 个跨国互联同步电网以及冰岛、塞浦路斯 2 个独立电力系统构成。其中欧洲大陆电网是世界上最大的同步电网之一，服务人口 7.3 亿，覆盖欧洲 24 个国家，面积 450 万 km^2，装机规模达 6.7 亿 kW，如图 2-14 所示。

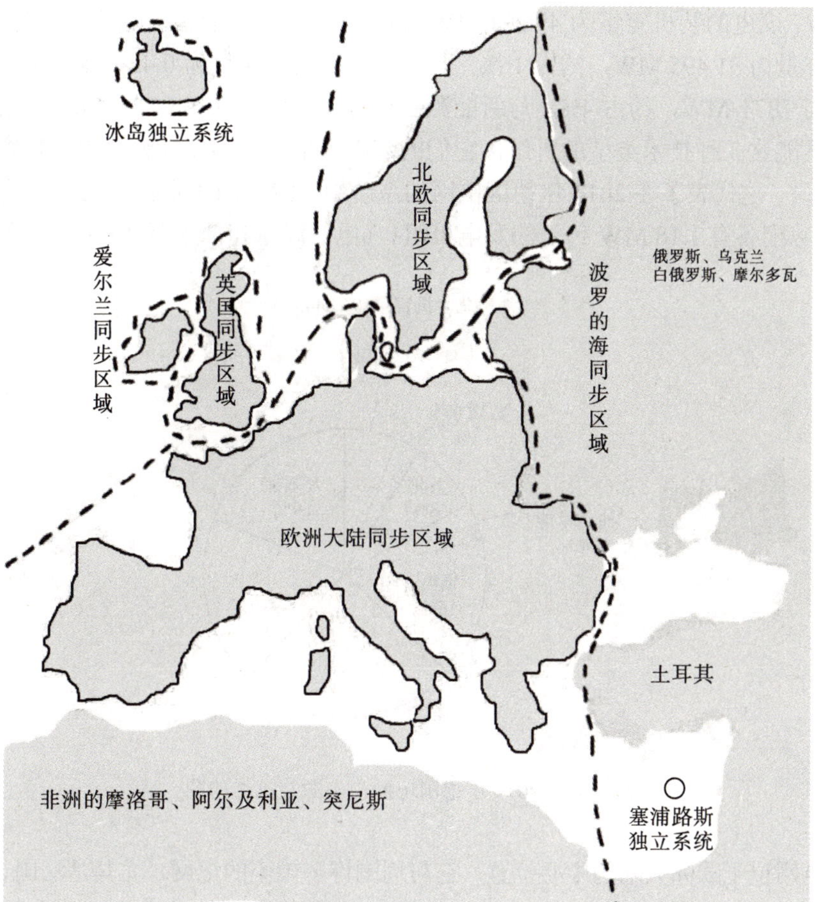

图 2-14　欧洲电力网组成

2.4.2 欧洲电力网成员分析

1. 德国电网

德国电网主要由四个运营商 50Hertz、Amprion、Tennet 和 Transnet BW 分区运营。截至 2014 年底，德国已连续第 9 年保持世界光伏发电第一大国。德国是可再生能源大国，在总的 196 844 MW 装机容量中，风电约占 19%，为 37 538 MW，太阳能约占 19%，为 37 262 MW，如图 2-15 所示。由于德国已经放弃了核电建设计划，现有的核电机组为之前所建，仅有 12 227 MW 的容量。在剩下的装机容量中，火电占了大部分。

德国电网中，新能源的装机容量(指太阳能与风能的容量之和)比例约为 38%，达到 74 800 MW。煤电的装机容量为 49 211 MW，约占 25%，与新能源装机的比例为 0.658∶1；气电装机容量为 31 495 MW，约占 16%，与新能源装机的比例为 0.421∶1；抽水蓄能电站装机容量为 7874 MW，约占 4%，与新能源装机容量比例为 0.105∶1。综合考虑气电、煤电和抽水蓄能这 3 种技术类型的机组，它们的装机容量之和与新能源机组装机容量的比例约为 1.18∶1。这代表了在 2014 年德国电网的系统中，1 MW 的新能源机组(风电和太阳能机组)，相应配备有 1.18 MW 传统的发电机组(气电、煤电和抽水蓄能)作为配合。

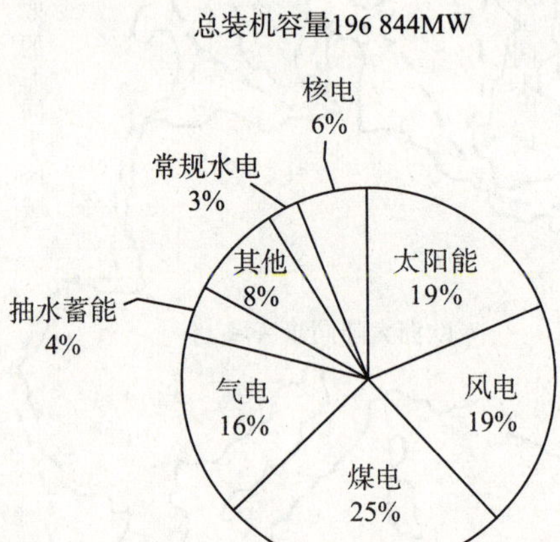

图 2-15 2014 年德国电网中电源装机结构图

德国电网位于欧洲大陆的中心位置，它与周围许多国家的电网，尤其是法国、荷兰、丹麦和捷克联系非常紧密。德国电网与周围电网的互联传输能力，受入容量可以达 17 295 MW。如果以新能源装机容量作为基数，分析传统机组、最大负荷和互联电网传输能力的相应倍数可以得到，传统机组为 1.18 倍，最大负荷为 1.06 倍，互联电网的传输能力为 0.23 倍。传统机组加上互联网的支撑能力，可以比最大负荷高出约 35%，超过了电源规划中对于电源需高出负荷 15%～20%的裕度要求。这表明德国电网在高比例可再生能源并网的情况下，仍然能够保持安全稳定运行。

2. 法国电网

法国电网由输电网运营商 RTE 运营。RTE 是全欧洲最大的输电网运营商，它所运营的法国电网，有着全世界最高的核电比例。

法国的电源结构以核电为主，如图 2-16 所示，在全部装机容量中的比例超过了 60%。而其他新能源装机容量较低，风电为 367 MW，太阳能为 39 MW，均小于 1%的比例。煤电、气电以及抽水蓄能这三种发电类型是电网中重要的调节电源。煤电所占比例为 4%，是新能源机组装机容量的 11.8 倍；气电所占比例为 6%，是新能源机组装机容量的 15.1 倍；抽水蓄能的比重为 5%，是新能源机组装机容量的 12.2 倍。

法国电网东接德国电网，北接英国电网，南接伊比利亚半岛西班牙电网。法国电网与周围电网的互联传输能力，受入容量可以达到 12 395 MW。这一互联容量如果全部使用，可以满足约全年最大负荷 84 343 MW 中 15%的供应，可很好地解决法国电网由于核电可调能力不足所造成的电网安全稳定问题。

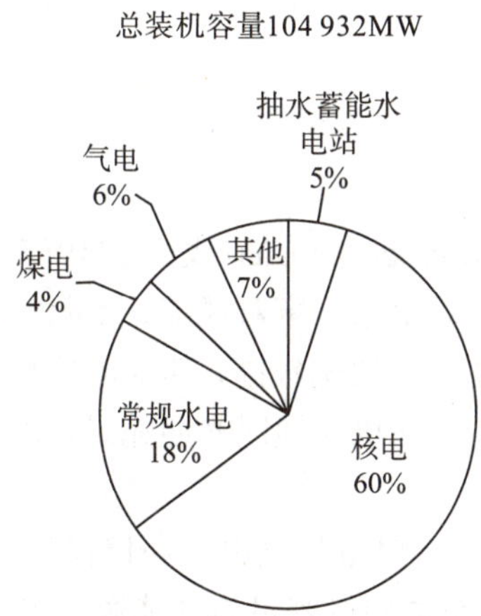

图 2-16　2014 年法国电网中电源装机结构图

3. 英国电网

英国的输电电网主要由 National Grid 负责不列颠地区的电网运行维护，SONI 负责北爱尔兰地区的电网运营。

英国电网以气电和煤电为主，气电比例为 35%，煤电比例为 20%，核电比例为 11%，如图 2-17 所示。风电的发展也很迅速，由于英国全境的陆上风电资源开发殆尽，其海上风电逐渐成为可再生能源发展的重点，2014 年陆上风电为 7859 MW，而海上风电为 5041 MW。以新能源机组装机容量为基数分析，煤电机组为新能源机组的 1.11 倍，而气电机组达到了 1.94 倍，抽水蓄能电站为新能源机组的 0.16 倍。

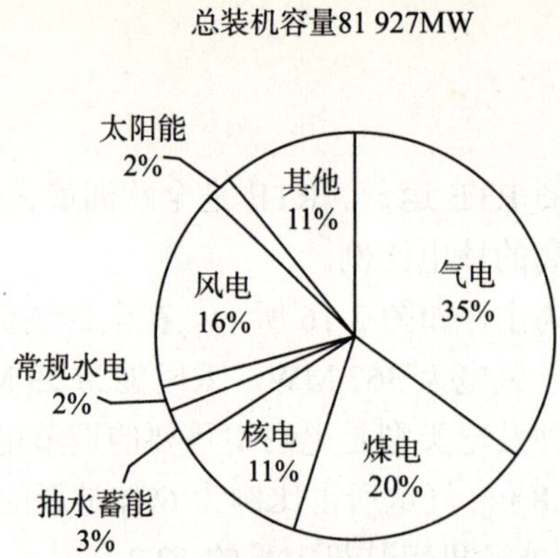

图 2-17 2014 年英国国家电网中电源装机结构图

英国电网的互联主要是与法国电网、荷兰电网和爱尔兰电网相连。英国电网与周围电网的互联传输能力，受入容量可以达到 3500 MW。这一互联容量如果全部使用，可以满足约全年最大负荷 53 795 MW 中 6.5%的供应。可以看出，英国电网的运营是以自给自足为主，互联容量主要作为备用。

4. 西班牙电网

西班牙电网公司(Red Eléctrica de España)成立于 1985 年，负责西班牙境内所有电站发电的收购、输送和分配，是世界上第一家对风能、太阳能等可再生能源发电和并网进行实时监控的公司。西班牙可再生能源比例较高，其水电站与新能源机组的总容量超过了全国总装机的一半，达到 52%。由于西班牙地区光照充足，以光伏和光热为代表的太阳能发电发展迅速。

西班牙的火电装机容量较低，煤电与气电之和仅仅达到 39%，而新能源装机(风电+太阳能)则达到 28%。其煤电机组的装机容量为新能源机组的 0.36 倍，气电机组装机容量为新能源机组的 1.04 倍，抽水蓄能电站装机则为新能源机组的 0.18 倍。气电在西班牙电网的电源结构中，发挥着十分重要的调节作用。如图 2-18 所示。

西班牙电网公司对于全国电力发电和输送的控制主要通过 CECOEL(电力控制中心)和 CECRE(可再生能源控制中心)完成的。由于电能无法大量储存，因此确保电力的消耗与生产在任何时候都处于平衡状态非常重要。这正是 CECOEL 的主要工作所在。

CECOEL 研发的电力使用情况预测程序达到了很高的准确度，最长可预测未来一周内的电力使用情况。CECOEL 将预测情况根据实际用电量进行调整，并在考虑与其他国家电网联网的情况后，通过专用网络向发电厂实时下达增加或减少发电量的指示，以确保发电与用电的匹配平衡。在某条输电线路故障等突发事件发生时，也可随时发出调整发电的指令。

CECRE 是 CECOEL 的一部分，是风力等可再生能源发电厂和 CECOEL 之间联系的桥梁，其对风电场进行输电的实时监测和控制。通过 CECRE，西班牙成为世界上第一个把所有装机容量超过 10 MW 风电场都纳入控制中心管理和监控的国家。

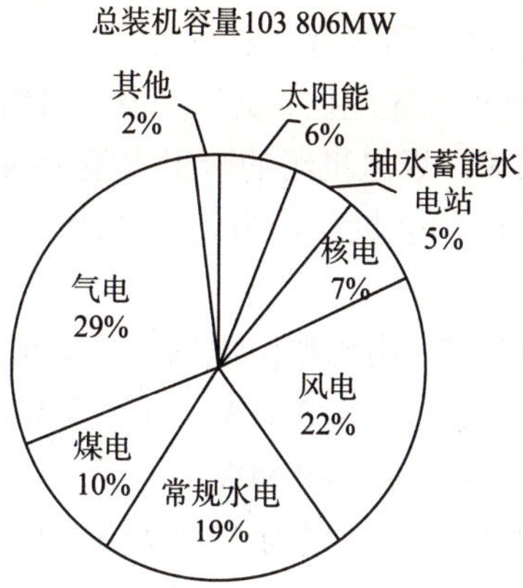

图 2-18　2014 年西班牙国家电网中电源装机结构图

西班牙电网公司的输电网络与法国、葡萄牙、安道尔和摩洛哥的电网连接，可根据需要将电力与上述国家输入和输出。其与周围电网的互联传输能力，受入容量可以达到 3900 MW。这一互联容量如果全部使用的话，可以满足全年最大负荷 40 198 MW 中约 10% 的供应。

5. 丹麦电网发展现状

丹麦电力公司为 Energi Denmark A/S，负责丹麦电力和燃气的传输和供应。丹麦是世界上可持续发展水平最高的国家之一，是仅有的几个可再生能源装机容量接近化石能源装机的国家，其可再生能源的发展，尤其是风力发电发展非常迅速，约占 32%(见图 2-19)。随着风电覆盖率的逐年提高，传统发电厂逐渐被关停。一些传统电厂常年处于待机状态，仅为电网稳定提供必要的系统辅助服务。

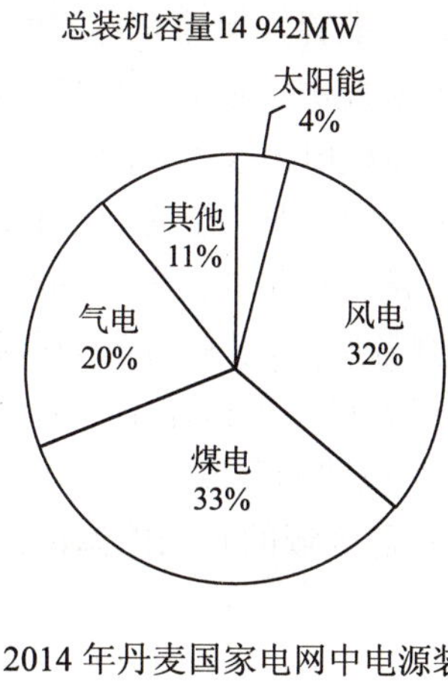

图 2-19　2014 年丹麦国家电网中电源装机结构图

丹麦没有核电机组，常规水电与抽水蓄能电站装机容量也几乎为零，而风电与太阳能机组的发展非常迅猛，技术居于世界领先地位。其风力发电机组的装机容量达到了 4845 MW，太阳能发电机组达到了 601 MW。煤电机组的装机容量为 4847 MW，与新能源机组装机容量的比值为 0.89 倍；气电机组的装机容量为 2941 MW，与新能源机组装机容量的比值为 0.54 倍。

丹麦电网位于欧洲大陆的北部，南邻德国电网，北靠北欧电网。丹麦电网与周围电网的互联传输能力，受入容量可以达到 5820 MW。其主要互联情况为：与挪威电网互联容量 1000 MW，与德国电网互联容量为 1780 MW，与瑞典电网互联容量为 2440 MW。

考虑到丹麦电网 2014 年的最高负荷仅为 5740 MW，丹麦电网与邻国电网互联的容量已经超出了本国的最大负荷，再加上丹麦电网内部的 2941 MW 的气电容量以及 4847 MW 的煤电容量。可见，丹麦电网自身灵活的调节能力以及周边邻国电网所能为其提供的强大支撑能力，确保了丹麦电网在高比例可再生能源的接入下仍然能够保持安全稳定的运行。

2.4.3 欧洲电力网互联

从上面欧洲电网各成员的分析可以看出，构建能源互联网，首先应保证大电网优势的发挥，实现互联区域内的互济互供。随着新能源接入比例的增加，发挥大电网的优势，备用等辅助服务的作用将更加重要。

例如丹麦的电网系统不仅覆盖全国，更与北欧邻国相连，可将风电自如地输送到需要电力的地方。丹麦跨国交换输电容量 5820 MW，最大负荷约 5740 MW，跨国交换输电容量已超过最大负荷。而丹麦国家电网公司每年也耗费巨资，扩展和加强丹麦电网的建设以及与其他国家电网间的联系，依靠欧洲大电力市场，借助挪威等邻国电力的良好调节性能，也是丹麦风电能够实现高比例消纳的重要条件。在风电出力多发时段，丹麦通过跨国输电线路送出电力，并且风电出力越大，送出的电力越多；而在风电出力较小时段，通过跨国输电线路收入电量，满足本地负荷需求。

此外，还要实现电源结构的合理配置，保障充足的可调度资源。这需要在规划阶段，协调好调度电源容量与波动性新能源发电容量的优化规划，保证系统具有充足的可调度资源，还要应用如大容量储能技术等新型电力技术。同时，适时提高对风能、太阳能等波动性新能源的控制能力，使其成为可调度电源。在这一点上，德国电网中的传统机组加上互联网支撑，保证了德国电网在高比例可再生能源并网的情况下，仍保持安全稳定运行。

构建能源互联网还应重点加强各区域电网之间的互联程度，加强主干网架的建设。欧洲各国电网的安全稳定运行，很大程度上得益于电网互联所提供的备用容量。欧洲电网互联如图 2-20 所示。也正是有了电网的互联，使得各国的资源能在全欧洲范围内进行优化配置。加强电网的互联，构建跨区域的互联能源网，已逐步成为欧洲电网发展的一个共识。

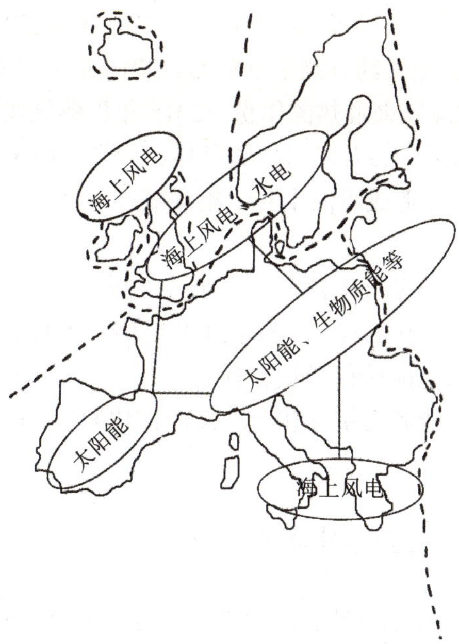

图 2-20　欧洲电力网互联

2.5　电力骨干网全球互联

2.5.1　全球互联的必要性

1. 世界能源发展面临三大难题

世界能源发展面临资源紧张、环境污染、气候变化三大难题。

首先，资源紧张。1965～2014 年，全球累计消耗煤炭 2350 亿 t、石油 1600 亿 t、天然气 97 万亿 m^3。2014 年，全球煤炭、石油、天然气消费量占一次能源总消费量的 86.3%。2014 年，全球开采煤炭 81.6 亿 t、石油 42.2 亿 t、天然气 3.5 万亿 m^3。2014 年底，全球化石能源剩余探明可采储量折合标准煤 1.2 万亿 t。按目前的开采强度，全球煤炭、石油和天然气资源技术可开发量仅能维持大约 110 年、57 年和 54 年。

其次，环境污染。化石能源燃烧排放大量的烟尘等污染物，导致灰霾频发，严重危害人类的健康。据世界卫生组织调查，世界范围内 1600 个城市中，仅有 12%的空气质量符合世界卫生组织标准，一些发展中国家的城市空气 PM_{10} 浓度超标 4～12 倍。化石能源燃烧会产生大量的二氧化硫等污染物，导致酸雨等环境污染，严重影响人类的生产生活。据统计，全球化石能源消费每年排放二氧化硫 1.2 亿 t、氮氧化物 1 亿 t，带来严重的环境污染问题。

最后，气候变化。气候变化的主要原因是化石能源使用产生的碳排放。其产生的二氧化碳占全球温室气体排放的57%，大气二氧化碳当量浓度2012年达393.1 ppm（1ppm=10^{-6}）。1880～2012年，全球地表平均温度大约升高了0.85℃。2016年1月25日，世界气象组织发布公报称2015年是有气象记录以来最热的年份。2015年巴黎气候大会确定了“全球温升控制在2℃以内，并力争控制在1.5℃以内”的目标。如果不能采取有效控制措施，21世纪末期地球温升将超过4℃，会造成海面上升、粮食减产、物种灭绝等灾害，将严重危害人类的生存和发展。

解决这三大难题，必须走清洁发展道路，大力实施“两个替代”。在能源开发上，实施以太阳能、风能等清洁能源替代化石能源，推动能源结构从化石能源为主向清洁能源为主转变；在能源消费上，实施以电能替代煤炭、石油、天然气等化石能源，提高电能在终端能源消费中的比重。实现清洁能源占主导和全球能源优化配置，以清洁和绿色方式满足全球电力需求。

2. 世界清洁能源发展呼唤全球能源互联网

全球清洁能源丰富，水能、陆地风能、太阳能资源分别超过100亿kW、1万亿kW、100万亿kW，仅开发其中万分之五就可满足全球能源需求，而中国仅开发千分之一就能满足能源需求。21世纪以来，以清洁低碳为特征的新一轮能源变革蓬勃兴起，风能、太阳能等新能源发电突飞猛进，清洁能源发展成为大势所趋。

但世界范围内清洁能源分布很不均衡。风能主要分布在北极、亚洲中部及北部、欧洲北部、北美中部、非洲东部及各洲近海地区。太阳能主要分布在北非、东非、中东、大洋洲、中南美洲等赤道附近地区。这使得风力发电、太阳能发电只有融入全球性的大电网，才能大规模开发利用。与此同时，清洁能源富集地区与能源消费中心往往呈逆向分布，清洁能源只有依托大电网才能在富集地区大规模开发，为数百公里甚至数千公里之外的负荷中心利用。因此，要在全球范围内大规模开发、配置、利用清洁能源，必须构建全球能源互联网作为基础平台。

3. 未来全球电力能源需求逐步增大

根据国际能源署《世界能源展望2011》统计，到2035年，全球用电总量将达到31.7万亿kW·h，较2009年增长84.2%。强劲的电力需求将拉动全球电力投资，2011～2035年全球累计电力投资需求将超过13.7万亿美元，其中发电、输电、配电各部分的投资额将分别达到6.65万亿美元、1.84万亿美元、5.25万亿美元。

在这种形势下，全球电力骨干网的建设是可预期的。2030年之前，全球电力流主要以洲内跨国及距离较近的跨洲输电（北非—欧洲、中亚—欧洲）为主，跨洲电力流规模处于起步发展阶段。2030年之后，各大洲内资源条件较好、易于开发的集中式风能和太阳能资源逐渐开发完毕，开发重点逐渐向北极地区和赤道地区转移。“一极一道”电力流和跨洲电力流达到较大规模。

2.5.2　电力网全球互联方式

电力网全球互联将由跨国、跨洲骨干网架和各国各电压等级电网(输电网、配电网)构成，连接“一极一道”(北极、赤道)和各洲大型能源基地，适应各种分布式电源需要，将风能、太阳能、海洋能等可再生能源输送给各类用户，其实质是“智能电网+特高压+清洁能源”。

从中国角度出发，电力网全球互联建设可以按照国内互联、洲际互联、全球互联三个阶段推进。

第一阶段：在现有电网格局的基础上，由中国西部不同资源类型的电网互联形成西部电网，中国东部主要受电地区电网互联形成东部电网，从而形成送、受端结构清晰，交流和直流协调发展的两个同步电网格局。

第二阶段：建设中国东、西部电网同步联网工程，中国国家电网形成一个同步电网的格局。建成中国西南水电基地，东北、西北等能源基地，与周边俄罗斯、蒙古、哈萨克斯坦等国家形成互联。

第三阶段：大规模开发北极风电、赤道太阳能资源，建设全球可再生能源基地，洲际间多类型电力交互效益显现，电力网全球互联初具规模。到 2050 年，全球风能、太阳能等可再生能源基地全面开发，可再生能源发电占据绝对比重，化石能源的开发、输送和消费规模急剧下降，电力网全球互联全面建成。

2.5.3　洲际电网互联

1. 欧洲—非洲互联电网

为保证欧洲电网供电的安全性和可靠性，改善欧洲电力市场的整体效益，Stijn Cole，Til Kristian Vrana 等欧洲学者于 2008 年提出建设一个泛欧洲的输电网络，即“超级电网”。欧洲作为全球重要的电力负荷之一，其超级电网建设的主要目的在于解决北极风电、北海风电以及南欧和北非太阳能的接入问题，实现欧洲电力负荷的清洁供给。欧洲超级电网可再生能源分布如图 2-21 所示。

同时为促进地中海沿岸以及北非太阳能资源的开发与利用，欧盟和地中海沿岸的北非、中东地区等 43 个国家共同制定，并于 2008 年启动了地中海太阳能计划(mediterranean solar plan，MSP)，希望借助集中式太阳能发电(concentrated solar power，CSP)技术提高地中海周边国家的太阳能发电能力，并出口欧盟。

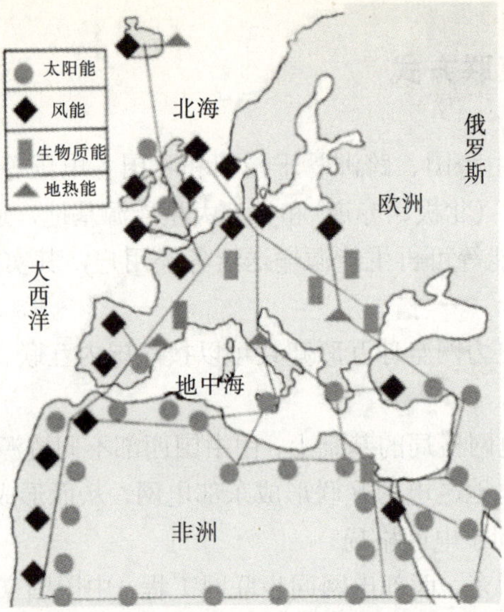

图 2-21 欧洲超级电网可再生能源分布示意图

2. 亚洲—欧洲互联电网

亚洲与欧洲存在较为显著的时区差异，且负荷特性存在较好的互补关系，因此亚洲—欧洲互联电网具有良好的发展前景。考虑到欧亚自然资源和电力负荷分布，未来亚洲—欧洲互联电网优先考虑“中国—中亚—中欧”北通道和“东南亚—印度—南欧”南通道。

在北通道上，中国新疆地区风能和太阳能资源丰富，拥有达坂城、准噶尔盆地等 9 大风区，其可装机容量约为 330 GW。太阳年日照小时数为 2550～3500 h，辐射照度为 5500～6600 MJ/H。与此同时，新疆位于丝绸之路经济带的核心区域，良好的自然资源与地理位置优势，使得中国新疆及西北可再生能源基地在亚洲—欧洲互联电网中的地位显得极其重要。

同时，中亚五国(哈萨克斯坦、乌兹别克斯坦、吉尔吉斯斯坦、土库曼斯坦、塔吉克斯坦)可再生能源资源丰富，具有很好的开发潜力。随着中亚五国近年来经济的稳定增长，电力紧缺问题日益显现，其中又以哈萨克斯坦最为明显。哈萨克斯坦是俄罗斯在独联体内最大的电力出口对象国。据统计，2014 年其从俄罗斯进口的电量达 6.4 亿 kW·h，约占其全国用电量的 8%。因此，在中国新疆和中亚地区建设可再生能源基地，不但可以满足该地区自身的电力需求，还能向中国东部以及欧洲中部负荷中心输送电能。

在南通道上，东南亚水电资源丰富，中东太阳能资源丰富。因此，南通道以此为支撑连接印度和欧洲南部，实现该通道上可再生能源的优化配置。东南亚具有相对较高的人口密度，并在全世界范围内保持较高的 GDP 增长速率，未来将释放电力消费的强劲增长动力。目前，南方电网通过云南、广西，已经形成了三回 220 kV、三回 110 kV 线路向越南送电的格局，供电区域遍及越南老街等七省。除此之外，南方电网还计划在 2016～2020

年，向越南累计送电 75 亿 kW·h。据统计，自 2004 年 9 月第一条中越电力联网线路架通以来，南方电网已累计向越南北部送电达 320 亿 kW·h。

3. 其他洲际互联电网

除了上述介绍的欧洲—非洲和亚洲—欧洲互联电网以外，世界其他大洲和国家之间也存在互联电网的需求与潜力。例如，日本提议建设“亚洲超级电网”，采用超高压直流输电技术连接中国、日本、俄罗斯、韩国、蒙古等国，将俄罗斯远东的水电，中国内蒙古以及蒙古国境内的风能、太阳能等可再生能源电力输送至中国东部沿海及日韩负荷中心，形成跨国互联电网。

此外，亚洲—非洲联网可与欧洲—非洲和亚洲—欧洲互联电网形成大联网，实现欧亚非大陆可再生能源的优化配置与消纳。北美洲—南美洲联网有利于利用气候和季节差异，实现负荷特性的互补。大洋洲—亚洲联网，可将澳大利亚沙漠地区的太阳能和西北部的海上风能供应给亚洲。亚洲—北美洲和欧洲—北美洲联网则可利用较大的时区差产生显著的错峰效益。

2.5.4 关键技术创新

推动全球能源互联网由战略构想转为现实行动，规模宏大且技术复杂。在电力骨干网方面，迫切需要加快能源电力技术创新，解决超大规模、超远距离的电能输送问题，交直流混合大电网的安全运行和稳定控制问题，跨时区、跨地域的“源-荷”互补优化问题，多种新型能源发电技术和并网调控问题，以及互联网信息技术融合应用问题。具体的技术创新趋势突出体现为以下方面。

(1) 突破多种新型能源发电技术，满足全球大型新能源基地的大规模开发和利用。风能、太阳能发电、海洋能发电等新能源基地是全球电力骨干网重要的源端电源，需要进一步加快新能源发电技术创新，降低新能源发电成本，突破大容量储能技术，为新能源基地规模化开发创造条件。

(2) 发展先进大容量输电技术和特大型电网安全控制技术，确保新能源基地大规模外送和电网安全稳定运行。未来洲际互联大电网加快建设，海上、极地地区大型新能源基地开发将进一步推动输电技术向更大容量、更高电压等级、更灵活可靠接入的方向发展。

(3) 深度融合应用更先进的信息通信技术，全面提升电网智能化互动能力。更好地适应全球能源互联网海量信息处理、能源流和信息流双向流动、高渗透率分布式电源接入、多元用户供需智能互动等新趋势。

基于以上技术创新趋势，未来技术创新的重点领域见表 2-4。

表 2-4　全球电力骨干网重点技术领域和关键技术

重点技术领域	关键技术
大容量远距离输电技术	特高压交直流输电技术及设备；柔性直流输电及直流电网技术；战略性前瞻技术(超导输电、无线输电、半波输电等)
大电网安全运行和控制技术	交直流混合大电网安全分析与仿真技术；大电网安全控制与保护技术(在线及广域优化协调控制、直流混联复杂电网故障特征识别等)；电力系统自动化技术(全局态势感知和预警技术、大电网优化调度技术等)
新能源发电及并网调控技术	大容量风机技术；太阳能发电技术(光伏、光热)；海洋能发电技术(潮汐能、波浪能发电等)；大规模新能源并网调控技术
先进储能技术	物理储能(抽水蓄能电站、压缩空气储能、飞轮储能等)；储能电池(锂电池、铅酸电池、液流电池等)；相变储热；氢储能
互联网信息通信技术	大数据、云计算、移动互联网技术、物联网技术、图像识别技术等；高端芯片(通信芯片、智能传感和量测芯片)

第 3 章　微电网系统

未来的全球能源互联网中，存在大量的风能、太阳能等新能源发电设备，这些设备有相当数量不是集中管理的，因此必须解决大量分布式电源在配电网中的运行问题。如果直接由配电网管理网络中的分布式电源，则可能由于数量巨大而导致难以调度，同时电源的不同归属也无法保证调度指令能够被快速、准确、有效地执行。微电网技术是解决这一矛盾的有效途径，既可保证对配电网的安全运行产生尽可能小的影响，又能够最大限度地利用可再生和清洁能源。

3.1　微电网概述

3.1.1　微电网提出

随着国民经济的发展，电力需求日益增长。分布式发电具有污染少、可靠性高、能源利用效率高、安装地点灵活等多方面优点，得到了全球范围内的广泛关注。其将成为未来大型电网的有力补充和有效支撑，是未来电力系统的发展趋势之一。

实际上小电源分散发电并非新概念，早期的电力系统都是规模较小的分散独立系统。随着交流高压远距离输电技术的发展，联网的规模效益日趋显著，人们开始将各分散系统连接起来并网运行。但在 20 世纪 60 年代的几次大停电事故后，就有人开始对集中供电提出质疑，可其后并未开展深入研究。20 世纪 90 年代，人们才开始对分布式发电系统的潜在效益展开认真研究，并发表了许多研究报告和论文。

分布式发电也称分散式发电或分布式供能，一般指将相对小型的发电装置分散布置在用户负荷现场或用户附近的发电供能方式。分布式电源位置灵活、分散的特点极好地适应了分散电力需求和资源分布，延缓了输、配电网升级换代所需的巨额投资，同时，它与大电网互为备用也使供电可靠性得以改善。

分布式电源优点突出，但本身也存在诸多问题，例如，分布式电源单机接入成本高、控制困难等。另外，分布式电源相对于大电网来说是一个不可控源，因此大系统往往采取限制、隔离的方式来处置分布式电源，以减小其对大电网的冲击。为了协调大电网与分布式电源间的矛盾，充分挖掘分布式能源为电网和用户所带来的价值和效益，在 21 世纪初，学者们提出了微电网的概念。

微电网将额定功率为数十千瓦以下的发电单元——微源(Micro-Source，MS)、负荷、储能装置及控制装置等结合，形成一个单一可控的供电单元。基于微电网结构的电网能够方便大规模的分布式能源(Distributed Energy Resources，DER)互联并接入中低压配电系统，提供了一种充分利用 DER 发电单元的机制。

与传统的集中式能源系统相比，微电网接近负荷，不需要建设大电网进行远距离高压或超高压输电，可以减少线损，节省输配电建设投资和运行费用。微电网能在暂态情况下，即在外部配电网上游部分出现扰动的情况下自主运行，这可以提高系统可靠性和电网的安全性。另外其黑启动功能可以使停电时间最短并能帮助外部电网恢复正常运行。微电网能以非集中程度更高的方式协调分布式电源，因而可以减轻电网控制负担并能够完全发挥分布式电源优势。与大电网单独供电方式相比，微电网与大电网结合具有明显的优势。

3.1.2 微电网定义

由于世界各国发展微电网的侧重点有所不同，所以对微电网的定义也有所差别。

微电网作为未来美国电力系统发展的重要组成部分，得到了美国能源部(Department of Energy，DOE)的高度重视。目前主要由美国电力可靠性技术解决方案学会(Consortium for Electric Reliability Technology Solutions，CERTS)、威斯康星大学、通用电气公司等组织共同参与研究。

2002 年 CERTS 对微电网概念提出了明确的定义：微电网是一个由电源和终端组成的半自动化系统，可同时提供电能和热能；微电网内部的电源主要由电力电子器件负责能量的转换，并提供必需的控制。该协会提出的微电网主要是作为系统电网的补充，在系统电网发生故障时可以自动与系统电网断开，自成一个供电系统，由微电网内的微电源为内部负荷供电，保证微电网内的负荷能够正常运行。当系统电网恢复正常以后，微电网则重新与系统电网连接。其主要强调了微电网对系统电网的补充作用，以提高供电可靠性。

CERTS 还给出了微电网的基本结构。它主要是通过电力电子装置将发电容量小于 500 kW 的分布式电源和储能装置组织在一起，就近向用户提供电能。灵活智能的电力电子装置是 CERTS 微电网的关键所在，其正是通过该技术来实现“即插即用”的控制思想，结构如图 3-1 所示。

日本微电网的研究在世界范围内处于领先地位。由于日本国内能源日益紧缺、负荷日益增长，日本微电网的研究主要是强调能源供给的多样性、减少污染、满足用户个性化电力需求。因此，对储能系统方面的研究相当重视，而且将由传统电源供电的独立供电系统也纳入微电网的范畴，这样就大大拓宽了微电网的研究范围。东京大学给出的微电网定义为：微电网是一种由分布式电源组成的独立系统，一般通过联络线与大系统相连，由于供电与需求的不平衡关系，微电网可以选择与主网之间互供或者独立运行。

欧洲的微电网定义更多地强调灵活性、智能性以及能量利用的多元化等技术。目前使用较多的对欧洲微电网的定义是：利用一次能源，使用微型电源，分为不可控、部分可控和全控三种，并可实现冷、热、电三联供。配有储能装置，使用电力电子装置进行能量调节。欧洲对微电网的设计应用更为灵活，已初步成型并将进一步的细化。图 3-2 为欧盟提出的微电网模型。

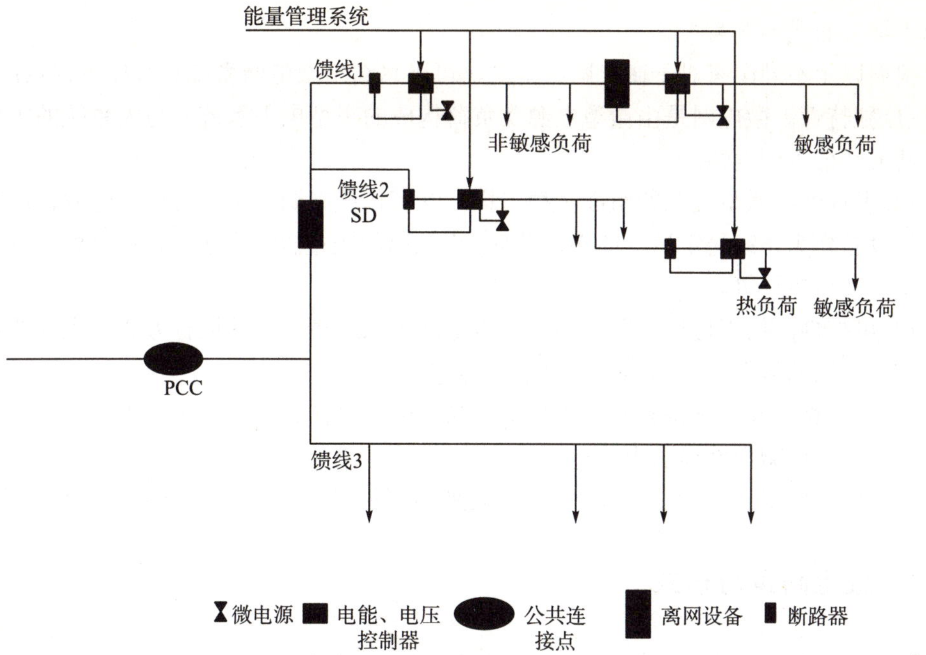

图 3-1　CERTS 提出的微电网结构图

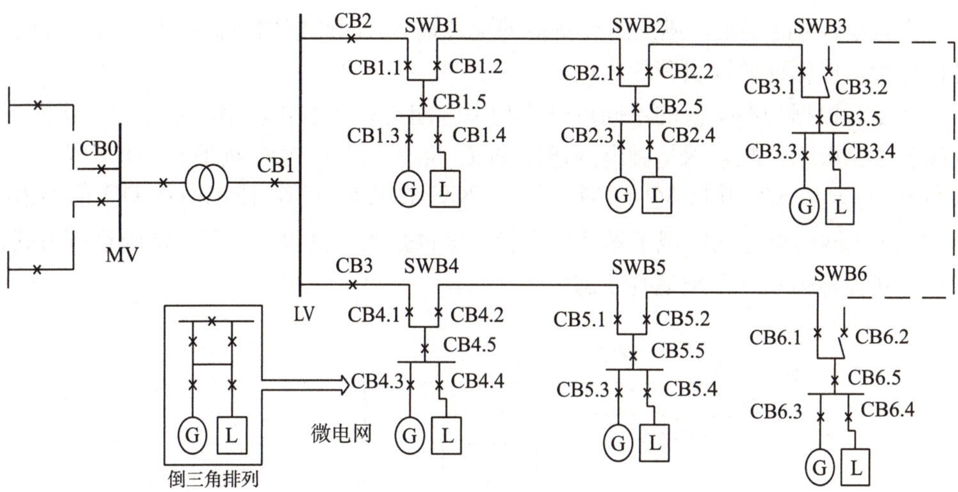

图 3-2　欧盟提出的微电网模型

根据中国 2015 年出台的微电网指导意见，对微电网的定义是：基于局部配电网建设的风、光、天然气等各类分布式能源的多能互补，具备较高的新能源电力接入比例，可以通过能量存储和优化配置来实现本地能源生产与用能负荷的基本平衡；可以根据需要与公共电网灵活互动且相对独立运行的智慧型能源综合利用局域网。在该定义中，既提到了基于配电网，又提到了各种分布式能源的接入，主要强调微电网具有对系统电网的补充作用，是以吸纳分布式能源为主。

根据以上不同国家对于微电网的定义，可以总结出微电网系统具有如下特点：

(1)独特性。微电网是由微型电源及负荷构成的小型电力系统，与大系统的主要区别在于其灵活的可调度性。

(2)多样性。微型电源的组成多种多样，既有传统电源，又有可再生能源，同时也包含储能设备作为系统稳定运行的必要条件；而负荷的类型也有很多，如敏感型、非敏感型，可控型、非可控型等。

(3)可控性。根据运行工况的不同，微电网可以选择不同的运行方式，完善的控制策略使得微电网的可靠性得到提高，安全性得到保障。

(4)交互性。作为具备独立发电设备的微电网可以在必要时对主网提供有力支撑，同时主网也可以向微电网提供电能。

(5)独立性。微电网在一定条件下可以独立运行，在一定基础上保障了本地用电需求。

3.1.3 微电网运行模式

微电网运行分为离网运行和并网运行两种状态。离网运行又称孤岛运行，是指在电网故障或计划需要时，与主网配电系统 PCC 断开，只由分布式发电单元(Distributed Generation，DG)、储能装置和负荷构成的运行方式。微电网离网运行时由于自身提供的能量一般较小，可能不足以满足所有负荷的电能需求，因此依据负荷供电重要程度的不同而进行分级，以保证关键负荷的供电。

并网运行根据功率交换的不同可分为功率匹配运行状态和功率不匹配运行状态。

如图 3-3 所示，配电网与微电网通过 PCC 相连，流过 PCC 处的有功功率为 ΔP，无功功率为 ΔQ。当 $\Delta P = 0$ 且 $\Delta Q = 0$ 时，流过 PCC 的电流为零，微电网各 DG 的出力与负荷平衡，配电网与微电网实现了零功率交换，这也是微电网最佳、最经济的运行方式，此种运行方式被称为功率匹配运行状态。

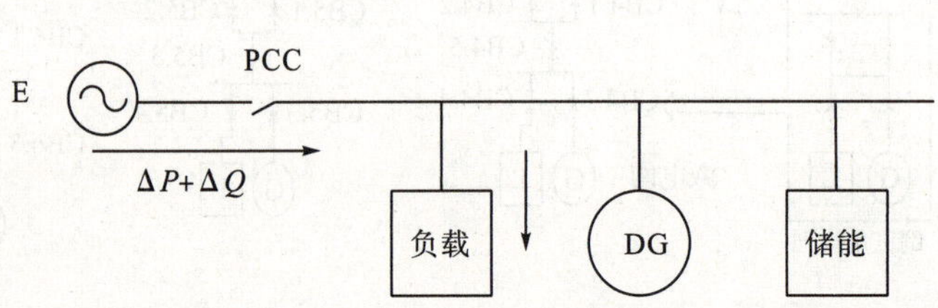

图 3-3 微电网功率交换

当 $\Delta P \neq 0$ 或 $\Delta Q \neq 0$ 时，流过 PCC 的电流不为零，配电网与微电网实现了功率交换，此种运行方式称为功率不匹配运行状态。在功率不匹配运行状态情况下，若 $\Delta P<0$，微电网各 DG 发出的电除满足负荷使用外，多余的有功输送给配电网，这种运行方式称为有功过剩；若 $\Delta P>0$，微电网各 DG 发出的电不能满足负荷使用，需要配电网输送缺额的电力，这种运行方式称为有功缺额。同理，若 $\Delta Q<0$，称为无功过剩；若 $\Delta Q>0$，为无功缺额，都为功率不匹配运行状态。

微电网运行和停运的状态转换如图 3-4 所示。微电网在停运时，可以通过并网控制直接转换到并网运行模式，并网运行时通过停运控制可转换到停运模式，通过离网控制可转换到离网运行模式；离网运行时可以通过并网控制直接转换到并网运行模式，还可通过停运控制转换到停运模式。而停运时也可通过离网控制转换到离网运行模式。

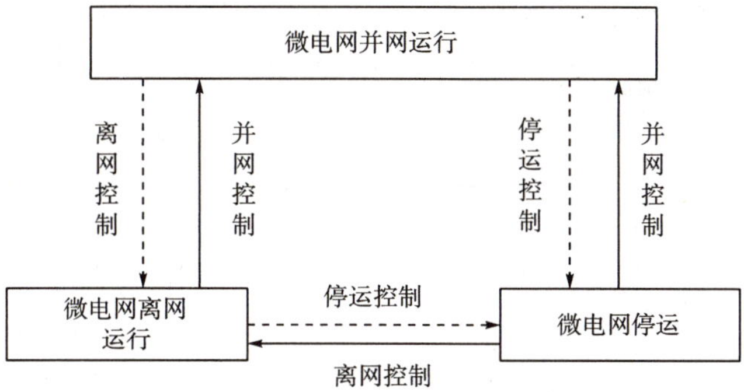

图 3-4 微电网运行模式的相互转换

3.2 微电网组成

典型的微电网组成及结构如图 3-5 所示。图中包含了多个分布式电源 DG 和储能元件，这些系统和元件联合向负荷供电。整个微电网相对大电网来说是一个整体，通过一个断路器和上级电网的变电站相连接。

图中包括 3 条馈线(A、B 和 C)及 1 条负荷母线，网络整体呈辐射状结构。馈线通过主分隔装置(通常是一个静态开关)与配电系统相连，可实现离网与并网运行模式间的平滑切换。该开关点即 PCC 所在的位置，一般选择为配电变压器的原边侧或主网与微电网的分离点。IEEE P1547 标准草案规定：在 PCC 处，微电网的各项技术指标必须满足预定的规范。

图中展示了光伏发电、风力发电、微型燃气轮机和燃料电池等微电源形式，其中一些接在热力用户附近，为当地提供热源。微电网中配置能量管理器和潮流控制器，前者可实现对整个微电网的综合分析控制，而后者可实现对微电源的就地控制。当负荷变化时，潮流控制器根据本地频率和电压信息进行潮流调节，本地微电源相应增加或减少其功率输出以保持功率平衡。

图中还示范了针对 3 类具有不同供电质量要求负荷的个性化微电源供电方案。对于连接在馈线 A 上的敏感负荷，采用燃料电池和微型燃气轮机混合供电；对于连接在馈线 B 上的可调节负荷，采用光伏、风力发电结合储能装置供电；对于连接在馈线 C 上的可中断负荷，没有设置专门的微电源，而直接由配电网供电。这样，对于敏感负荷和可调节负荷都是采用多源供电模式，外部配电网发生故障时，馈线 A、B 上的静态开关会快速动作使重要负荷与故障隔离，且不间断向其正常供电，而对于馈线 C 上的可中断负荷，系统则会根据网络功率平衡的需求，在必要时将其切除。

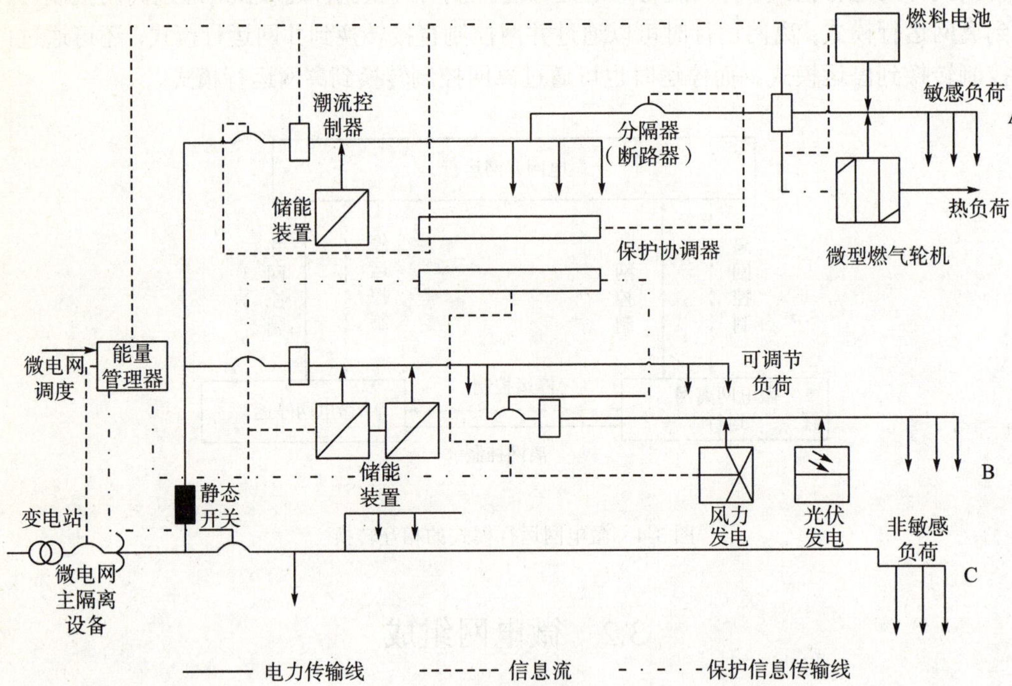

图 3-5 微电网的组成及结构图

从功能的角度来说，微电网的组成具体可细分为变配电、微电源、储能、智能控制、智能配电、快速通信等子系统，下面进一步阐述子系统的内容。

3.2.1 变配电系统

变配电子系统包含传统电网的电气回路、电气设备、防雷接地、过压保护等功能。该系统根据规划的微电网架构进行搭建，构成微电网的基本框架，与传统配电网的作用类似。

对于产业园区这样的大型用电负荷，园区内通常需要配置中压电力线路作为微电网主母线，以提高供电功率和供电范围，并设置一定数量的升、降压变压器以实现电力的变换。为了提高供电可靠性和经济性的平衡能力，可在低压母线处采用双母线形式实现热备用，以进一步降低供电中断的可能性。

微电网比大电网的电气结构更加灵活，除采用交流母线的形式以外，还可以采用交流母线、直流母线混用的形式，将微电源、储能电池以及储能电容等电源接入直流母线上，通过一个大功率的交直流变换装置将电能送入交流母线以供负载使用。

3.2.2　微电源系统

微电源(分布式电源)通常是指发电功率在几千瓦至数百兆瓦(①30MW～50MW；②30MW 以下)的小型模块化、分散式，布置在用户附近的高效、可靠的发电单元，如图 3-6 所示。

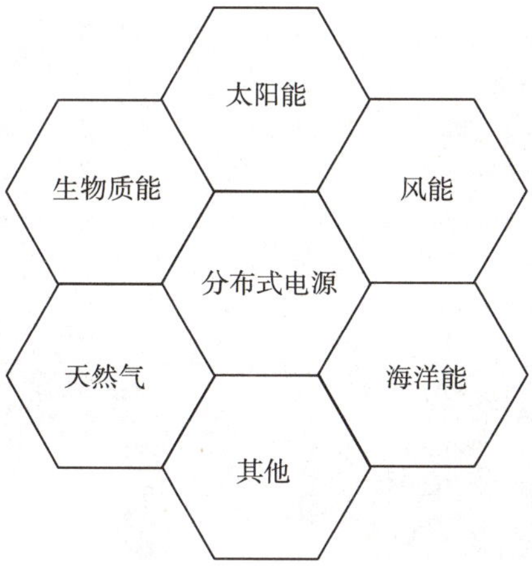

图 3-6　分布式电源的组成

为了保障在离网模式下能够长期运行，微电网需要配置一定数量微电源以提供电力。微电源主要采用风、光以及天然气等能源，以小型风力发电系统、光伏车棚、屋顶光伏和燃气冷热电三联供的形式为负荷提供电力。将新能源发电系统接入微电网，既可以为微电网中的负荷提供电力，又可以利用微电网的管理功能来协调微电网内部的能量流动，还可以协调微电源的出力，平滑风力发电、光伏发电等波动性较强电源的输出曲线，为负荷提供优质的电力。

当前，风力发电机组的功率从数千瓦到数兆瓦不等。大型风力发电机需要具备开阔的安装和运行场地、高质量的运输道路以及大型的吊装工具，对风资源条件也有一定要求。因此，即使一台额定功率为 2 MW 的风力发电机组能够提供微电网所需要的电源功率，微电网内的风力发电系统却仍然以数十千瓦级的小型风力发电机为主(见图 3-7)。

图 3-7　小型风力发电机

单片光伏组件的额定功率在 300 W 左右，因此，相比风力发电系统而言，光伏发电系统的布置就更为灵活，既可以几片光伏组件分别连接后接入低压交流母线，也可以将大量的光伏组件集中接入到 10 kV 的主母线。由于光伏组件、逆变器体积很小，在城市或产业园内，光伏发电系统可充分利用屋顶(见图 3-8)、车棚的空间，在农村或偏远地区，可充分利用农业大棚、房前屋后的空地。因此，在微电网中，光伏发电是较风力发电应用更多的电源形式。

图 3-8 房顶上的光伏发电模组

燃气发电的额定功率可以根据项目的需求灵活设计，并且其输出功率稳定、调整方便，也是微电网的主要电源形式之一。为了充分利用天然气资源，燃气发电机系统通常做成冷、热、电三联供的形式，以实现供电、供冷、供热的综合利用。

3.2.3 储能系统

储能是提高微电网对可再生能源发电接入稳定性的重要手段，是实现微电网能量双向互动的中枢和纽带。储能系统具有以下作用。

(1)利用储能系统平滑风力发电、光伏发电等电源的出力，可以降低风力发电、光伏发电的间歇性和随机性对微电网的冲击。

(2)通过在系统中引入储能环节，能有效地实现需求侧的管理，消除昼夜间的峰谷差，平滑负荷，能更有效地利用电力设备，降低供电成本，提高系统运行的稳定性。

按照具体形式，电能的存储可以分为物理、电磁、电化学和相变储能。其中，物理储能包括抽水蓄能、压缩空气储能(Compressed Air Energy Storage，CAES)和飞轮储能。电磁储能包括超导(Superconducting Magnetic Energy Storage，SMES)、超级电容和高密度电容储能。电化学储能包括铅酸、镍氢、镍镉、锂离子、钠流和液流等电池储能。相变储能包括冰蓄冷储能等。表 3-1 中列出了各种电力储能技术及其性能。

表 3-1　应用于电力系统中的储能技术

储能形式	储能类型	额定功率	反应时间	效率/%
物理储能	抽水蓄能	100～2000 MW	4～10 h	60～70
	CAES	100～300 MW	6～20 h	40～50
	Micro-CAES	10～50 MW	1～40 h	—
	飞轮储能	5 kW～5 MW	15 s～15 min	70～80
电磁储能	SMES	10 kW～20 MW	1 ms～15 min	80～95
	电容器	1～100 kW	1 s～1 min	70～80
电化学储能	铅酸电池	1 kW～50 MW	1 min～3 h	60～70
	先进电池技术 如 NaS、Li 等	1 kW～10 MW	1 min～数小时	70～80
	液流电池	10～100 kW	1～20 h	—

在微电网中，铅酸电池、锂离子电池、超级电容器及液流电池等形式应用较多。锂电池和铅酸电池单体容量很小，因此可以灵活地调整电池的接入方式和容量。液流电池体积庞大，灌注电解液以提高容量的方式决定了它们更适合接入主母线作为主微电网的支撑。而超级电容器虽然充放电速度快，但其价格昂贵，因此更适合为重要负荷提供短时电压支撑。

储能系统既可做成一个大的系统接入主母线，也可分散成若干个小规模的系统分别接入子微电网中。电池全接入主母线，储能系统和微电网只有一个接口，这样便于控制和管理，但是当子微电网脱离主微电网单独运行时，由于失去了储能系统的协助，子微电网中的供电品质会受到影响。分散式储能系统能够为子微电网提供储能功能，但由于设备增加，加大了微电网运行的控制难度，不利于使总储能系统的使用率最大化。因此，微电网的储能系统多为混装形式。

3.2.4　智能控制系统

微电网智能控制系统是微电网的核心系统，是微电网正常运转的中枢。在并网运行时，智能控制系统应充分利用微电网内部发电系统提供的电力，在故障时能够迅速检测到故障，并和大电网解列；在离网运行时，智能控制系统则控制微电网母线的电压和内部功率的平衡。

智能控制系统主要包括快速检测系统、快速开关、能量管理系统以及相应的继电保护系统。由于微电网和大电网可以进行双向的能量交换，因此，快速检测系统需要快速、准确地区分内网故障与外网故障，并迅速驱动相应的快速开关动作，切除故障源，或将负荷转移到备用电源上。

微电网的智能控制系统相对于传统电网的控制保护系统具有以下特点。

(1) 在垂直化运行模式下，微电网有一个主控制中心和多个次级子控制中心，每个子控制中心管理的微电网也可以脱离主微电网单独运行。

(2)微电网需要给负荷提供更优质的电源，在发生故障时，电源切换的速度必须尽可能地快，因此，需要采用比断路器更快的电路开关，例如为重要负荷配置电力电子开关。

(3)微电网中含有直流回路，因此对直流信号的监测、直流断路器的控制都是传统电网所没有的。

微电网中的转动惯量很少，而风力发电机的变流器、光伏逆变器、储能变流器等电力电子设备，在设计时带有一定的短路限制。因此，短路故障时微电网内的短路电流难以触发传统的断路器动作，需要控制系统结合快速检测系统的数据来准确地判断故障，并驱动专用的快速开关动作。

3.2.5 智能配电系统

微电网的一个特点就在于不仅可以管理发电侧，还可以同时管理用电侧，从而实现分布式、间歇式电源、储能和负荷的协调与优化控制。而智能配电系统就承担着管理用户侧用电的功能，其核心在于用户需求侧的管理系统。

智能配电系统主要包括智能电表、智能开关等设备，其结合用户需求，对用电负荷进行科学化管理，在保障电力供需平衡的条件下实现绿色能源的最大化利用。

智能配电系统主要实现以下功能。

(1)当负荷需求大于供电能力时，切除部分非重要负荷；当供电能力大于负荷需求时，利用储能系统存储多余的电能。

(2)基于智能电表收集用电数据，通过智能电表及时向用户提供峰谷分时电价，智能化引导用户将部分负荷改至用电低谷时运行。

(3)协助客户灵活转换能源供应系统。例如在电网电价较高时，通过调整绿色能源的电价引导客户更多地使用绿色能源发电，这样既能降低用户的总用电成本又不会改变用户的用电习惯。

在产业园微电网系统中，智能配电系统可用于空调和大型机械设备的运行管理。在空调管理中，智能配电系统可根据大量布置的温度传感器来检测室内温度，并调整出风口风向、不同空调的设定温度，以使室内温度保持在合适范围内。而对于大型机械设备，则通过灵活的电价策略来鼓励用户在负荷低谷时使用。

3.2.6 快速通信系统

微电网包含了发电、配电、储电和用电的大量设备，监测信号、动作信号的数据量相当大，而且这些信息对实时性要求很高，因此对网络通信提出了很高要求。因为电网的控制和数据采集要求在极短的时间内传输无差错数据，如果网络品质不稳定，产生抖动、高延迟，数据传输未能在规定的时间内送达，或者是网络误传、漏传数据，都有可能会引发设备误动作，造成控制失败、并网/脱网故障等严重事故。

微电网通信设备所处的环境非常复杂，不仅有温度和湿度的考验，还有很强的电磁干扰，这就要求通信设备同样必须具备超强的抗电磁干扰能力，以保证通信通道的可用性。

采用高端工业以太网设备构建的有线通信网络，能够最大限度地提供 100%可用的通信通道，在极度恶劣的环境下，依然能够保证数据通信“零丢包”。相比通信电缆这样的组网方式，光纤网络可提供更大的带宽，更强的抗干扰性，故在资金允许的情况下，微电网更适合采用光纤通信的方式来构筑通信主网。

由于微电网的数据较多，因此将网内的生产数据和办公数据分离，将有助于增强网络的安全性，提升网络防御外部攻击的能力。单独的生产网络作为“内部专网”运行，通过专项管理，可以杜绝办公网络时常发生的攻击、病毒、信息泄露等网络安全事件。

3.3　微电网典型结构

微电网系统中微电源、负荷性质以及电能质量要求等因素决定了微电网的结构，也在一定程度上影响微电网采用何种方式(交流、直流、交直流混合)供电。如果将微电网经济性、灵活性也纳入考虑，微电网采用的供电方式就成为其网架基本结构设计的决定性因素之一。根据交、直流微电网网架结构以及供电特点的不同，可将微电网分为交流微电网、直流微电网和交直流混合微电网。

3.3.1　交流微电网结构及特性

目前，交流微电网仍然是微电网的主要形式。交流微电网的网架基本结构相似，大多采用辐射状网架，分布式电源、储能装置等均通过电力电子装置连接至交流母线，通过 PCC 处开关的控制，可实现微电网并网运行与孤岛运行模式的转换。交流网架结构与微电源容量，以及负荷对电能质量要求也密切相关，通常可以根据容量大小将交流微电网系统分为三类：系统级微电网、工商业区级微电网和偏远乡村级微电网。

1. 系统级微电网

系统级微电网结构由母线和多条馈线呈辐射状组成，每条馈线可分层接入大量分布式电源和就地负荷，网架可以经多个 PCC 接入电网。如图 3-9 所示，微电网由两条汇流母线和四条馈线组成，每条馈线可分层接入大量的分布式电源：三联供系统、光伏系统、风机系统、储能系统等，单个分布式电源的最大容量可为 5～10 MW，汇流母线上可接入小型常规发电系统。当电网或降压变压器故障时，PCC 开关跳开，微电网进入孤岛运行。待电网侧恢复正常，闭合 PCC 开关，微电网并网运行。

系统级微电网结构(见图 3-9)允许各种不同 DG 和储能系统的接入，它有如下优点：①降低了分布式电源的间歇性和波动性对电网的影响；②降低了负荷对传统发电系统的依赖，减少了化石燃料的使用，低碳环保；③大量的分布式电源与就地负荷组成小型微电网系统，很大程度上解决了负荷增长给输电网带来的阻塞和中压配电网需要不断扩建的问题；④具有充足的调峰和调压能力，允许微电网在孤岛和并网两种方式下自由切换，运行方式灵活，提高了重要负荷的供电可靠性；⑤在电网发生严重故障时，可作为电网的黑启动电源。

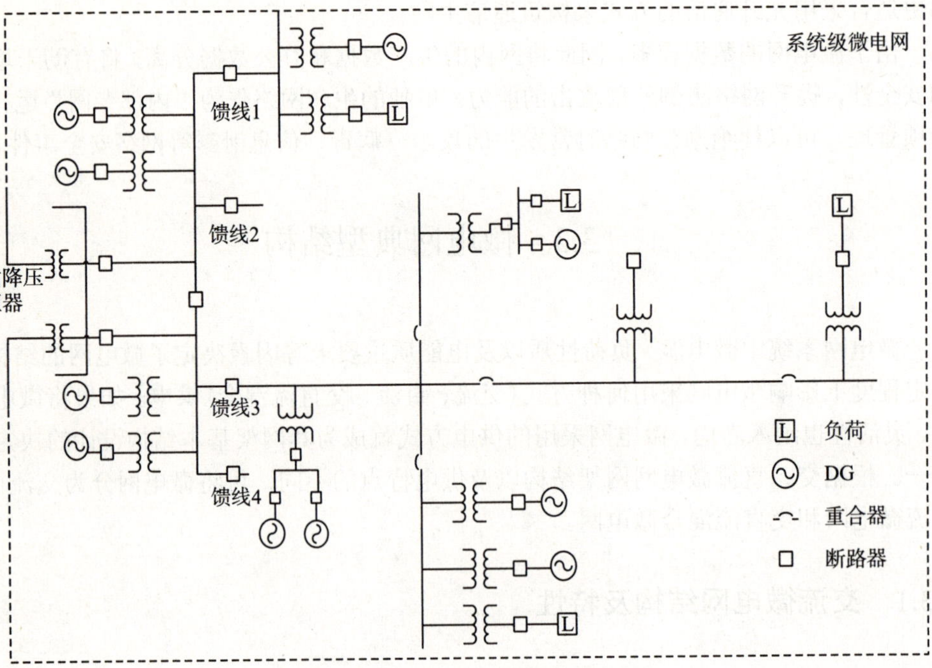

图 3-9 系统级微电网结构

系统级微电网结构适合分布式能源种类较为丰富、负荷相对分散的地区，利用不同种类分布式能源间的相互补充，电源与负荷相互协调来提高微电网的稳定性与可靠性。系统级微电网大量使用电力电子设备，微电网的控制与保护复杂，技术难度较大。若系统级微电网中分布式电源与负荷容量相差较大，微电网注入配电网的功率大于准入容量上限，则会给配电网稳定运行带来影响。系统级微电网网架规模较大，设备较多，投资价格相对较高，这也是目前阻碍其应用的一个重要原因。

2. 工商业区级微电网

工商业区级微电网结构有高度的冗余性，可以保证接入网架的重要负荷和敏感负荷有多个回路、不同类型的电源提供电能。如图 3-10 所示，工商业区内的负荷由光伏系统(PV)、三联供系统(CCHP)、电池储能系统(BESS)和配电网供电。当配电网发生故障或电能质量不能满足负荷要求时，PCC1 开关跳开，微电网进入孤岛运行状态。在电源容量充足的情况下，可满足微电网内负荷不间断供电；若此时电源容量小于负荷总容量，则依次切除不重要负荷(二类负荷和三类负荷)以保证对微电网内一类负荷的供电。考虑最严重情况，微电网孤岛运行时母线 A 发生永久性故障，PCC2 跳开，由三联供系统和一类负荷组成的单元微电网系统进入孤岛运行，仍可保证对一类负荷的可靠供电。因此工商业区级微电网结构充分保证了重要负荷的供电可靠性。

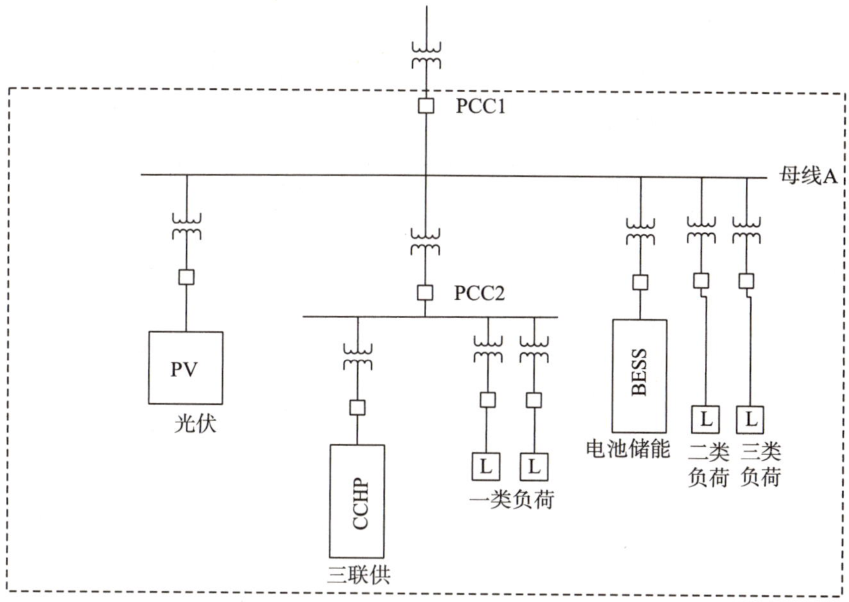

图 3-10　工商业区级微电网结构

供电的高可靠性是工商业区级微电网结构的最大特点，同时它允许多种 DG 的接入，也降低了微电网对配电网的影响。这种网架形式通常用在医院、学校、大型商业中心以及数字通信大楼等一类负荷区。高可靠性意味着结构的高度冗余，也使得微电网网架投资成本较高，因此对供电可靠性及电能质量要求不高的负荷区一般不采用这类网架。

3. 偏远乡村级微电网

偏远乡村级微电网通常运行在孤岛状态，网架结构为简单的串并联形式。如图 3-11 所示，分布式电源与负荷组成微型供用电系统，再并联接入馈线。乡村级微电网结构要预留足够多的 DG 接口，一方面应对微电网负荷增长；另一方面分布式电源不仅提供微电网正常运行时所需的电能，而且要有充足的备用容量应对微电网故障，具备自愈能力。偏远乡村级微电网由于缺少电网的支撑容易受到分布式电源随机性和波动性影响，因此一般需要接入旋转设备，为微电网提供电压、频率支撑，同时也作为热后备容量。乡村级微电网负荷通常为不重要负荷，简单的串并联网架结构保证了微电网的经济性与故障易恢复性。

偏远乡村级微电网结构简单、投资较小，适用于偏远山区、海岛等地区供电。由于缺少外电网的支撑，微电网电能质量不高，在不具备一定容量旋转电源的地区，不宜接入对电能质量要求高的负荷。

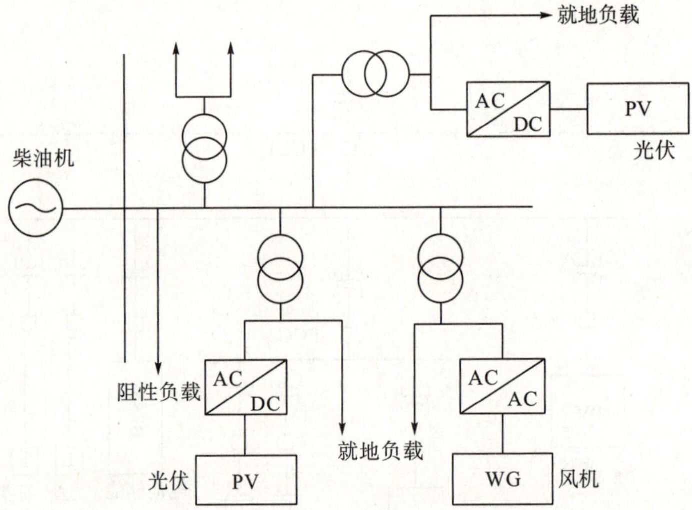

图 3-11 偏远乡村级微电网结构

3.3.2 直流微电网结构及特性

随着微电网的不断发展，交流微电网存在的诸多不足越来越明显，这就促进了直流微电网的研究与发展。在交流微电网中，分布式电源的同步并网、变压器和电动机的励磁涌流、三相不对称、控制复杂等问题的存在，与用户希望微电网能够提供高效、可靠、高电能质量供电服务要求存在矛盾。随着微电网直流发电系统规模的不断扩大以及负荷类型逐渐多样化，直流微电网以其独特优势获得了较大发展。直流微电网按用户对电能质量多样性需求分为多环直流微电网和辐射直流微电网。

1. 多环直流微电网

多环直流微电网网架采用环状结构，形成多回路供电系统，满足用户对电能质量的不同需求。如图 3-12 所示，直流电源和负荷通过 DC/DC 变流器接入，交流源、负荷由 AC/DC 与 DC/AC 换流器接入网架。直流环 1 上接有间歇性特征比较明显的 DG(如光伏等)，用于向普通负荷供电，直流环 2 连接运行特性比较平稳的 DG(如燃料电池等)以及储能装置，向电能质量要求比较高的负荷供电。环形馈线分为两段，经混合式限流断路器连接构成，在出现故障时可解列运行，降低停电面积。

在多环直流微电网结构中，DG 的并网取决于直流电压，无须考虑各 DG 间的同步问题。直流微电网的 DG 较易协同运行，在环流抑制上更具优势。多环微电网网架结构适合大范围综合性大楼、数据中心、工厂密集区等对电能质量要求不同的用户。

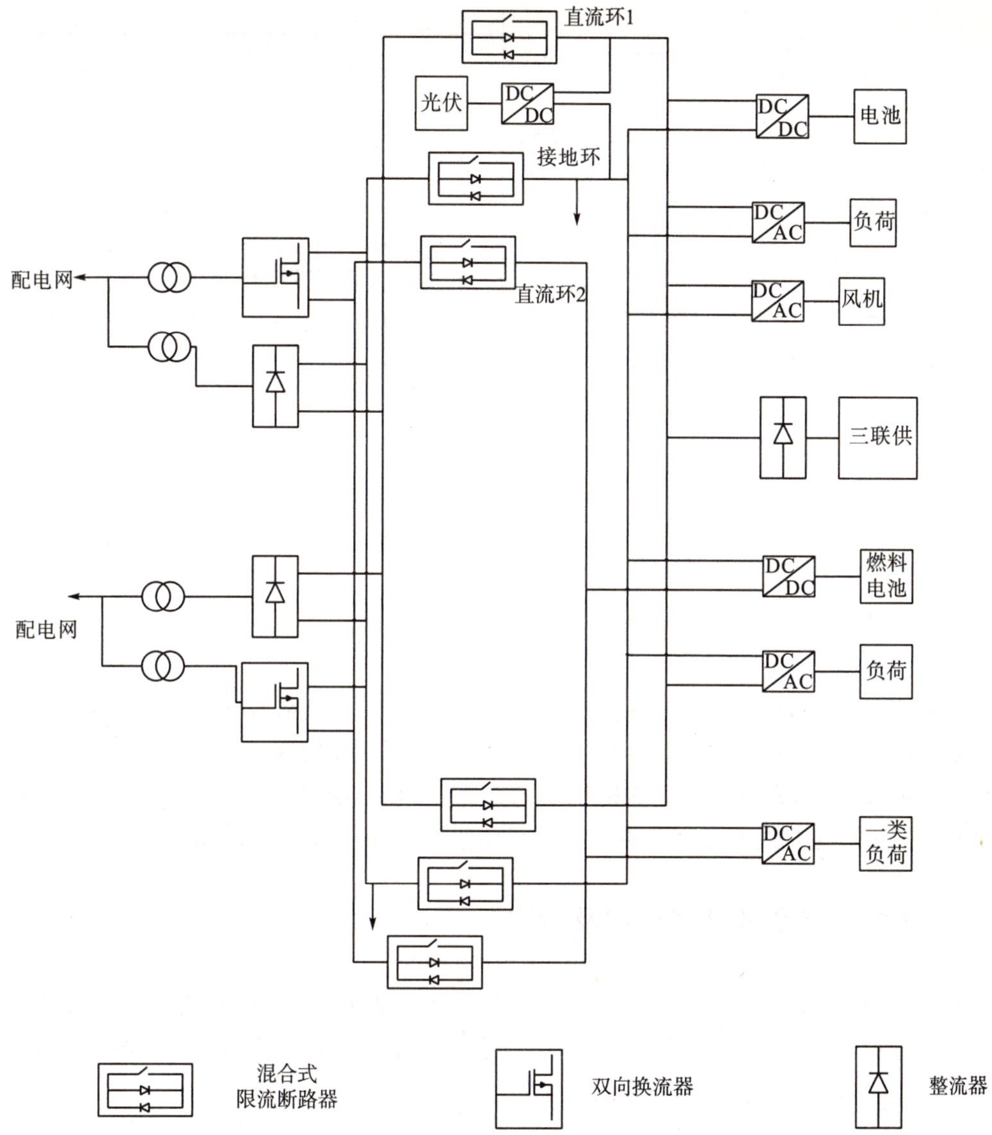

图 3-12　多环直流微电网结构

2. 辐射直流微电网

辐射直流微电网结构一般为串并联结构，由联络馈线和直流母线连接电源和负荷。如图 3-13 所示，系统中的 DG、储能装置、负荷等均通过电力电子变换装置连接至直流母线，电源与负荷间由联络馈线连接，直流网络再通过逆变装置连接至外部交流电网。直流微电网通过电力电子变换装置可以向不同电压等级的交流、直流负荷提供电能，DG 和负荷的波动可由储能装置在直流侧补偿。

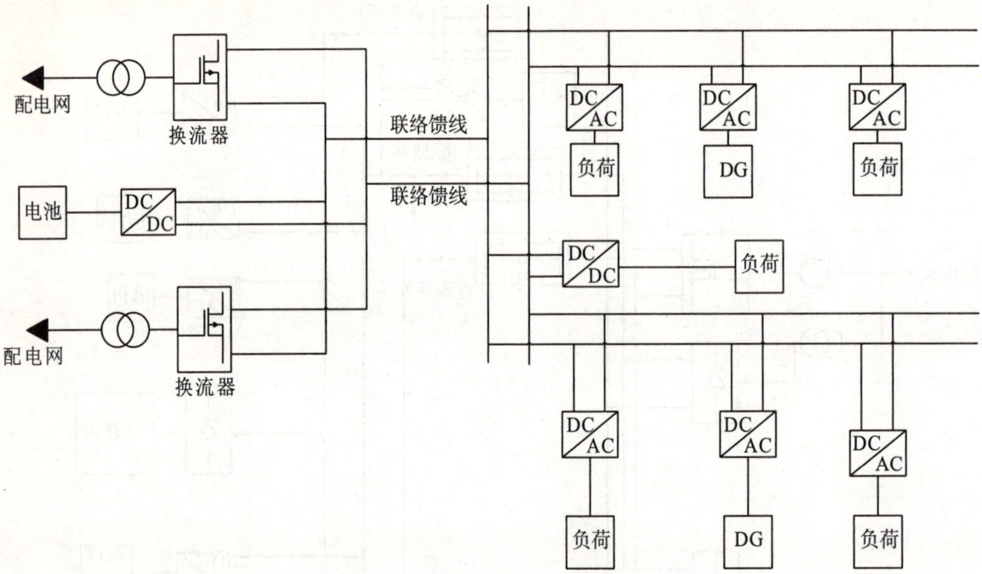

图 3-13 辐射直流微电网结构

辐射直流微电网可为负荷提供高质量的供电服务，负荷经过换流器(DC/DC 或 DC/AC)并入直流微电网，不需经变压器即可获得所需电压等级。此外，当微电网中某一负荷出现过载时，并联换流器间的相互调节功能可降低过载对系统造成的影响。低压直流微电网网架可用在对供电可靠性要求不高，但对电能质量要求较高的地区。

3.3.3 交直流混合微电网结构及特性

交直流混合微电网既含有交流母线又含有直流母线，既可以直接向交流负荷供电又可以直接向直流负荷供电。混合微电网的提出是为了避免 DG 和负荷接入交流微电网或直流微电网时需要多次进行换流所带来的诸多问题。

图 3-14 所示为混合微电网的典型结构，交流系统和直流系统按各自的原则组成微电网，由四象限运行的换流器连接。直流系统结构为并联式结构，直流 DG 如光伏电源、燃料电池通过单向 DC/DC 接入直流系统，直流储能电池由双向 DC/DC 并联在直流母线上，直流负荷经过单向 DC/DC 并入微电网，而风机则经整流器向直流系统提供电能。交流系统的结构与直流系统结构相似，储能、旋转电源以及负荷并联到交流母线上。混合电网由交流母线经馈线接入电网。从整体结构分析，混合微电网实际上仍可看作交流微电网，直流微电网则可看作一个独特的电源通过电力电子逆变器接入交流母线。

混合微电网与交、直流微电网相比具有更高的灵活性和效率。如图 3-14 所示，混合微电网结构支持四种运行方式：①交、直流系统并网运行，PCC1 与 PCC2 处开关均闭合；②交流系统并网运行，直流系统孤岛运行，PCC1 处开关闭合，PCC2 开关断开；③交、直流系统并列孤岛运行，PCC1 处开关断开，PCC2 处开关闭合；④交、直流系统解列孤岛运行，此时 PCC1 和 PCC2 开关均断开。

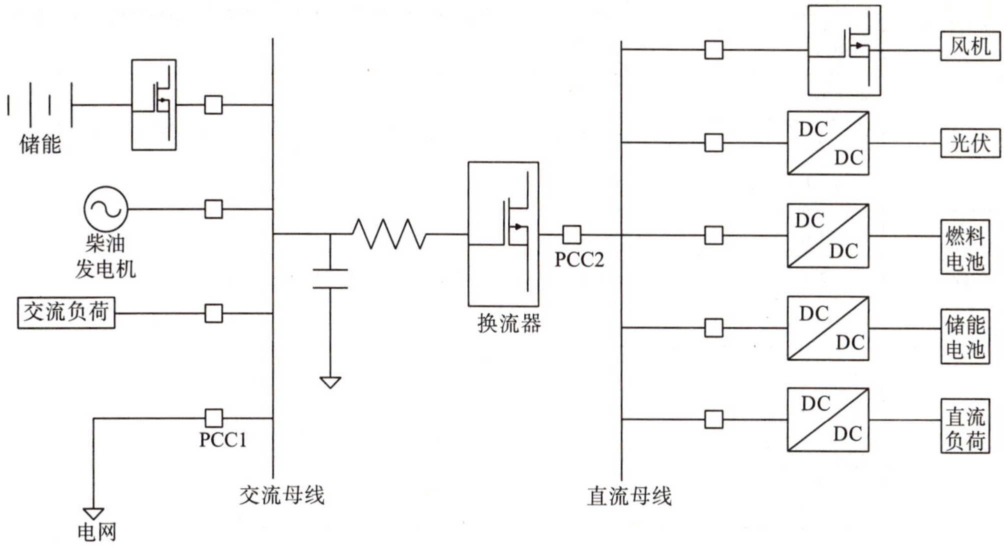

图 3-14　混合微电网结构

混合微电网在控制系统作用下，快捷地在四种运行方式之间切换，可以应对大量复杂突发情况。由于避免了大量使用换流器，降低了电能在变换时的损耗，大大提高了网架运行的效率。混合网架结构适用于直流电源(负荷)和交流电源(负荷)比例相当，对供电可靠性及电能质量要求较高的地区。

由于混合微电网运行方式灵活，它的能量管理、控制及运行管理比交、直流微电网要复杂得多，技术要求相应较高。目前，针对混合微电网控制系统，已有多种控制模式被提出，如分层管理控制，但这些问题仍然是制约混合微电网推广应用的障碍。

3.3.4　微电网结构设计方法

微电网具有节约能源，提高电能质量和供电可靠性，降低发电成本等优点，为达到引入微电网的预期目的，要依据一些基本原则和要素对微电网结构进行设计和选择。微电网结构设计的基本原则是保证微电网内能量守恒，一方面正常运行时 DG 容量和配电网提供的电能与微电网负荷容量匹配；另一方面，微电网孤岛运行时，DG 容量能够为重要负荷提供充足电能，在偏远乡村级微电网中还需额外提供备用容量。

在满足基本原则的前提下，应综合考虑地理位置、DG 特性、负荷特性等诸多因素对微电网结构的影响，从而确定最终的方案。表 3-2 列出了微电网结构设计中需考虑的基本要素。

表 3-2 微电网结构设计基本要素

基本要素	具体因素	对微电网结构的影响
地理特点	地理位置	网架类型，网架中DG接口种类、数量、位置，微电网规模、发电能力，微电网运行方式的限制
	气象特点	
配电网	配电网网架	网架与配电网公共连接点位置，微电网中分布电源渗透率，微电网运行方式的限制
	配电网容量	
	配电网保护	
DG	DG类型	网架类型，网架中DG接口种类，单元微电网网架结构
	DG容量	
	DG发电特性	
负荷	负荷容量	网架类型，网架中DG位置，单元微电网网架结构，辅助电源接入
	负荷增长速度	
	对电能质量要求	
	对供电可靠性要求	
运行方式	并网运行	并网、孤岛控制策略，计划孤岛网架结构
	孤岛运行	
	其他运行方式	
技术能力	能量管理	网架类型，微电网网架复杂程度
	微电网控制	
其他	投资	微电网规模，技术实现
	运行及维护	

微电网结构的优劣直接决定了微电网性能的发挥，网架设计除了参考众多要素外还需要合理的流程，微电网网架设计步骤如下。

(1) 明确微电网结构设计的基本原则和要素，收集、分析影响微电网网架的因素。

(2) 综合考虑地理特点、DG、负荷特性以及技术能力，在兼顾投资的情况下合理选择微电网结构类型。

(3) 根据所选择的微电网结构类型、DG 类型和数量、负荷位置分布，以网损为约束条件，合理选择微电网电压等级。

(4) 由所选的微电网结构类型和电压等级，考虑负荷对电能质量及供电可靠性要求以及运行方式，确定网架的基本连接方式。

(5) 根据 DG 发电特性及负荷对电能要求，确定微电网中需要分布的单元微电网系统数目、结构及接入微电网位置。

(6) 以单元微电网系统为基础，考虑孤岛运行及微电网中一类负荷位置，设计计划孤岛网架结构。

(7) 将小型微电网网架、计划孤岛网架按照基本连接方式组成局部网架，同时考虑微电网中的其他 DG、二类负荷、三类负荷的地理位置、特性，严格遵守能量守恒原则将其接入局部网架。

(8) 由微电网的运行方式，确定局部网架接入配电网 PCC 的位置及数目，形成组合微电网的基本架构。

(9) 考虑微电网负荷增长速度及运行维护要求，在基本网架中预留 DG 接口，构成较完善的微电网网架结构。

3.4　微电网关键技术

微电网中分布式电源的种类繁多、运行状态多样、输出特性及控制方法各异，使得微电网具有复杂性、非线性、开放性、空间层次性、组织性和自组织性等复杂系统的主要特征，成为一个变量众多、运行机制复杂、不确定性因素作用显著的多维度复杂系统。因此，微电网技术的研究与开发应从系统的角度来全面认识，其研究方法和内容如图 3-15 所示。

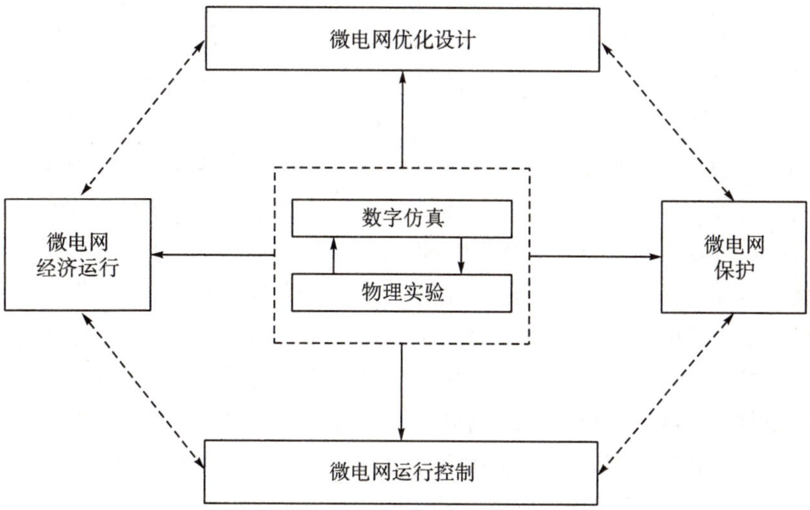

图 3-15　微电网研究方法

3.4.1　微电网的优化设计

微电网的优化设计通常是在满足微电网系统的稳定运行和所辖负荷需求的条件下，通过优化选择系统结构及电源配置(电源的种类、数量、选型及容量配置)，实现和满足微电网系统在规划期间的安全稳定运行和最小化的系统投资成本目标。微电网优化设计主要包括以下三个方面的内容。

1. 可再生能源资源与负荷需求分析

可再生能源资源与负荷需求分析指对可再生能源资源和电力负荷的时间分布、空间分布进行准确分析，为微电网系统优化设计提供可靠决策数据，是微电网系统优化设计的基础。该分析主要是根据全年历史数据中风速、光照强度和负荷的统计信息与分布特性，结合预测方法对风速、光照强度和负荷的全年变化信息进行模拟。

2. 优化设计建模

微电网优化设计建模是指在满足用户/负荷需求和系统稳定运行的前提下，从技术、经济和环境等方面选取适当的决策变量、优化目标和相应的约束条件，建立科学完整的数学模型。微电网优化设计建模一般分为如下三个步骤。

步骤 1：确定决策变量。分布式电源的种类、容量、数量和安装位置常被选作为决策变量。此外，微电网的不同运行控制策略及一些控制参数变量也可作为决策变量，这是由于微电网的运行控制策略对优化设计结果会产生较大影响。

步骤 2：建立目标函数。建立微电网优化设计的目标函数时，主要考虑经济性、可靠性和环保性这三个方面的优化目标。经济性目标主要包括设备购置成本、燃料费用、设备维护费用、设备置换费用、净现值和残值等；可靠性目标可以是电力不足时间概率或电力不足时间期望或负荷缺电概率；环保性目标则为温室气体的排放量，如 NO_x、SO_2 和 CO_2。

在微电网优化设计研究中，优化目标可以是上述目标中的单个或多个的集合。当采用多目标优化时，可以考虑经济性、环保性和可靠性等目标的不同组合，进行比较分析并选取恰当的优化方案。而采用单一目标优化时，则有三种不同的方法：①仅考虑单一的经济性目标，而可靠性指标和环保性指标则作为约束条件；②环保性目标按排放惩罚费用折算为相应的经济性费用，并连同其他经济性费用建立统一的经济性目标函数，而可靠性指标则作为约束条件；③可靠性指标按缺电损失折算为经济费用，环保性目标按排放惩罚费用折算为经济费用，再联合其他经济费用而建立单一的经济性目标函数。

步骤 3：设定约束条件。约束条件主要针对微电网系统和各分布式电源的正常运行控制条件而建立，主要包括系统功率平衡约束、机组运行约束(包括出力上下限、爬坡率限制、最小启停时间限制等)、储能容量及充放电功率约束、系统备用容量约束以及系统可靠性约束等。

3. 优化算法

优化算法是求解微电网优化设计问题的重要工具。微电网的优化设计属于非线性优化问题。因此，国内外研究学者通常采用遗传算法、模拟退火算法、进化规划法或各自的改进算法等各种人工智能算法对微电网的优化设计进行求解。相对于求解过程复杂和计算时间长的传统经典算法，具有操作简便、计算效率高和鲁棒性强等优点的人工智能算法更受欢迎。在选择优化算法时，应根据优化目标的多寡、优化模型的复杂程度以及客户关注点

(运算效率或计算精度)等方面，合理选择相应的求解算法。

3.4.2　微电网的运行控制

微电网的运行控制与传统电力系统有着显著的不同，主要是与系统内分布式电源的种类、渗透深度、功率输出特性、控制策略和方法、不同负荷特性(可中断负荷和不可中断负荷)、系统的运行模式和结构模式、能量管理要求，以及电能质量、经济性、安全性、可靠性等有关。这使得传统的控制方法已经不适应于微电网的运行控制，因此微电网需要有一套全新的、科学有效的运行控制方法和机制对系统内各分布式单元进行协调控制。其能够根据特定要求来满足微电网在离网运行、并网运行，以及两种运行方式间切换时的不同运行要求，实现并保证整个系统的安全稳定。

针对微电网运行控制的特点，应从单元级的分布式电源控制和系统级的微电网控制两个方面进行研究，才能科学准确地理解和掌握微电网的运行控制技术。

分布式电源控制方法主要包含下垂控制(Droop 控制)、恒功率控制(PQ 控制)和恒压恒频控制(VF 控制)三种。在选择具体控制方法时，应综合考虑分布式电源自身的出力特性以及其入网的目的和作用、微电网系统的整体控制模式等因素，做出相应的合理选择。

微电网系统整体控制主要包括主从控制(master-slave)和对等控制(peer-to-peer)两种典型的基本控制模式，以及将主从控制和对等控制相结合的综合控制模式。目前，对等控制模式和综合控制模式的微电网仍停留在实验室研究阶段，而主从控制模式是技术最成熟且应用最广泛的微电网控制模式。

大量的研究文献和一系列微电网示范工程项目表明：含多种分布式电源的主从控制结构微电网通常采用分层控制策略来实现系统的正常运行控制。图 3-16 给出一种典型的基于不同时间尺度上的微电网分层控制方案，它借鉴了传统电力系统的三次电压/频率分层控制经验。图中 EMS 为能量管理系统。

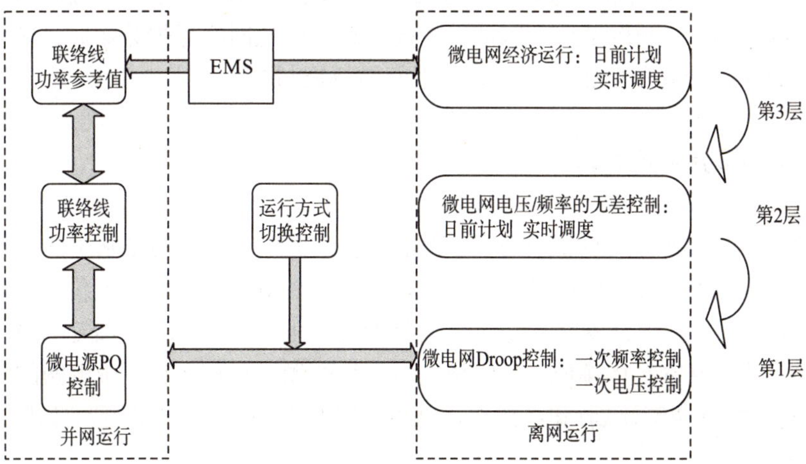

图 3-16　微电网的分层控制

图 3-16 中，第 1 层为分布式电源自身的运行控制，其应结合自身的控制特性和系统运行模式来选择恰当的控制策略。并网运行时，大电网提供系统电压频率参考值，从而所有分布式电源均采用 PQ 控制方法进行功率输出；而离网运行时，系统内同步发电机组或电压逆变型微电源采用下垂控制方法支撑系统电压频率稳定，而可再生能源等其他微电源则选取 PQ 控制方法自行注入电能。

第 2 层为微电网动态运行控制，它通常采用中央控制器(MGCC)实现微电网的并网运行、离网运行和离/并网模式切换三种不同状态的运行控制，维持整个微电网系统的稳定运行。

第 3 层为微电网经济运行和能量管理层次的控制，它是在保证系统稳定可靠运行的基础上通过优化分配各分布式电源的负荷功率，使系统总运行成本最小化的动态能量管理。

3.4.3 微电网的保护

微电网的保护，是指当微电网发生故障时，能够快速识别及定位故障、切除故障并恢复微电网安全稳定运行的一种关键技术。目前，微电网的保护技术主要有基于自适应继电器的自适应保护、基于电压的保护、差动保护、过流保护、距离保护等。

由于微电网的并网运行和离网运行之间具有较大不同的运行控制特性，所以两种运行模式下所呈现的故障特性以及所采用的保护方法均有所不同。

并网运行模式下的微电网保护步骤主要分为三个阶段：①故障定位，可采用负序功率方向元件、故障分量方向元件或基于电流突变量的定位方法来实现故障定位，确定故障是微电网外部故障还是内部故障。②根据不同的故障位置，选取恰当的故障保护策略。无论何种故障，微电网马上解列而进入离网运行；无论何种故障，微电网始终与大电网连接，作故障穿越运行；若为外部故障则微电网马上解列而进入离网运行；若为内部故障则微电网继续接入大电网并作故障穿越运行。③排除故障。

离网运行模式下的微电网保护主要分为两个阶段：①故障定位，即确定故障是微电源故障还是馈线故障；②排除故障。因此，在设计离网微电网的保护方案时，应分别考虑馈线保护和电源保护的具体配置，以及它们之间的协调与配合。

3.4.4 微电网的经济运行

作为微电网系统经济性的最终体现，微电网的经济运行的目的是基于间歇性电源出力预测、负荷需求预测、市场信息等基础数据，通过建立适当的经济调度模型、调度策略以及相应的优化算法，在保证安全稳定可靠运行的前提下实现最小化系统运行成本、提高能源利用效率、减少温室气体排放。与传统电力系统的调度过程相似，微电网的经济运行也包含离线经济调度(调度计划)和在线经济调度(实时调度)两个不同阶段，如图 3-17 所示。

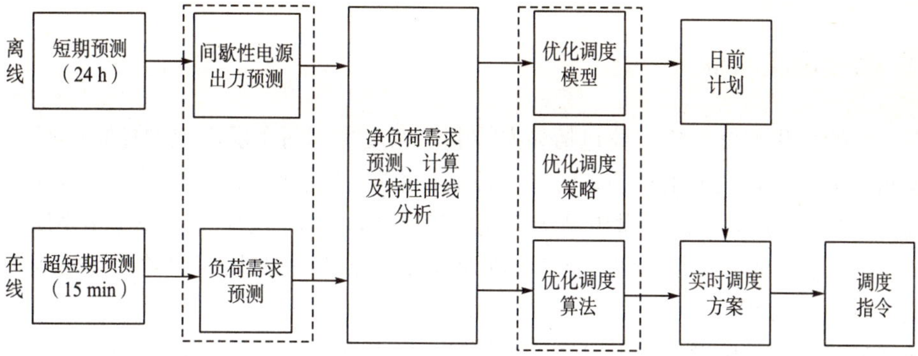

图 3-17 微电网的经济运行

由图 3-17 可知，为了实现微电网的经济运行目标，需要综合运用功率预测、优化调度模型、调度策略和优化调度算法等相关方法和技术。

1. 功率预测

相比传统电力系统，微电网经济运行不仅需要预测负荷功率，还需要对间歇性电源出力进行预测。功率预测的方法按预测模型原理分为经典预测法和现代智能预测法。

经典预测法包含卡尔曼滤波法、自回归滑动平均法、时间序列法、灰色预测法、空间相关法等。经典预测法的特征主要为短时间预测精度较高，但随着时间增加预测精度下降，且需要大量历史数据进行建模，对初值较敏感，对平稳序列预测精度高，对不平稳序列预测精度低。

现代智能预测法包含小波分析法、神经网络法、支持向量机法等，在拟合非线性关系预测方面具有优势，能反映预测对象运行本质且预测精度高，但需要大量原始数据且存在维数灾难(curse of dimensionality)、局部极值以及训练速度慢等不足。

此外，在预测间歇性电源的输出功率时，常将天气预报与预测方法相结合，建立准确的预测模型，提高预测精度。

2. 优化调度模型

微电网的经济优化调度模型是一个包含优化目标函数、等式和不等式约束条件的多维数、多时间尺度的复杂优化问题，其通用的数学描述式为

$$\begin{cases} f(x)=\min\{f_1(x),f_2(x),\cdots,f_n(x)\} \\ \text{s.t.} \quad h_j(x)=0 \qquad j\in[1,p] \\ \qquad g_k(x)\geqslant 0 \qquad k\in[1,q] \\ \qquad \{f_1(x),f_2(x),\cdots,f_n(x)\}\in Y \end{cases} \tag{3-1}$$

式中，$f(x)$为 n 个目标函数的最小值；$f_1(x)$，$f_2(x)$，…，$f_n(x)$为 n 个目标函数；Y 为目标函数空间；x 为决策变量；h_j 和 g_k 分别为第 j 个等式和第 k 个不等式约束条件。

3. 优化调度策略

微电网的优化调度策略主要包括动态控制和调度控制两个层面上的控制过程。其中，动态控制用于处理系统电压和频率的稳定控制，而调度控制则用于处理各分布式电源间的有功功率分配。因此，在确定微电网优化调度策略时，不仅需要综合考虑微电网的运行模式，还需要考虑各种分布式电源的能源特性及其控制原则，有时还需要考虑当地电能市场、政府能源政策等因素。

通常情况下的微电网优化调度策略应遵循：首先为优先和最大化利用可再生能源，其次为储能能源，最后为化石能源的原则。但当前的储能技术和成本限制而导致微电网中的储能容量相对较小，所以基于储能装置和同步发电机组等可持续发电装置间的优化调度就成为微电网优化调度策略的重点和关键。

第 4 章　新能源发电

在能源互联网中，大量利用新能源发电是其显著特征。新能源要同时符合两个条件：一是蕴藏丰富不会枯竭；二是安全、干净，不会威胁人类和破坏环境。新能源主要包括太阳能、风能、生物质能、地热能、波浪能、洋流能、潮汐能以及海洋表面与深层之间的热循环等。而已经广泛利用的煤炭、石油、天然气、水能等能源，称为常规能源。随着常规能源的有限性以及环境问题日益突出，以环保和可再生为特质的新能源越来越得到重视。

4.1　太阳能发电

太阳能发电有太阳能热发电和太阳能光发电两种。

太阳能热发电是通过水或其他工作介质和装置，先将太阳能转化为热能，再将热能转化成电能。它有两种转化方式：一种是将太阳热能直接转化成电能，如半导体或金属材料的温差发电，真空器件中的热电子和热电离子发电，碱金属热电转换，以及磁流体发电等；另一种是将太阳热能通过热机（如汽轮机）带动发电机发电，与常规热力发电类似，只不过其热能不是来自燃料，而是来自太阳能。

太阳能光发电是指无须通过热过程直接将光能转变为电能的发电方式。它包括光伏发电、光化学发电、光感应发电和光生物发电。光伏发电是利用太阳能级半导体电子器件有效地吸收太阳光辐射能，并使之转变成电能的直接发电方式，是当今太阳能发电的主流。

4.1.1　光伏发电原理

光伏发电是利用半导体界面的光生伏特效应（photovoltaic effect）将光能直接转变为电能的一种技术。光生伏特效应简称“光伏效应”，是指光照使不均匀半导体或半导体与金属结合的不同部位之间产生电位差的现象。它首先由光子（光波）转化为电子，光能量转化为电能量，然后再累积形成电压。

光伏效应形成的关键元件是光伏电池，其工作原理如图 4-1 所示。光线照射在光伏电池上并且光在界面层被吸收，具有足够能量的光子能够在 p 型硅和 n 型硅中将电子从共价键中激发，以致产生电子-空穴对。界面层附近的电子和空穴在复合之前，将通过空间电荷的电场作用被相互分离。电子向带正电的 n 区运动，空穴向带负电的 p 区运动。通过界面层的电荷分离，将在 p 区和 n 区之间产生一个向外的电压，从而为负荷提供电能。

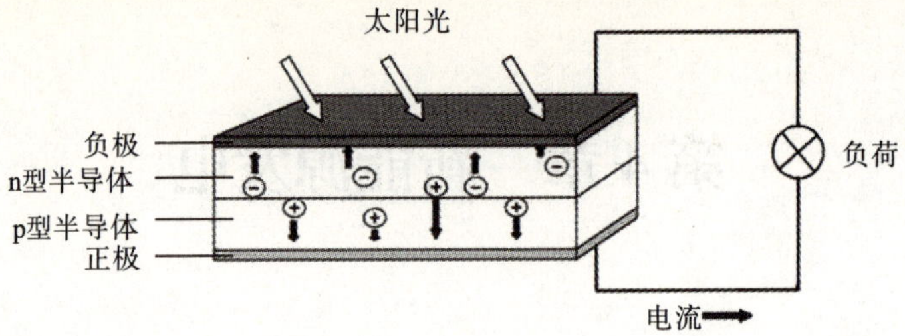

图 4-1 光伏电池工作原理

对于晶体硅光伏电池来说，开路电压的典型数值为 0.5～0.6 V。光照强度越大，通过光照在界面层产生的电子-空穴对越多，电流就会越大。界面层吸收的光能越多，即电池面积越大，在光伏电池中形成的电流也会越大。光伏电池经过串联后进行封装保护可形成大面积的太阳能电池组件，再配合功率控制器等部件就形成了光伏发电装置。

4.1.2 光伏发电系统

根据光伏系统与电网的关系，可以分为独立光伏发电系统和并网光伏发电系统，独立系统常用在远离电网的偏远地区，它利用蓄电池和光伏电池构成独立的供电系统来向负载提供电能。当光伏电池输出电能不能满足负载要求时，由蓄电池进行补充，而当输出的功率超出负载需求时，将电能储存在蓄电池中。并网系统是将光伏电池系统和电网并联，当光伏电池输出电能不能满足负载要求时，由电网来进行补充，而当输出的功率超出负载需求时，将电能输送到电网中。

基本的光伏发电系统包括光伏电池板、DC/DC 变换装置、储能装置、电能输出变换装置、控制器五大部分，如图 4-2 所示。为了提高光伏电池的转换率，光伏电池板部分可以采用聚光器，常用的聚光器有抛物槽、菲涅耳透镜、CPC 聚光器、荧光式聚光器、全息聚光器和中心接受聚光器等，它们都可以不同程度地提高光伏电池的转换率。光伏电池产生的电流通过 DC/DC 变换装置可以直接供给各种直流负载，同时为储能装置充电。储能装置一般采用蓄电池，尤其是铅酸蓄电池。在联网光伏电源系统中还要有交流联网装置和电能计量装置。

控制器为整个系统的控制核心，负责对系统各运行参数进行检测，并根据预设和判断发出控制指令，使系统能够自动稳定运行于最佳状态。对于有自动跟踪装置的系统，该控制器还需实现对太阳位置变化的跟踪。独立光伏发电的跟踪系统主要组成部分如图 4-2 左侧所示，包括光伏电池阵列、DC/DC 变换器、最大功率点跟踪(maximum power point tracking，MPPT)控制器，以及对蓄电池充放电的控制等。

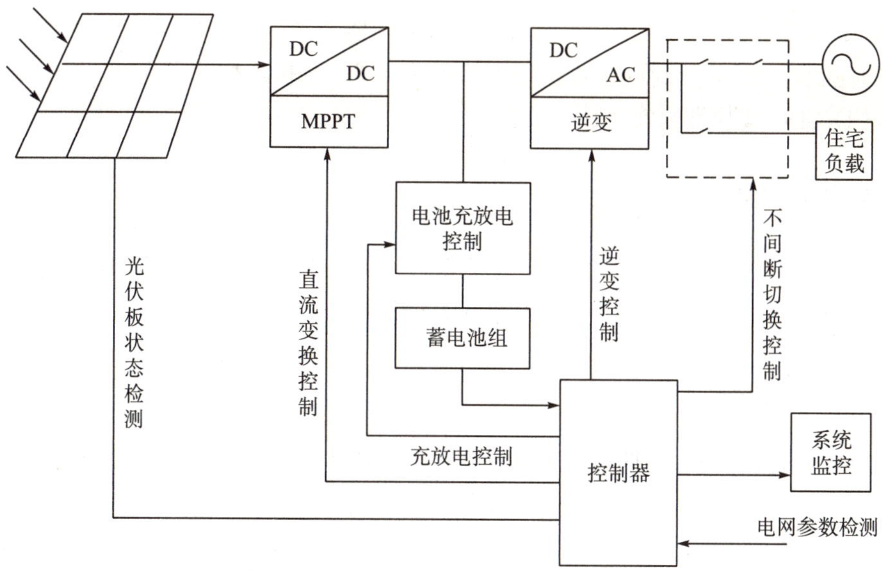

图 4-2　光伏发电系统的一般结构组成

1. 光伏电池阵列

为了满足高电压、大功率的发电要求，实际使用时按负载要求，将若干光伏电池组件通过串、并联连接，并用一定的机械方式固定组合在一起，配以防逆流二极管、旁路二极管、电缆等元件构成“光伏电池阵列”。光伏电池阵列通常需要牢固安装在支架基础上，如图 4-3 所示。

图 4-3　光伏电池阵列

2. DC/DC 变换器

光伏阵列发出的电能随天气、环境、负载等变化而不断变化，电能的质量和性能很差，很难直接供给负荷使用。因此需要使用由电力电子器件构成的DC/DC变换器将该电能进行适当的控制和转换，得到适合负载使用的电能。同时光伏阵列的最大功率点跟踪技术也必须通过DC/DC变换器来实现。

3. MPPT控制器

光伏阵列具有强烈的非线性特性，通常都引入光伏电池最大功率点跟踪控制技术来改善光伏阵列的特性，该控制器一般集成在DC/DC内。

4. 储能蓄电池组

光伏电池方阵只有在光照射时工作，到晚上或阴雨天，由于没有光线或光线太弱而不能输出功率，所以太阳能光伏发电系统要装备储能蓄电池。储能蓄电池有两个作用：一是储能；二是确定太阳能光伏发电方阵的工作点，起到钳位和稳定作用，不管方阵电压随光照如何变动，输出电压都被钳位在蓄电池电压上。

4.1.3 最大功率点跟踪

光伏发电存在的问题是光伏阵列的输出特性受外界环境影响大，电池表面温度和日照强度变化、负载情况变化等都可以导致输出特性发生较大变化。为了提高光伏发电系统的效率，充分利用光伏阵列所产生的能量，在现在的光伏发电系统中，通常要求光伏阵列的输出功率始终保持最大，即系统要能实时地跟踪光伏阵列的最大功率点。

1. 最大功率点跟踪概念

光伏阵列输出具有非线性特征，在一定的日照强度和环境温度下，光伏阵列可以工作在不同的输出电压，但是只有在某一输出电压值时，光伏阵列的输出功率才能达到最大值，这时光伏阵列的工作点就达到了输出功率电压曲线的最高点，称之为最大功率点。因此，在光伏发电系统中，要提高系统的整体效率，一个重要的途径就是实时调整光伏阵列的工作点，使之始终工作在最大功率点附近，这一过程就称为最大功率点跟踪。

光伏阵列的输出特性如图4-4所示。假定图中曲线1和曲线2为两条不同日照强度下光伏阵列的输出特性曲线，A点和B点分别为相应的最大功率输出点。假定某一时刻，系统运行在A点。当日照强度发生变化，即光伏阵列的输出特性由曲线1上升为曲线2。此时如果保持负载1不变，系统将运行在A'点，这样就偏离了相应日照强度下的最大功率点。为了继续跟踪最大功率点，应当将系统的负载特性由负载1变化至负载2，以保证系统运行在新的最大功率点B。同样，如果日照强度变化使得光伏阵列的输出特性由曲线2减至曲线1，则相应的工作点由B点变化到B'点，应当相应减小负载2至负载1以保证系统在日照强度减小的情况下仍然运行在最大功率点A。

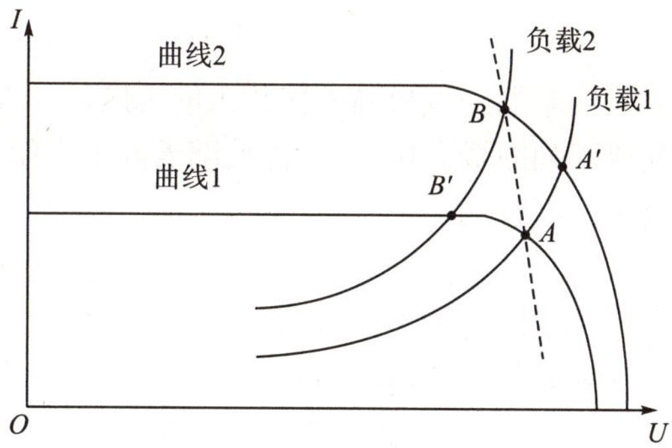

图 4-4　光伏阵列输出特性

2. 最大功率点跟踪方法

光伏阵列的最大功率点跟踪控制技术得到了广泛研究，发展出各种控制方法，常用的有恒电压跟踪方法(CVT)、干扰观察法(perturbation and observation，P&O)、增量电导法(incremental conductance)等。

1)恒电压跟踪法

恒电压跟踪方法严格来讲并不是一种真正意义上的最大功率跟踪方式，它属于一种曲线拟合。如图 4-5 所示，忽略温度效应时，光伏阵列在不同日照强度下的最大功率输出点 a'、b'、c'、d'和e' 总是近似在某一个恒定的电压值 U_m 附近。假如曲线 L 为负载特性曲线，a、b、c、d 和 e 为相应光照强度下直接匹配时的工作点。显然，如果采用直接匹配，其阵列的输出功率比较小。

为了弥补阻抗失配带来的功率损失，可以采用恒定电压跟踪，在光伏阵列和负载之间通过一定的阻抗变换，使得系统实现稳压器的功能，让阵列的工作点始终稳定在 U_m 附近。这样不但简化了整个控制系统，而且保证它的输出功率接近最大。采用恒定电压跟踪控制与直接匹配的功率差值在图 4-5 中可以视为曲线 L 与曲线 $U=U_m$ 之间的面积。

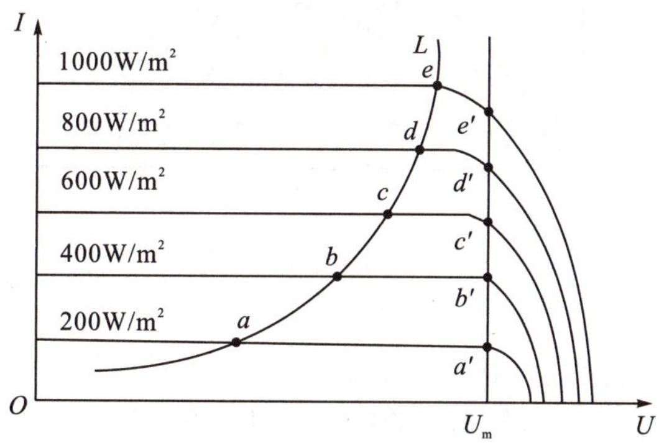

图 4-5　忽略温度效应时的光伏阵列输出特性与负载匹配曲线

CVT 方式具有控制简单、可靠性高、稳定性好、易于实现等优点，比直接匹配光伏系统有望多获得 20%的电能，较不带 CVT 的直接耦合要有利得多。但是，这种跟踪方式忽略了温度对光伏阵列开路电压的影响。以单晶硅光伏阵列为例，当环境温度每升高 1℃

时，其开路电压下降 0.35%～0.45%。这表明光伏阵列最大功率点对应的电压也将随着环境温度的变化而变化。对于四季温差或日温差比较大的地区，CVT 方式并不能在所有的温度环境下完全跟踪到光伏阵列的最大功率点。因此随着光伏系统数字信号处理技术的应用，该方法正在逐步被新方法所替代。

2) 干扰观察法

干扰观察法是目前经常被采用的 MPPT 方法之一。其原理是每隔一定的时间增加或者减少光伏阵列输出电压，并观测之后其输出功率的变化方向，来决定下一步的控制信号。这种控制方法一般采用功率反馈方式，通过两个传感器对光伏阵列输出电压及电流分别进行采样，并计算获得其输出功率。

经典的干扰观察算法如下：光伏系统控制器在每个控制周期用较小的步长改变光伏阵列的输出，改变的步长是一定的，方向可以是增加也可以是减小，控制对象可以是光伏阵列输出电压或电流，这一过程称为“干扰”；然后，通过比较干扰周期前后光伏阵列的输出功率，若 $\Delta P>0$，说明参考电压调整的方向正确，可以继续按原来的方向“干扰”；若 $\Delta P<0$，说明参考电压调整的方向错误，需要改变“干扰”的方向。

如图 4-6 所示，当给定参考电压增大时，若输出功率也增大，则工作点位于最大功率点 P_{max} 左侧，需继续增大参考电压；若输出功率减小，则工作点位于最大功率点 P_{max} 右侧，需要减小参考电压。当给定参考电压减小时，若输出功率也减小，则工作点位于 P_{max} 的左侧，需增大参考电压；若输出功率增大，则工作点位于 P_{max} 的右侧，需继续减小参考电压。这样，光伏阵列的实际工作点就能逐渐接近当前最大功率点，最终在其附近的一个较小范围往复达到稳态。

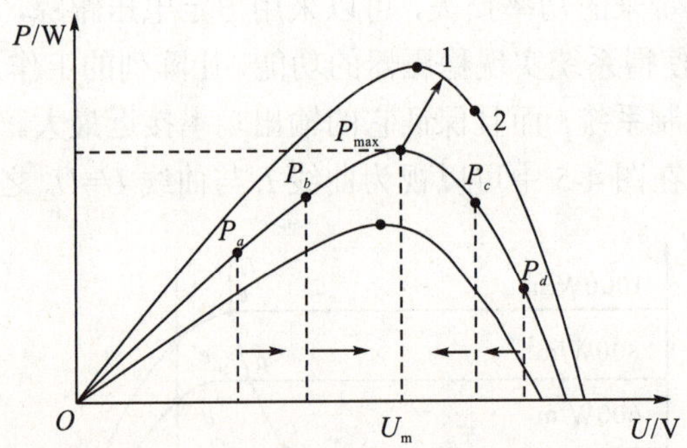

图 4-6 P&O 法示意图

干扰观察法的步长选择很关键，如果采用较大的步长进行“干扰”，这种跟踪算法可以获得较快的跟踪速度，但达到稳态后的精度相对较差，较小的步长则正好相反。较好的折中方案是控制器能够根据光伏阵列当前的工作点选择合适的步长，例如，当已经跟踪到最大功率点附近时采用小步长。

干扰观察法算法简单，易于硬件实现，但是响应速度较慢，只适用于那些日照强度变化比较缓慢的场合。在稳态情况下，这种算法会导致光伏阵列的实际工作点在最大功率点附近小幅振荡，造成一定的功率损失。而日照发生快速变化时，跟踪算法可能会失效，判断得到错误的跟踪方向。

以图 4-6 为例，假设系统处于稳态，光伏阵列工作电压在 P_{max} 点左右波动，当日照强度突然增加时，光伏阵列输出功率增加，这时如果参考电压偏移到 1 的位置，则系统会认为此时参考电压调整的方向与功率变化的方向相同，而继续增大参考电压使工作点移动至位置 2，导致工作点进一步远离最大功率点。

3)增量电导法

增量电导法是一种以扰动光伏阵列的输出电压来进行最大功率点追踪的一种策略，它是根据在最大功率点时光伏阵列的输出功率对电压的微分为 0 而被提出来的。其流程如图 4-7 所示。

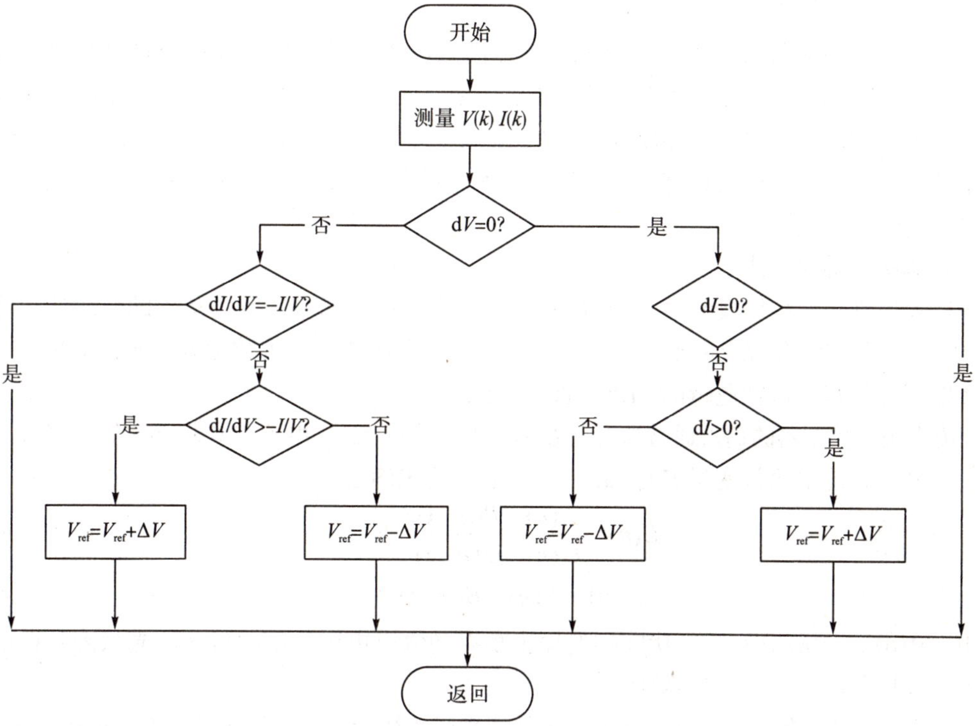

图 4-7　增量电导法流程图

在图 4-7 中，$V(k)$、$I(k)$为第 k 时刻的电压、电流。由于 dV 是分母，首先判断 dV 是否为 0。若 dV=0，dI=0，则认为找到最大功率点，不需要调整；若 dV=0，$\mathrm{d}I \neq 0$，依据 dI 的正负调整参考电压。若 $\mathrm{d}V \neq 0$，则根据上式对参考电压进行调整。

对于功率 $P=IV$，两端同时对 V 求导，可得

$$\frac{\mathrm{d}P}{\mathrm{d}V}=\frac{\mathrm{d}(IV)}{\mathrm{d}V}=I+V\left(\frac{\mathrm{d}I}{\mathrm{d}V}\right) \tag{4-1}$$

当 $\frac{\mathrm{d}P}{\mathrm{d}V}>0$ 时，V 小于最大功率点电压 V_{max}；当 $\frac{\mathrm{d}P}{\mathrm{d}V}<0$ 时，V 大于最大功率点电压 V_{max}；当 $\frac{\mathrm{d}P}{\mathrm{d}V}=0$，$V$ 等于最大功率点电压 V_{max}。将上述三种情况代入式(4-1)，得

当$V<V_{max}$时，

$$\frac{dI}{dV}>-\frac{I}{V}$$

当$V>V_{max}$时，

$$\frac{dI}{dV}<-\frac{I}{V}$$

当$V=V_{max}$时，

$$\frac{dI}{dV}=-\frac{I}{V}$$

这样可以根据$\frac{dI}{dV}$与$-\frac{I}{V}$之间的关系来调整工作点电压，从而实现最大功率跟踪。

增量电导法的最大优点是光伏电池的输出端电压能以平稳的方式随着日照强度的变化而变化，其电压摆动的幅度相对扰动观察法来说要小。但这种控制算法实现起来相对复杂，对硬件的要求较高，而且检测速度和精度在一定程度上会影响跟踪速度和精度。同时，电压增量步长的选取也比较讲究：若步长太大，则跟踪的误差会比较大；若步长较小，则跟踪的速度会较慢。

4）模糊逻辑控制法

模糊控制是一种以模糊语言、模糊集合理念和模糊逻辑推理等为基础的非线性智能控制，它将模糊数学有效应用于控制系统中，常用于无法通过严密数学来表示的对象。模糊逻辑控制法是基于模糊逻辑的 MPPT 控制方法。

模糊逻辑控制器的输入通常为误差E和误差变化量ΔE。由于在最大功率点处 $dP/du=0$，因此在光伏系统中输入变量E与ΔE可以用以下两式确定。

$$E(n)=\frac{P(n)-P(n-1)}{U(n)-U(n-1)} \tag{4-2}$$

$$\Delta E(n)=E(n)-E(n-1) \tag{4-3}$$

式中，$P(n)$、$U(n)$分别为光伏阵列的输出功率和输出电压。由此可知，光伏阵列在最大功率点工作时，误差变化量$\Delta E(n)$为 0。

为了满足计算的精度要求，输入变量的模糊子集数量可以灵活选择。图 4-8 为一个最简单的包含 5 个模糊子集的三角形隶属函数，输出控制变化量为升压斩波电路的占空比变化量ΔD。定义模糊集合如下：PB 为正大、PS 为正小、ZE 为 0、NS 为负小、NB 为负大。

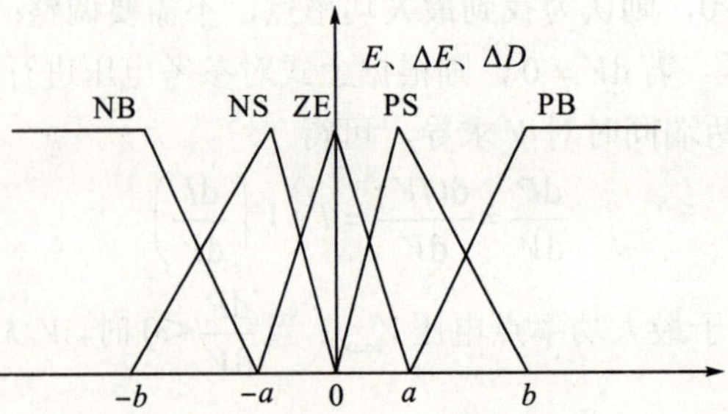

图 4-8　E、ΔE和ΔD的隶属函数

传统严密的数学模型不能表示出光伏电池的非线性，而采用最大功率点规则化语言可以简单解决该问题。表 4-1 为用于模糊控制的规则表，包括误差 E、误差变化量 ΔE 和输出控制变化量 ΔD。控制规则的目的是使变量 E 恒为 0。如果光伏阵列工作于最大功率点的左边较远处，即 E 为正大而 ΔE 为 0 时，需要较大程度地提高升压斩波电路占空比变化量 ΔD，则输出控制变化量应为正大。

表 4-1　模糊控制规则表

E	ΔE				
	NB	NS	ZE	PS	PB
NB	ZE	ZE	NB	NB	NB
NS	ZE	ZE	NS	NS	NS
ZE	NS	ZE	ZE	ZE	PS
PS	PS	PS	PS	ZE	ZE
PB	PB	PB	PB	ZE	ZE

因为控制量的最终形式是一个精确值，所以模糊输出需要转换为精确输出，这个过程称为解模糊，由隶属函数完成。解模糊的方法有很多，如重心法(COA)、高度法和最大值平均法等。

除了上述几种常用的 MPPT 方法外，还有其他多种方法可以实现光伏阵列的最大功率点跟踪，包括滞环比较法、神经元网络控制法、最优梯度法等。它们实现 MPPT 控制的基本原理都是类似的，主要是具体实现方法各有差别。

4.1.4　光伏并网系统

光伏发电并网就是光伏组件产生的直流电经过并网逆变器转换成符合市电电网要求的交流电之后接入公共电网。将光伏发电系统以微电网的形式接入到大电网并网运行，与大电网互为支撑，是提高光伏发电规模的重要技术出路。

1. 光伏并网结构

光伏并网系统一般由并网逆变器、控制器、负载电网等构成。光伏电能易受日照强度、环境温度、负载情况等因素影响，其质量和性能都不稳定，需要使用电力电子变流器将光伏阵列输出的直流电转化为工频交流电输入电网，变成适合并网的交流电供给工频电网。

光伏并网发电系统的变流装置与电网并联，必须保持两组电源电压、相位、频率等电气特性的一致性，否则会造成两组电源相互间的充、放电，引起整个电源系统的内耗和不稳定。因此并网逆变器是并网光伏发电系统的核心部件和技术关键，除了将光伏阵列发出的直流电转换为交流电外，并网逆变器还需对转换交流电的有功与无功、电能品质(电压波动、高次谐波)等进行控制。

一般来说，并网逆变器要求具有如下功能。

(1) 自动开关。根据日出到日落的日照条件，尽量发挥光伏阵列输出功率的潜力，在此范围内实现自动开始和停止。

(2) 最大功率跟踪控制。在不同的外界温度和太阳光照强度条件下，使光伏阵列尽量保持最大功率输出的工作状态。

(3) 并网时抑制高次谐波电流流入电网，减少对电网的影响。

(4) 防止孤岛运行。系统所在地发生停电，但由于光伏发电继续供电，逆变器的输出电压并未变动。此时，就不能正常检测出是否停电，一旦来电，就有可能造成事故，这种情况称为孤岛运行。为保护设备维修人员不受伤害，并网逆变器需要具备此功能。

(5) 自动电压调整。由于大量的太阳能光伏系统与电网相联，晴天时太阳能光伏系统的剩余电能会同时送往电网，使电网的电压上升，导致供电质量下降。为保持电网的电压正常，运转过程中要能够自动防止并网逆变器输出电压上升。但对于小容量的太阳能光伏系统来说，几乎不会引起电压上升，所以一般省去此功能。

(6) 异常情况排解与停止运行。当系统所在地电网或逆变器发生故障时，及时查出异常，控制逆变器停止运转。

2. 并网逆变器拓扑

并网逆变器是一种由半导体器件组成的电力调整装置，主要用于把直流电力转换成交流电力。根据能量转换环节的个数可将并网逆变器分为单极结构、两极结构以及多支路结构。

1) 单极结构

单极结构的并网逆变器省略了 DC/DC 变换环节，由 DC/AC 环节来实现所有功能，如图 4-9 所示。由于单极式光伏并网逆变系统只有一个能量变换环节，控制时既要考虑跟踪光伏阵列最大功率点，又要保证对电网输出电流的幅值和正弦度，其控制一般较为复杂。

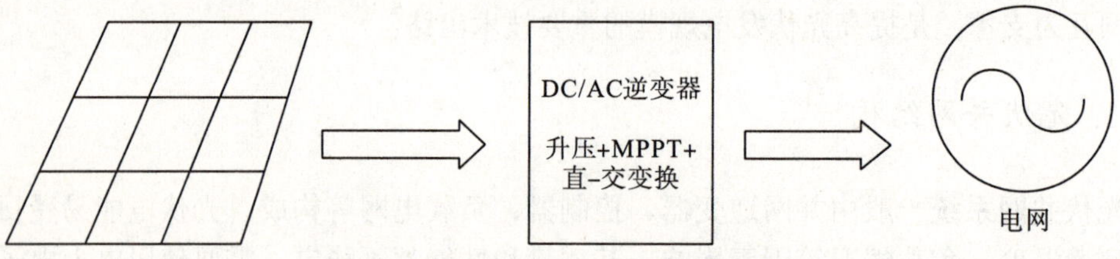

图 4-9 单极式光伏并网逆变系统结构

单极结构的最大问题是电压匹配，可采取两种方法：一种是 DC/AC 环节与电网之间加入工频变压器；另一种是串并联足够多的光伏阵列以提供直流侧电压。这两种方法带来的问题包括：工频变压器使得系统体积、成本和损耗都增加；光伏阵列在受光不均匀时会出现热斑现象，高压光伏阵列出现热斑会严重威胁系统安全，使光伏阵列与地之间出现漏电流的概率增加。

目前实际应用的光伏并网系统采用这种拓扑结构的仍不多见，但随着现代电力电子技术以及数字信号处理技术的飞速发展，系统拓扑结构不断发展，控制困难正逐渐被克服。

2) 两极结构

两极结构主要由 DC/DC 部分与 DC/AC 部分组成，如图 4-10 所示。相比于单极结构，两极结构将直流升压功能交由 DC/DC 部分完成，而并网功能交由 DC/AC 部分完成。光伏逆变器由单极结构发展到两极结构，虽然元件和环节增加了，但是通过增加电能转换级数，一方面方便了最大功率点跟踪控制的实现，满足了直流电压宽输入范围的要求；另一方面，便于满足电网对逆变器的并网电能质量要求，防止孤岛效应，保证安全隔离，同时也容易通过提高 DC-AC 的直流输入电压，改善逆变器的转换效率。

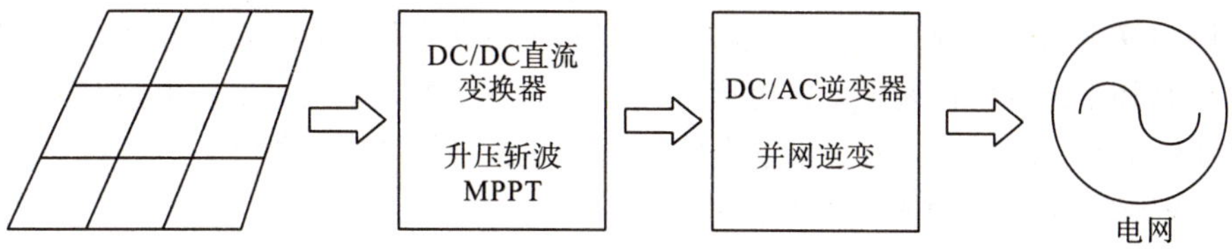

图 4-10　双极式光伏并网逆变系统结构

3) 多支路结构

在使用不同特性的光伏阵列时，易导致各支路受光条件不均匀，输出功率失配，如果采用单极结构的集中式最大功率跟踪，整体效率将严重降低。为解决此问题，可对各支路单独设置最大功率跟踪环节，通过直流母线汇总后再逆变并入电网，直流环节多支路并网逆变器结构如图 4-11 所示。

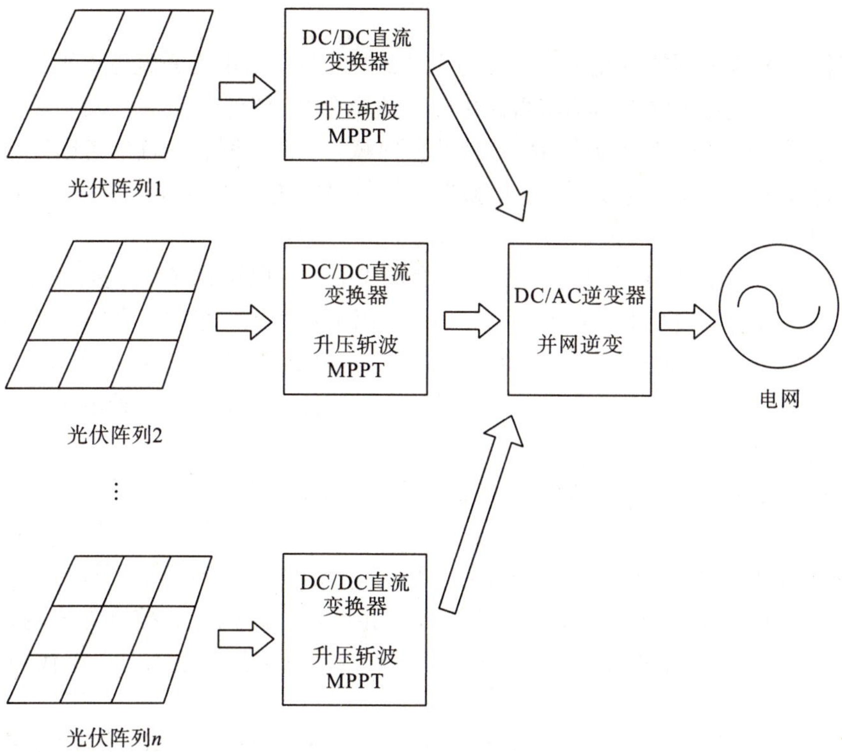

图 4-11　多支路光伏并网逆变系统结构

当各支路光伏阵列的特性不同或光照、温度条件不同时，各支路可独立进行最大功率跟踪，使自身支路工作在最大功率点上，从而解决了各支路之间的功率失配问题。多支路最大功率跟踪型并网逆变器安装灵活、维修方便、能够最大限度地利用太阳辐射能量、有效克服支路间功率失配所带来的系统整体效率低下的缺点，并可最大限度减少其受单支路故障影响的程度，具有良好的应用前景。

3. 并网逆变器控制方式

并网型逆变器按控制方式可分为以下四种：电压源电压控制、电压源电流控制、电流源电压控制和电流源电流控制。以电流源为输入的逆变器，直流侧串联电感对输入进行滤波，得到稳定的直流输入。但是由于电感的存在使系统的动态性能变差，因此目前大部分并网逆变器均采用电压源输入为主的方式。

并网逆变器与市电并联运行时，其输出控制对象可为输出电压或者电流。市电系统可视为容量无穷大的交流电压源，若并网逆变器输出采用电压控制，则就相当于两个电压源并联运行，这样就存在输出电压不易精确控制，可能出现环流等不足。若采用电流控制，则只需要控制并网逆变器的输出电流以跟踪市电电压，即可达到并联运行的目的。所以并网逆变器一般都采用电压源输入、输出电流控制的方式。采用的输出电流控制方式包括瞬时滞环比较控制、定时比较控制、三角波比较控制等。

4. 并网逆变器绝缘隔离

为了防止光伏阵列的直流电进入电力系统的配电线，给电力系统造成不良影响，在并网逆变器中一般设有绝缘变压器将直流电与交流电分开。绝缘变压器可以设置在逆变器与电网配线之间，也可在逆变器的功率转换部分内藏。基于并网安全性的考虑，部分国家强制要求并网逆变器与电网绝缘隔离。根据采用的绝缘隔离方式不同，并网逆变器电路结构通常分为以下三种。

(1) 工频变压器绝缘。在工频变压器绝缘方式中，主电路将光伏阵列的直流输出逆变为交流电后，通过工频变压器实现并网。其中采用工频变压器使输入和输出绝缘，主电路和控制电路简单。为了追求效率、减少空载损耗，工频变压器的工作磁通密度选得比较低，因此质量和体积较大，约占逆变器总质量的50%。该结构是最早的一种电路形式，现在其应用已经越来越少。

(2) 高频变压器绝缘。在高频变压器绝缘方式中，光伏阵列直流输入经过高频逆变器转换成高频交流电，经高频变压器变换电压后，再经整流电路转换成直流电，最终经过逆变器输出工频交流电。其中采用了高频的DC/DC变换电路，所以可使装置小型化、集成化、轻量化。与工频变压器绝缘方式相比，电路构成、控制方式均比较复杂。由于经过两级转换，所以系统效率也有所下降。该结构是20世纪90年代相对主流的电路结构。

(3) 无变压器绝缘。在无变压器绝缘方式中，光伏阵列的直流输出经过升压斩波器升压至合适的电压值，再通过逆变实现交流输出。其中升压 DC-DC 部分可以适应较宽的直流电压范围，有利于光伏阵列实现最大功率输出，同时保证了逆变部分输出电流相对稳定。与变压器绝缘方式相比，无隔离变压器的绝缘方式除了具有体积小、质量轻的特点外，还具有效率高、成本较低的优点。虽然没有采用变压器进行输入和输出绝缘，但是只要采取适当措施，同样可以保证主电路和控制电路运行的安全性。它已成为目前主流的并网逆变器电路结构。

对于无变压器结构的逆变器，输出电流的直流成分很可能给电网侧设备的变压器造成影响，此外当光伏阵列的直流部分对地电位发生变动时，有可能通过光伏阵列的寄生电容而发生漏电。因此为了使无变压器结构的逆变器安全运行，必须采取一定措施。

由于无变压器形式主电路没有变压器对输入和输出绝缘，因此光伏阵列的正极或负极不能直接接地。系统接地点应在交流输出的单相三线制中性点。另外，由于光伏阵列面积较大，对地有等效电容存在，该电容的充、放电会对电路的正常工作造成影响。当其低频部分达到漏电流的保护阈值时，漏电流保护开关会切断供电电源，造成断电事故；其高频部分产生的电磁干扰也会影响其他用电设备的正常工作。等效对地电容充放电电流低频部分的影响可以通过控制逆变器变换方式来消除，高频部分的影响可以由滤波方式来消除。

为了防止光伏阵列接地造成主电路损坏，还应增设接地保护电路。在系统运行过程中，通过零序互感器来检测光伏阵列的正、负极的接地电流。正常情况下，正、负极的接地电流应基本平衡，若不平衡电流值超过接地保护电路的阈值，说明光伏阵列的正极或负极有可能接地，此时，接地保护电路动作，切断逆变器的输出，系统停止工作。

4.2 风力发电

风能是可再生、无污染、前景广的能源，其蕴量巨大，取之不尽，用之不竭。全球可利用的风能约为 2×10^7 MW，为地球上可开发利用水能总量的数十倍。作为一种清洁的可再生能源，风力发电是风能利用的重要形式，越来越受到世界各国的重视。

4.2.1 风能及 Betz 理论

1. 风能的计算

现代风力机采用空气动力学原理，就像飞机机翼一样。风并非推动风轮叶片，而是吹过叶片形成叶片正反面的压差，这种压差会产生升力，令风轮旋转并不断横切风流。

由流体力学可知，气流的动能为

$$E=\frac{1}{2}mv^2 \tag{4-4}$$

式中，m 为气体的质量；v 为气体的速度。

设单位时间流过截面积为 S 的气体体积为 $V = Sv$，如果以 ρ 表示空气密度，则该体积的空气质量为

$$m = \rho S v \tag{4-5}$$

这时气流所具有的动能为

$$E = \frac{1}{2}\rho S v^3 \tag{4-6}$$

式(4-6)即为风能的表达式。从表达式中可以看出风能的大小与气流密度、通过的面积，以及气流速度的立方成正比。而空气密度和气流速度随地理位置、海拔、地形等因素而改变。在海平面高度和温度 15℃的条件下，干空气密度为 1.225 kg/m^3。

2. Betz 理论

风力机的第一个气动理论由德国的贝兹(Betz)于 1926 年建立。贝兹假定的理想风轮是没有轮毂的，且具有无限多的叶片。同时假定气流经过整个风轮扫掠面时是均匀的，气流通过风轮时没有阻力，气体通过风轮前后的速度为轴向方向。

研究理想风轮在流动气场中的运行情况如图 4-12 所示。假定 v_1 为距离风轮一定距离的上游风速，v 为通过风轮时的实际风速，v_2 为离开风轮远处的下游风速，由于风轮的机械能量仅由空气动能来提供，必然有 $v_2 < v_1$。通过风轮的气流其上游截面积为 S_1，下游截面积为 S_2，由连续条件可知，通过风轮的气流截面积从上游至下游是增加的，即 $S_2 > S_1$。

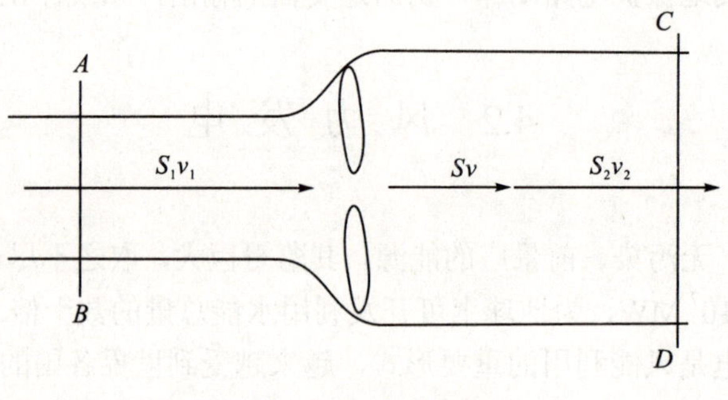

图 4-12 理想风轮气流图

假设空气是不可压缩的，由连续条件可得

$$S_1 v_1 = S v = S_2 v_2 \tag{4-7}$$

作用在风轮上的风力可由 Euler 理论得到

$$F = \rho S v (v_1 - v_2) \tag{4-8}$$

并且风轮吸收的功率为

$$P = F v = \rho S v^2 (v_1 - v_2) \tag{4-9}$$

此功率是由动能转换而来。从上游至下游动能的变化为

$$\Delta E=\frac{1}{2}\rho Sv\left(v_1^2-v_2^2\right) \tag{4-10}$$

由式(4-9)、式(4-10)相等，得到

$$v=\frac{v_1+v_2}{2}$$

此时作用在风轮上的功率可以写为

$$P=\frac{1}{4}\rho S\left(v_1^2-v_2^2\right)(v_1+v_2) \tag{4-11}$$

对于给定的上游速度v_1，可写出以v_2为函数的功率变化关系，将式(4-11)微分得到

$$\frac{\mathrm{d}P}{\mathrm{d}v_2}=\frac{1}{4}\rho S\left(v_1^2-2v_1v_2-3v_2^2\right)$$

对功率P求导有两个解：$v_2=-v_1$，没有物理意义，舍去；$v_2=v_1/3$，对应最大功率。将解$v_2=v_1/3$代入式(4-11)，得到最大功率为

$$P_{\max}=\frac{8}{27}\rho Sv_1^3 \tag{4-12}$$

将式(4-12)除以气流通过扫掠面时风能所具有的动能，可推得风轮的理论最大效率，也称为理论风能利用系数

$$\eta_{\max}=\frac{P_{\max}}{\frac{1}{2}\rho Sv_1^3}=\frac{16}{27}\approx 0.593 \tag{4-13}$$

式(4-13)即为 Betz 理论的极限值，它说明风轮或者风力机从自然风中所能获得的能量是有限的，且必然存在能量损失。根据 Betz 定律，理论上风力机能够提取的最大功率是风功率的 59.3%，大多数风力机只能提取风功率的 40%或者更少。

在实际应用中，真正的风力机的风能利用系数C_p与转矩系数C_T都是λ与β的函数。其中$\lambda=R\omega/v$，R为转轮半径，ω为角速度，λ为叶片的叶尖圆周线速度与风速之比，称为叶尖速比，用来表示风轮在不同风速中的状态。β为桨距角，是叶片顶端翼型弦线与旋转平面的夹角，即风机叶片与风轮平面夹角。叶尖速比和桨距角的控制是风力机控制的核心，其对风机的工作效率至关重要。

4.2.2 风力发电机结构及组成

风力发电机是一种将风能转换为电能的能量转换装置，它包括风力机和发电机两大部分。空气流动的动能作用在风力机风轮上，从而推动风轮旋转起来，将空气动力能转变成风轮旋转机械能，风轮的轮毂固定在风力发电机的机轴上，通过传动系统驱动发电机轴及转子旋转，发电机将机械能变成电能输送给负荷或电力系统。

从具体的设备装置来看，风力发电机主要由风轮、变桨系统、传动系统、偏航系统(对风装置)、发电系统、支撑系统等组成。如图 4-13 所示。

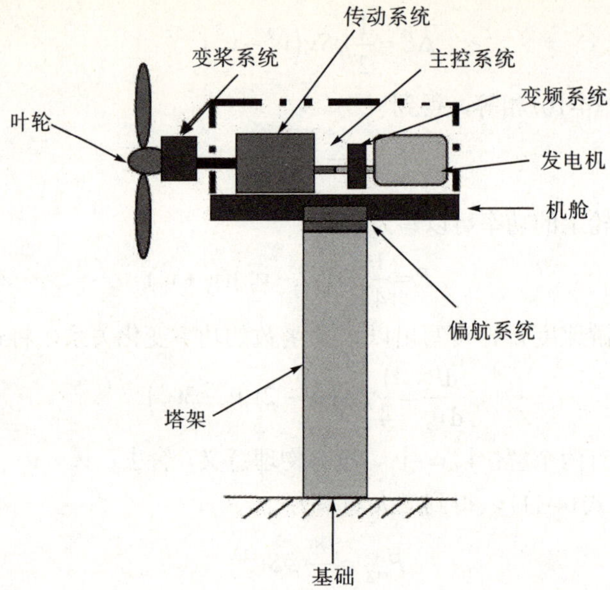

图 4-13　风力发电机结构图

1. 风轮

风力机区别于其他机械的主要特征就是风轮。风轮一般由 2～3 个叶片和轮毂所组成，其功能是将风能转换为机械能。

目前，叶片多为玻璃纤维增强负荷材料，基体材料为聚酯树脂或环氧树脂。环氧树脂比聚酯树脂强度高，材料疲劳特性好，且收缩变形小。聚酯材料较便宜，但在固化时收缩大，在叶片的连接处可能存在潜在危险。

轮毂是风轮的枢纽，也是叶片根部与主轴的连接件。所有从叶片传来的力，都通过轮毂传到传动系统，再传到风力机驱动的对象。同时轮毂也是控制叶片桨距(使叶片作俯仰转动)的所在。轮毂的常用形式主要有刚性轮毂和铰链式轮毂(柔性轮毂或跷跷板式轮毂)，三叶片风轮一般采用刚性轮毂。刚性轮毂制造成本低，没有磨损，安装、使用和维护较简单，只要在设计时充分考虑轮毂的防腐蚀问题，基本上可以说是免维护的，是目前使用最广泛的一种形式。

2. 变桨系统

变桨控制技术简单来说，就是通过调节桨叶的节距角，即叶片相对于旋转平面的位置角度，改变气流对桨叶的攻角，进而控制风轮捕获的气动转矩和气动功率。变桨距控制方式一般可以分为两种，一种是电机执行机构，另一种是液压执行机构。

电机变桨距执行机构利用电动机对桨叶进行单独控制，其结构如图 4-14 所示。由于该机构紧凑、可靠，没有液压变桨距机构那样传动结构复杂，虽然存在非线性、卡涩时有发生等缺点，但仍得到许多生产厂家的青睐。但对于大功率风力机，其动态特性相对较差，有较大的惯性，如果电机连续频繁地调节桨叶，将有可能产生过量的热负荷使电机损坏。

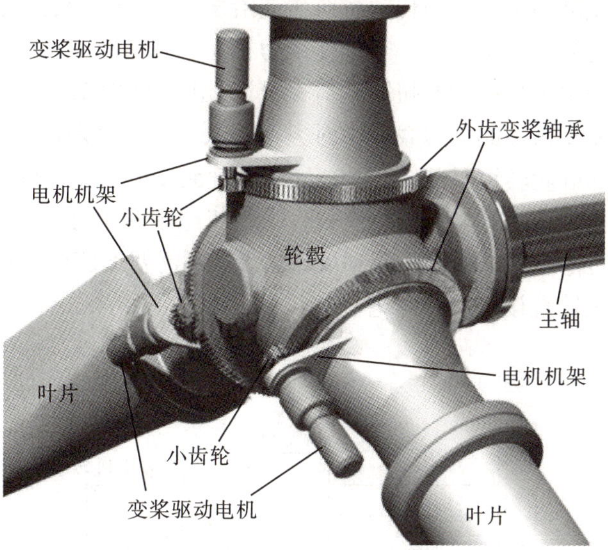

图 4-14　外齿轴承电动变桨距系统

液压执行机构通过液压系统推动桨叶转动，改变桨叶节距角。该机构以其响应频率快、扭矩大、便于集中布置和集成化等优点在目前的变桨距机构中占有主要地位，特别适合于大型风力机的场合，结构如图 4-15 所示。著名的风力机厂如丹麦的 Vestas 和德国的 Dewind、Repower 都采用液压变桨距方式。

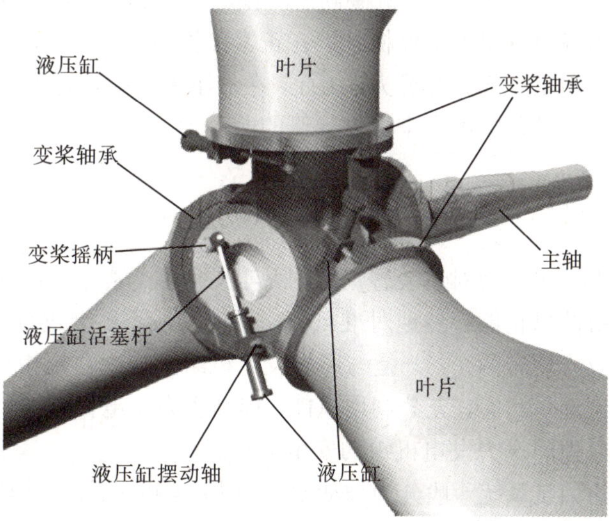

图 4-15　液压变桨距系统

3. 传动系统

叶轮产生的机械能由机舱里的传动系统传递给发电机。风力机的传动系统一般包括低速轴、高速轴、齿轮箱、联轴器和一个能使风力机在紧急情况下停止运行的刹车机构等。传动系统要按输出功率和最大动态扭矩载荷来设计。由于叶轮功率输出有波动，通过增加机械适应性和缓冲驱动来控制动态载荷，对大型的风力发电机来说非常重要。

齿轮箱用于增加叶轮转速，从 20～50 r/min 增速到 1000～1500 r/min，从而驱动发电机发电。齿轮箱有两种：平行轴式和行星式，大型机组中多用行星式(重量和尺寸优势)。此外，有些风力机的轮毂可以直接连接到齿轮箱上，不需要低速传动轴。还有些风力机设计成无齿轮箱的，风轮直接连接到发电机。

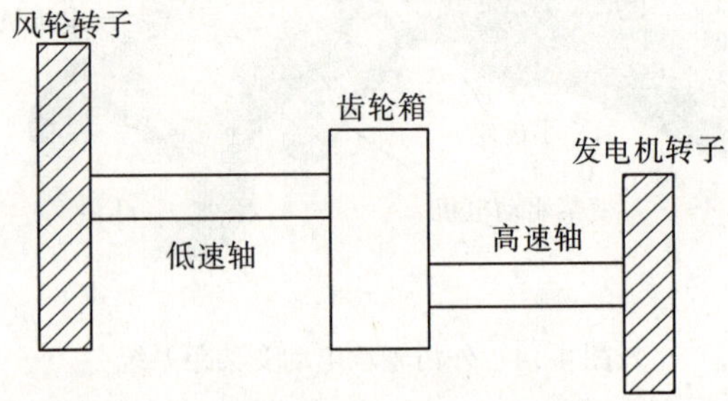

图 4-16 风力机传动子系统

机械刹车机构由安装在低速轴或高速轴上的刹车圆盘，以及布置在四周的液压夹钳构成。液压夹钳固定，刹车圆盘随轴一起转动。刹车夹钳有一个预压的弹簧制动力，液压力通过油缸中的活塞将制动夹钳打开。机械刹车的预压弹簧制动力，一般要求在额定负载下脱网时能够保证风力发电机组安全停机。但在正常停机情况下，液压力并不是完全释放，即在制动过程中只作用了一部分弹簧力。为此，在液压系统中设置了一个特殊的减压阀和蓄能器，以保证在制动过程中不完全提供弹簧的制动力。

4. 偏航系统(对风装置)

风力机的偏航系统也称为对风装置，是上风向水平轴式风力机必不可少的组成系统之一。而下风向风力机的风轮能自然地对准风向，因此一般不需要进行调向对风控制。

偏航系统的主要作用有两个：一是与风力发电机组的控制系统相互配合，使风力发电机组的风轮始终处于迎风状态，充分利用风能，提高风力发电机组的发电效率；二是提供必要的锁紧力矩，以保障风力发电机组的安全运行。

风力发电机组的偏航系统一般分为被动偏航和主动偏航两种。被动偏航指的是依靠风力通过相关机构完成机组风轮对风动作的偏航方式，常见的有尾翼、舵轮两种。主动偏航指的是采用电力或液压拖动来完成对风动作的偏航方式，常见的有齿轮驱动和滑动两种形式。对于并网型风力发电机组来说，通常都采用主动偏航的齿轮驱动形式，如图 4-17 所示。

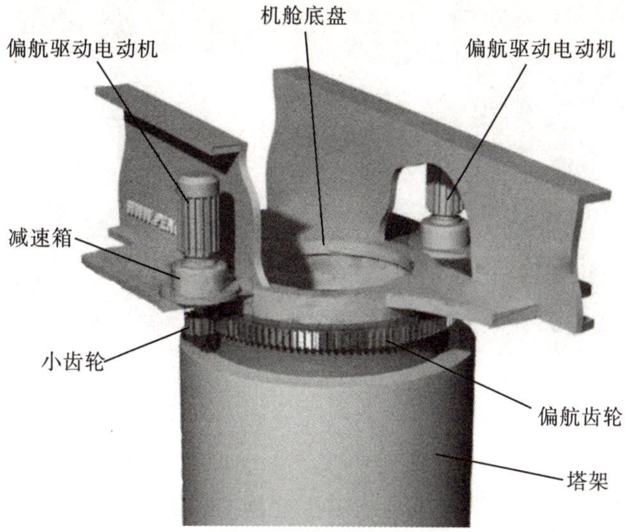

图 4-17　水平轴风力机偏航系统结构图

5. 发电系统

在风力发电机设计时，需要考虑有效材料重量、运行特性、可用的电力电子变换器类型、保护、维修、运行环境和价格等因素。风力发电系统中使用的发电机包括感应电机(鼠笼式、绕线式)、同步电机(永磁式、绕线式)、高压电机(用于 3 MW 及以上)等，它们各有特点。

(1) 鼠笼式感应电机结构简单、可靠，无须特别维修，但需要外部提供励磁，其电网故障穿越能力(fault ride-through capability)是一个关键问题。绕线式感应电机的弱点在于其电刷和滑环，价格比鼠笼式昂贵，需要特别维修，但可以从外部对电机特性进行控制。

(2) 同步电机有很好的特性，但绕线式转子易受振动影响，电刷和滑环需特别维护。永磁同步发电机可以消除绕线式转子同步电机的大部分缺点，但也带来一些其他问题，比如温升、磁极重量、故障穿越能力等。

(3) 高压电机可降低电枢绕组电流，进而降低铜损，有可能直接并网。

目前，实际使用较多的风力发电机是永磁同步发电机(见图 4-18)和双馈感应发电机。在小型系统中，永磁同步电机的造价几乎可以与普通异步发电机相媲美。但对于较大的系统而言，永磁材料价格还太高，不具有竞争优势。永磁同步发电机不用外部励磁，因而 AC/DC 变换器比较简单，但直流连接的电压变化不受控制，DC/AC 变换器的容量也要大一些。永磁体发电机可以采用较小的极距，并能增加极对数，因此可以在 20～200 r/min 的较低转速下运行。

图 4-18　3 MW 永磁同步风力发电机

风力发电系统中采用永磁同步发电机的主要目的是借助多极而达到低速运行，从而取消增速齿轮箱。齿轮箱易磨损、笨重、有噪声、效率低，是风力发电系统故障的主要来源。但问题不是这么简单，取消齿轮箱，会导致直接驱动的发电机直径增大、重量加大、效率降低，大直径发电机还会降低风轮机的气动效率。

双馈式感应发电机(Doubly-Fed Induction Generator，DFIG)使用绕线式转子，其定子绕组接入工频电网，转子绕组接入一个频率、幅值、相位都可以调节的三相交流电源，如图 4-19 所示。这个三相交流电源由通过直流环节连接的一对背靠背四象限双向变流器组成，其中电网侧变流器与电网同频，而转子侧变流器则跟踪滑差频率，其共同作用就是通过对转子馈电的控制实现定子侧恒压恒频的功率输出。

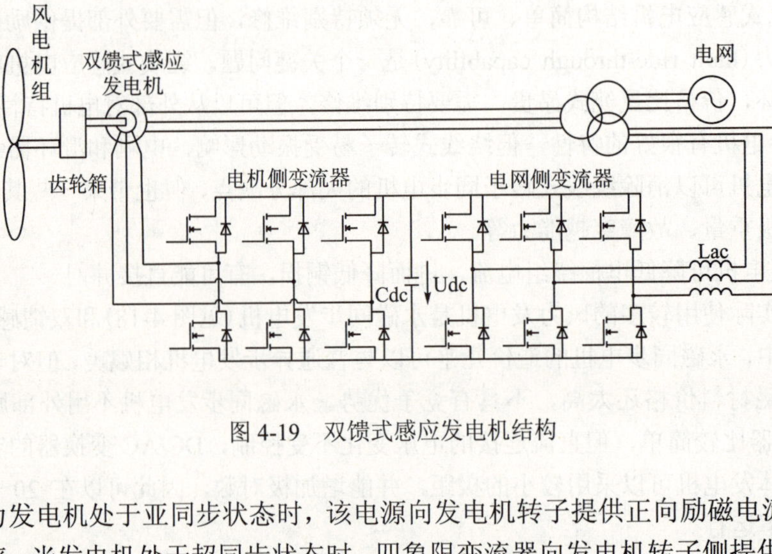

图 4-19　双馈式感应发电机结构

当风力发电机处于亚同步状态时，该电源向发电机转子提供正向励磁电流，向转子输入有功功率；当发电机处于超同步状态时，四象限变流器向发电机转子侧提供负向励磁电流，从转子抽取部分有功功率并向电网馈送，实现了能量在转子馈电电路中的双向流动。

在两种情况(超同步和亚同步)下，定子都向电网馈电。其最大的优点就是可以用小容量的电力电子装置控制大容量的功率(变流器功率仅为发电机额定功率的 20%～30%)，同时能够实现定子侧有功功率和无功功率的独立调节，具有非常高的性价比。全球前十大风力发电机制造商的产品中有六成以上的变速风力发电机采用双馈式感应发电机。

6. 支撑系统

支撑系统主要含塔架和基础。塔架支撑风力发电机组的所有部件，承受各部件作用在塔架上的力和风载，维护人员可以通过塔架进入机舱对设备进行检修。基础为钢筋混凝土，用于安装、支撑塔架和风力发电机组，平衡运行过程中产生的各种载荷。

4.2.3　风力发电机分类

尽管风力发电机多种多样，但归纳起来可分为两类：水平轴风力发电机，风轮的旋转轴与风向平行；垂直轴风力发电机，风轮的旋转轴垂直于地面或者气流方向。水平轴和垂直轴风力发电机如图 4-20 所示。

(a) 水平轴风力发电机　　(b) 垂直轴风力发电机

图 4-20　水平轴和垂直轴风力发电机

1. 水平轴风力发电机

水平轴风力发电机可分为升力型和阻力型两类，其主要体现在风轮叶片翼型和工作状态的差别。升力型风力发电机旋转速度快，叶尖速比一般为 3～8；阻力型旋转速度慢，叶尖速比一般为 0.3～0.6。对于风力发电，多采用升力型水平轴风力发电机。大多数水平轴风力发电机具有对风装置，能随风向改变而转动。对于小型风力发电机，这种对风装置采用尾舵，而对于大型的风力发电机，则利用风向传感元件以及伺服电机组成的偏航机构。

风力机的风轮在塔架前面的称为上风向风力机，风轮在塔架后面的则称为下风向风力机。水平轴风力发电机的式样很多，有的具有反转叶片的风轮，有的在一个塔架上安装多个风轮，以便在输出功率一定的条件下减少塔架的成本，还有的水平轴风力发电机在风轮周围产生漩涡，增加气流速度。

2. 垂直轴风力发电机

垂直轴风力发电机在风向改变的时候无需对风，相对于水平轴风力发电机这是一大优势，它不仅使结构设计简化，而且减少了风轮对风时的陀螺力。

利用阻力旋转的垂直轴风力发电机包括桨叶式风力机、萨布纽斯式风力机等。这些装置有较大的启动力矩，但叶尖速比低，在风轮尺寸、重量和成本一定的情况下，提供的功率输出低。而利用升力的垂直轴风力发电机有达里厄型风力机、旋转涡轮式风力机、弗来纳式风力机、费特·肖奈达式风力机等。其中，达里厄型风力机装置简单，成本也比较便宜，但起动性能差；旋转涡轮式风力机能改变桨距、起动性能好、能保持一定的转速，效率极高，但结构复杂，价格也较高。

4.2.4 风力发电并网

1. 风力发电并网概念

风力发电有两种不同的类型，即独立运行的离网型和接入电力系统运行的并网型。离网型的风力发电规模较小，通过蓄电池等储能装置或者与其他能源发电技术相结合(如风电/水电互补系统、风电/柴油机组联合供电系统)可以解决偏远地区的供电问题。

并网型的风力发电是规模较大的风力发电场，容量为几兆瓦到几百兆瓦，由几十台甚至成百上千台风电机组构成。并网运行的风力发电场可以得到大电网的补偿和支撑，以更加充分地开发可利用风力资源，是国内外风力发电的重要发展方向。

并网技术包括并网条件监测和并网控制。风电系统是一类复杂的大系统，需要监测的物理量非常多，包括风速、电网参数(相位、幅值、频率)、风机转速、系统温度等，对上述物理量的有效监测有助于系统的稳定运行。并网控制对风电系统的并网运行至关重要，其难点在于如何减小并网冲击，以及如何与最大风能捕获、电能质量控制相结合。

变速运行风力发电系统的发电机和电力电子装置并网配置方式如图 4-21 所示。

2. 风力发电并网方法

1)异步电机发电并网系统

在异步电机发电并网中，交直交并网逆变系统在初期是应用晶闸管通过相控的方法进行整流，如图 4-22 所示。由于整流部分应用的是半控器件晶闸管，因此需要增加功率补偿电路进行调节。随着电力电子技术的日益发展，脉冲宽度调制(Pulse Width Modulation，PWM)整流逐渐替换了相控方式的整流，其有效地减少了谐波损耗，改善了发电机组的传输功率。

基本的控制策略如下：当风速满足机组发电的最大功率范围时，电路通过相关的控制来实现最大的风能功率捕捉，就是对风能利用的最大化；而当实际的风速比较大，已经大于机组所需的额定风速，这个时候就降低叶尖速比 C_p 的值，以便风电机组及逆变系统不会过载工作，确保风电系统在恒功率范围内进行工作。

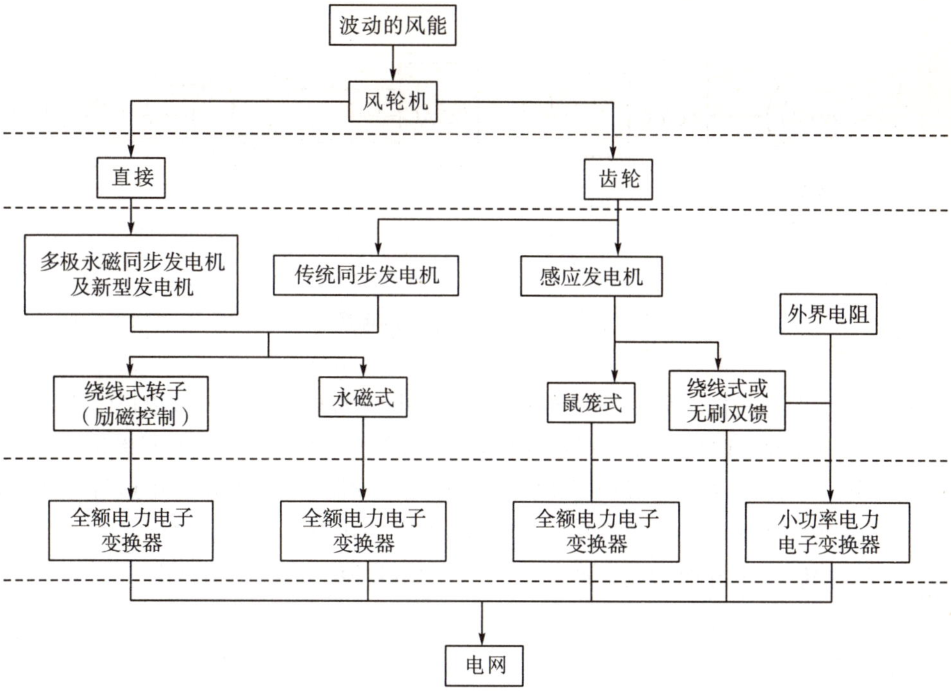

图 4-21　变速运行风力发电系统中的发电机和电力电子变换器配置方式

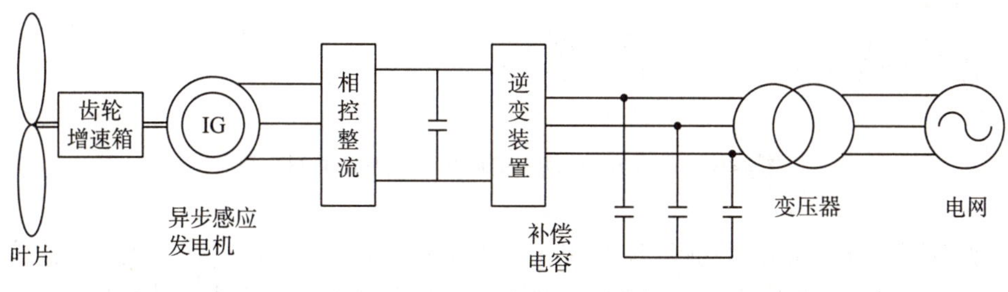

图 4-22　异步电机发电并网系统

交直交这种方法的优点在于：控制上相对简单，正常的异步交流发电机便能满足，能够分别对有功分量、无功分量进行调节，能够适应电网小范围的波动。但缺点也很明显：整流器以及逆变器的容量范围要与风电机组的功率大小相适应；大容量的变流装置花费比较高；逆变系统对电感、电容等参数值要求较高。考虑到以上的特点，交直交型并网发电在 10～200 kW 系统时具有较大的应用空间，但对达到兆瓦级的大功率系统并不适用。

2) 直驱同步电机发电并网系统

在直驱同步风电并网系统中，永磁同步发电机具有非常多的转子极对数足以满足转子所需要的低转速需求，因而叶片轮毂可以直接与发电机进行连接，完全不需要齿轮增速箱来增速。由于转子的转速与电网频率有着硬性对应的关系，但风能却有很大的突变性，所以通过对风力发电系统安装变流装置来保证发电机组在不同的转速下转动，如图 4-23 所示。

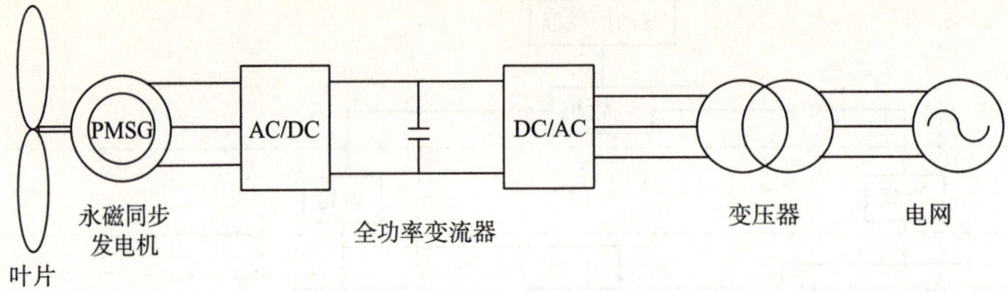

图 4-23　同步电机发电并网系统

直驱型同步发电机的励磁回路能够独立运行，电网侧并不需要向风电机组供给维持能量。但是在风速比较小时同步发电机产生的电压比较低，此时无法向电网提供电能，在实际的应用中可以增加一个升压模块对电压进行升压，如图 4-24 所示。用这种电路可以让风电机组适应风速变化比较大的环境，而且 boost 升压电路还能够对风电机组产生的电流波形进行有效控制，很好地抑制谐波和失真度，并对功率输出进行控制。

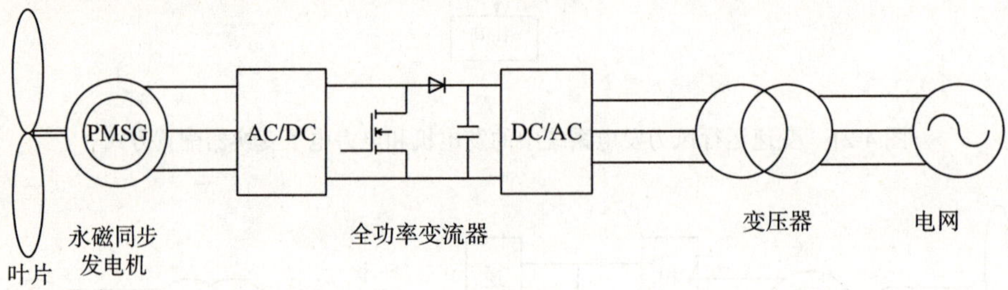

图 4-24　带有 boost 功能的同步电机发电并网系统

直驱型同步发电机并网的优点：电路的控制简洁稳定，可适用于比较大的风速变化范围，发电机组的电流变化不会有很大的突增突减，对电网所产生的波动具有强大的抵抗作用。其缺点：系统经过了整流/boost 升压/逆变三个环节，降低了发电的效率；在直流部分，对电容的选取有着很高的要求，需要有足够大的容量和耐压值，价格方面比较昂贵；对于电网侧电感的选取，也需要足够大的容量。

3) 双馈型风力发电并网系统

双馈型发电机的定子保持三相对称，转子也保持三相对称，在结构上类似于绕线式。定子通过接触器接入电网，转子通过变换器四象限内进行交流到直流再到交流的变化后接入电网。要使风力发电机能够高效运行，需要保证风轮机输出功率与定子侧输出功率的协调一致性。而要对定子侧的输出功率产生影响，则需要对转子侧的电流参数进行调节控制。

如图 4-25 所示，双馈型异步发电机输出端电压的控制靠控制发电机转子电流的大小来实现。当发电机的负载增加时，发电机输出端电压降低，此信息由电压检测获得，并反馈到控制转子电流大小的电路，即通过四象限变流器使发电机的转子电流增加，定子绕组的感应电动势增高，发电机输出端电压恢复到额定电压，反之亦然。

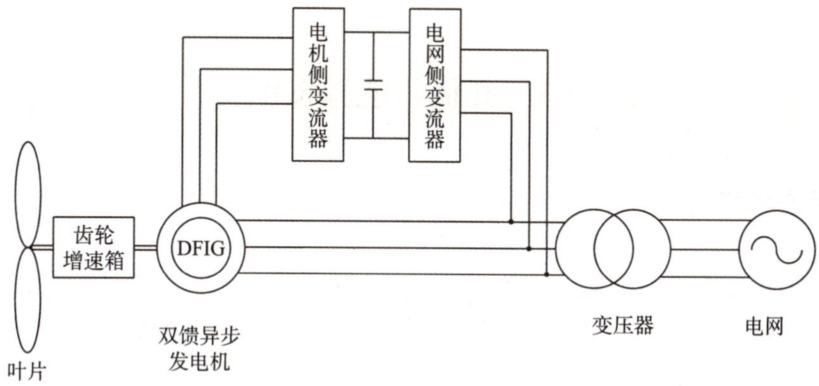

图 4-25　双馈型风力发电并网系统

3. 并网低电压穿越技术

低电压穿越(low voltage ride through capability)是指：当电网故障或扰动引起风电场并网点的电压跌落时，在电压跌落的范围内，风电机组能够不间断并网运行。低电压穿越是电力系统功率平衡与频率稳定的需要，也是局部电网电压稳定及电压恢复的需要。

1) 双馈型风力发电机低电压穿越

双馈型风力发电机的定子和电网直接相连，当电网因为故障而出现低电压时，磁链的变化速率增大，转子绕组的感应电压增大。如果转子绕组的感应电压增大到超出转子逆变器的可控范围，转子绕组便会出现过电流，此过电流会对逆变器的电容充电，使电容电压上升。

对于双馈型风力发电机，常见的低电压穿越技术可以分为以下两大类：一是不增加额外硬件的情况下控制系统的某些部件，如控制变流器或叶片；二是增加额外的硬件，如电压补偿装置、功率补偿装置、储能电容和电阻。增加的电阻分为撬棒电阻、动态电阻、直流电容限制电阻三大类。当然，也可以采用以上多种策略的组合。

2) 直驱式风力发电机低电压穿越

直驱式风力发电机与电网相连的端口发生短路故障时，不能输送给电网的能量会聚集在定子变流器的直流电容上，导致电容电压上升。因为定子变流器的半导体器件的耐压能力有限，过高的电容电压会损坏变流器的绝缘，因此直驱式风力发电机的低电压穿越策略主要是如何防止能量聚集在电容上。

目前主要有三类方法可以实现此功能。第一类是将不能传送给电网的能量消耗掉，常用的方法是在直流电容两端并联限制电阻，当电容电压超过某一设定值时，限制电阻合上，对电容放电，直到电容电压降到某一值后，限制电阻断开；第二类是储存不能传送给电网的能量，等到故障切除后，将储存的能量释放，输送给电网，常用的是配置储能系统，或提高转子的转速，将能量储存在转子上；第三类是故障期间减少能量的输入，即降低风能的捕获效率。

4.3 其他新能源发电

4.3.1 潮汐能发电

潮汐能发电是海洋能发电的一种。海洋能通常指蕴藏于海洋中的可再生能源，主要包括潮汐能、波浪能、海流能、海水温差能、海水盐差能等。海洋能蕴藏丰富，分布广，清洁无污染，但能量密度低，地域性强，因而开发困难并有一定的局限。目前开发利用的主要方式是潮汐能发电和波浪发电。

潮汐是由月球和太阳的引力对海水的作用形成的。据理论计算，月球的引潮力可使海面升高 0.246 m，在两者的共同作用下，潮汐的最大上升幅度约为 0.8 m。所以，一般海区的潮汐现象并不明显。但受地形等因素的影响，如在某些海湾、河口及窄浅的海峡，潮差可为 7～8 m，有的甚至超过 10 米。例如，中国杭州湾的钱塘潮，最大潮差为 8.93 m。据估算，世界海洋潮汐能蕴藏量约为 27 亿 kW，若全部转换成电能，每年发电量大约为 1.2 万亿 kW·h。

潮汐能利用可分为两种形式：一是利用潮汐的动能，即直接利用潮流前进的力量来推动水能机发电，称为潮流发电。但潮流发电对潮汐能的利用率非常低，目前应用较少。二是建坝利用潮汐的位能发电，即潮汐坝发电技术，也称潮位发电，是目前应用较多的形式。

具体地说，潮位发电就是在有条件的海湾或河口建筑堤坝、闸门和厂房，将海湾(或河口)与外海隔开围成水库，并在闸坝内或发电站厂房内安装水轮发电机组。在涨潮时，海洋水位高于水库水位，海水从大海流进水库，冲击水轮机旋转，从而带动发电机发电；而在落潮时，水库水位高于海洋水位，海水又从水库流入大海，又可以从相反方向带动发电机组发电，如图 4-26 所示。这样，海水一涨一落，电站就可源源不断地发电。

4.3.2 波浪发电

由于地球和月球之间的作用，引起了潮流、潮汐、气流等，进而引起波浪。波浪发电(wave power)形式灵活，既可以用于海洋浮标、灯塔供电，也可以用于大规模并网发电，受地域影响较小，对人类居住的陆地环境基本不产生负面影响。海浪能单位小时变化小，推力大，可预测性好，且能量密度较高，全球储量丰富。研究表明：全球海岸线附近可被转换的波浪能源保守估计可以为人类提供 2.5×10^9 kW 的电力，可解决全球 10%的用电量。

波浪发电机需要将海水波动的能量转化为电能，技术方案多种多样，根据能量转换的形式不同，目前波浪发电方案可以被归纳为四类：液压式、气压式、离合器齿轮箱式和直驱式，如图 4-27 所示。这四类能量转换装置(Wave Energy Converter，WEC)都需经过一个媒介装置跟海水接触和互相作用。关于波浪能转换的设想极多，其装置千变万化，形式有振荡水柱式(OWC)、振荡浮子式(buoy)、摆式(pendulum)、鸭式(duck)、筏式(raft)、收缩波道式(tapehan)、蚌式(clam)等，如图 4-28 所示。

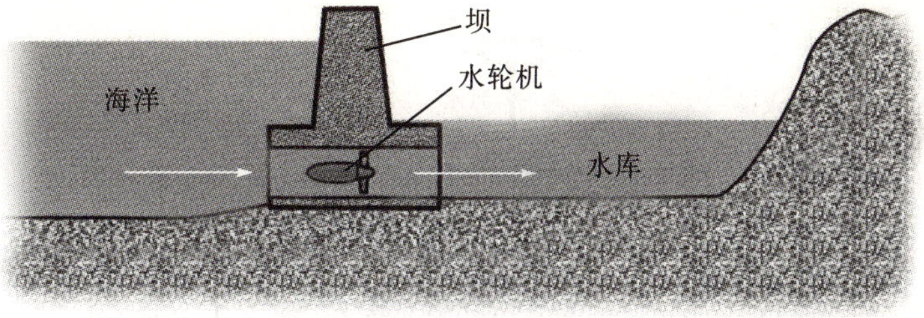

(a)海水涨潮时推动水轮机运转

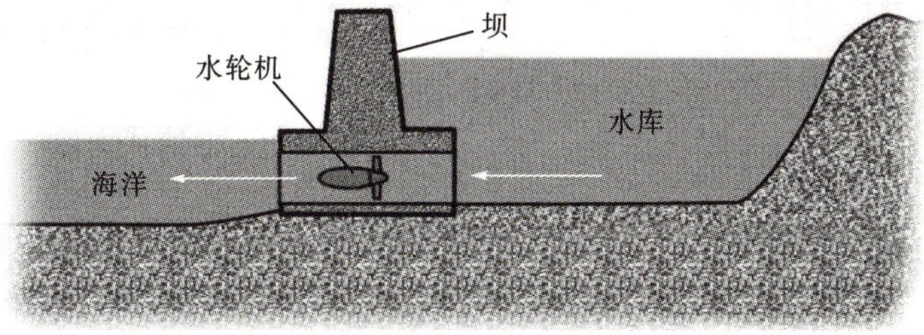

(b)海水退潮时推动水轮机运转

图 4-26　潮汐能发电原理图

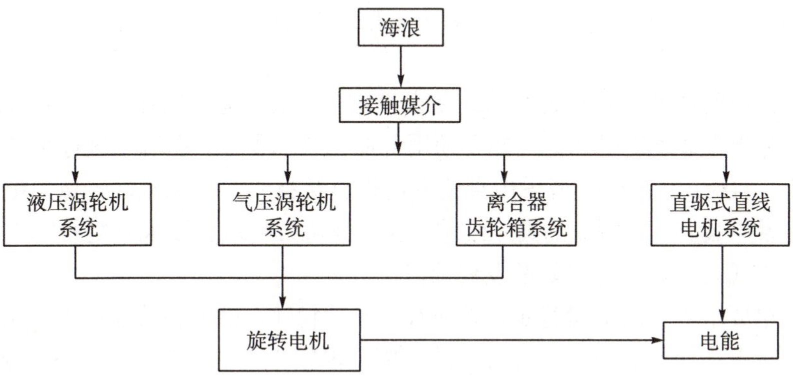

图 4-27　波浪发电分类图

由于波浪能的速度和频率比较低，一般的波浪周期是从几秒到十几秒，如果利用传统电机发电，中间必须要有一个提速过程，以及把波浪的动能转换成可以驱动旋转式电机的形式。这一中间提速过程可以通过液压涡轮机系统、气压涡轮机系统或离合器齿轮箱系统来完成，再由这些系统来驱动传统的旋转电机发电，分别对应着液压式、气压式和离合器齿轮箱式的波浪能发电机。

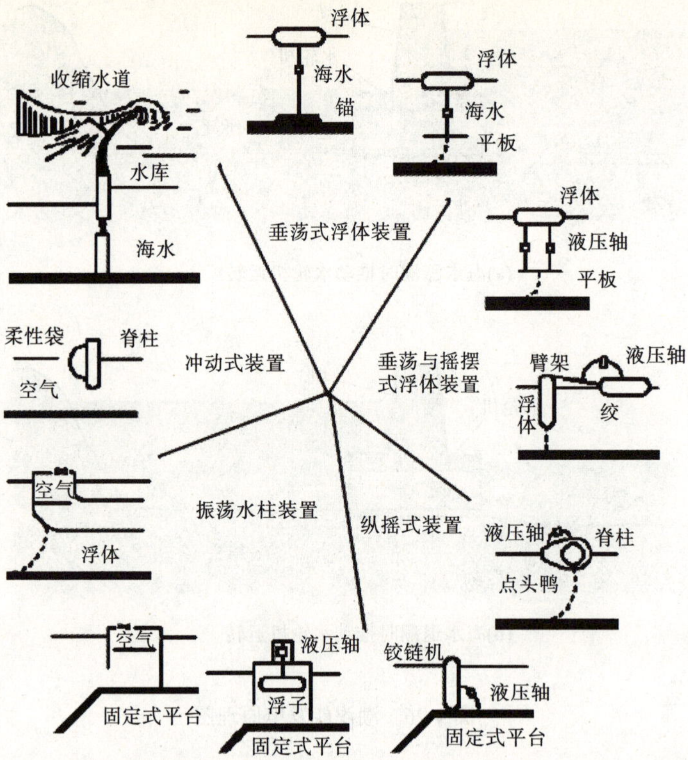

图 4-28　波浪能采集装置示意图

能量转换中间环节的存在使得系统复杂性增加，系统能耗增加，考虑到波浪发电装置所处工况，复杂的系统使得其稳定性和使用寿命也难以保证，在海上进行系统的维护极其复杂和危险。直驱式 WEC 一般采用直线发电机直接将波浪的机械能转换为电能，相对于其他波浪能发电装置，其所需的离岸维护最少，被认为是现有波浪发电系统中最具可行性的海上发电方式之一，具有很好的发展前景。

波浪发电要求输出的能量稳定，必须有一系列稳速、稳压和蓄能技术来保障，它同常规发电相比有着特殊的要求。一种典型的直驱波浪发电电能处理方案如图 4-29 所示，其基于复合储能的波浪发电系统用于平衡发电端与负载端所需的功率偏差，提高了电能质量与系统运行的稳定性。

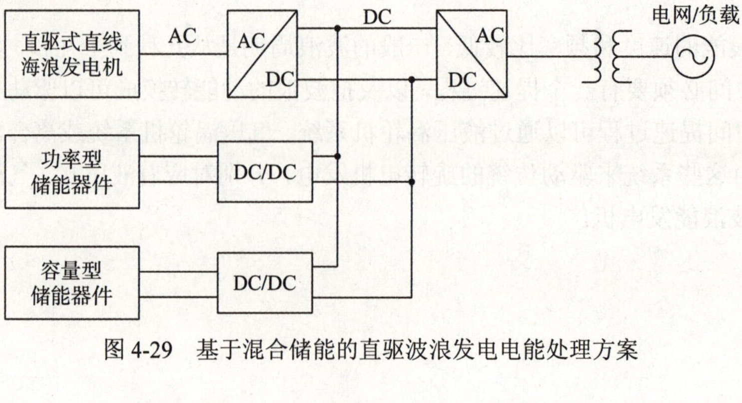

图 4-29　基于混合储能的直驱波浪发电电能处理方案

4.3.3　地热发电

地热能是来自地球深处的可再生热能，它源于地球的熔融岩浆和放射性物质的衰变。地下水深处的循环和来自极深处的岩浆侵入到地壳后，把热量从地下深处带至近表层。在距离地表 5000 m 深的地方储存的地热能，相当于 4948 亿 t 标准煤的热量，比人类所利用的能量总量还要多。地热能不但是无污染的清洁能源，而且如果热量提取速度不超过补充的速度，热能还是可再生的。

地热发电是地热利用的最主要方式。根据地热流体的类型，目前有两种地热发电方式，即蒸汽型地热发电和热水型地热发电。蒸汽型地热发电是把蒸汽中的干蒸汽直接引入汽轮发电机组，但在引入发电机组前，需要把蒸汽中所含的岩屑和水滴分离出去。这种方式最为简单，但干蒸汽地热资源十分有限，且多存于较深的地层，开采技术难度大，故发展受限。热水型地热发电是地热发电的主要方式，分为闪蒸式（也称“扩容法”）和双循环式（也称“中间介质法”）两种。

1. 闪蒸式地热发电（扩容法）

闪蒸地热发电系统是一种比较适用于中低温地热水发电的系统（又称“减压扩容法”），图 4-30 为这种系统的流程图。来自地热井的热水首先进入减压扩容器（闪蒸器），见图 4-30(a)，容器内维持着比热水压力低的压力，因而部分热水得以闪蒸并将产生的蒸汽送往汽轮机膨胀做功发电。如果地热井口流体是湿蒸汽［见图 4-30(b)］，则它先进入汽水分离器，分离出的蒸汽送往汽轮机做功发电，分离剩余的水再进入闪蒸器，闪蒸后得到的闪蒸蒸汽也送往汽轮机做功。

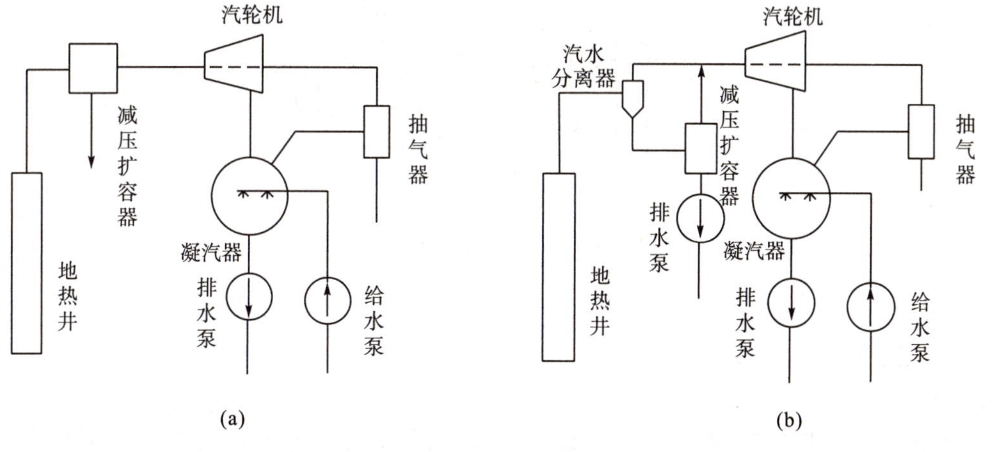

图 4-30　闪蒸地热发电系统

闪蒸地热发电的特点是：系统比较简单，运行和维护较方便，而且闪蒸器比表面式蒸发器结构简单，金属消耗量少，造价低。存在的缺点主要是：低压蒸汽比容大，所以蒸汽管道、汽轮机的尺寸相应也大，使投资增加；设备直接受水质影响，易结垢、腐蚀；当蒸汽中夹带的不凝气体较多时，需要容量大的抽气器维持高真空，因此自身电耗大。

2. 双循环式地热发电(中间介质法)

双循环地热发电系统是利用地下热水来加热某种低沸点介质，使低沸点介质沸腾而产生蒸汽，再引至汽轮机进行发电，形成一个封闭循环。这种发电方式由地热水系统和低沸点介质系统组成，故称为双循环式或中间介质法地热发电。它是为克服闪蒸地热发电系统缺点而出现的一种循环系统。

如图 4-31 所示，地下热水用深井泵抽到地面进入电站内的蒸发器，加热某一种低沸点介质(如氟利昂 11、氯乙烷等)，使之变为低沸点介质蒸汽，然后通入汽轮机做功发电，汽轮机排出的乏汽经凝汽器冷凝成液体，用工质泵再打回蒸发器重新加热，循环使用。为充分利用地热水的余热，让从蒸发器排出的地热水经过一个预热器先预热来自凝汽器的低沸点工质液体，使其温度上升至接近蒸发器内的工质饱和温度，再进入蒸发器。为了保证从地热井来的地热水在输送过程中不闪蒸成蒸汽和不使溶解气体从水中逸出，在管路中的热水始终保持超过其温度对应的饱和压力。

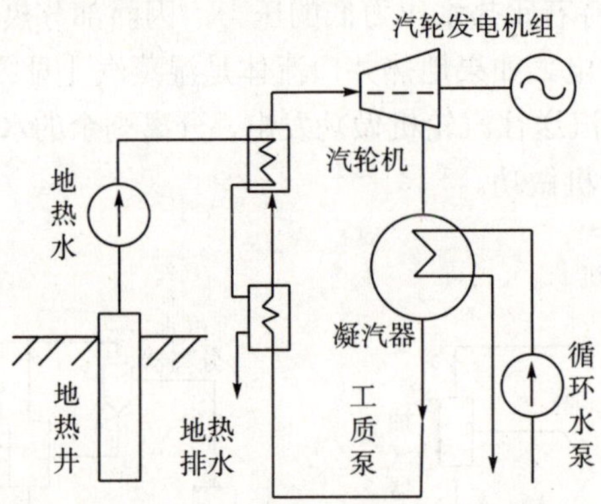

图 4-31 双循环地热发电系统

4.3.4 生物质能发电

生物质具可再生性、低污染性、低密度性，而且生物质能分布广泛，蕴藏量巨大，地球上光合作用每年生产约 2.2×10^{11} t 干生物质，相当于全球能源消费总量的 10 倍左右。生物质能源作为一种洁净而又可再生的能源，是唯一可替代化石能源转化成气态、液态和固态燃料以及其他化工原料或者产品的碳资源。

生物质能发电主要以农业、林业和工业废弃物，甚至城市垃圾为原料，采取直接燃烧或气化等方式发电，包括农林废弃物直接燃烧发电、农林废弃物气化发电、垃圾焚烧发电、垃圾填埋气发电、沼气发电等。

1. 直接燃烧发电

生物质直接燃烧发电是指把生物质原料送入适合生物质燃烧的特定锅炉中直接燃烧，对水加热产生蒸汽，带动蒸汽轮机及发电机发电。已开发应用的生物质锅炉种类较多，如木材锅炉、甘蔗渣锅炉、稻壳锅炉、秸秆锅炉等。其适用于生物质资源比较集中的区域，如谷米加工厂、木料加工厂等附近。

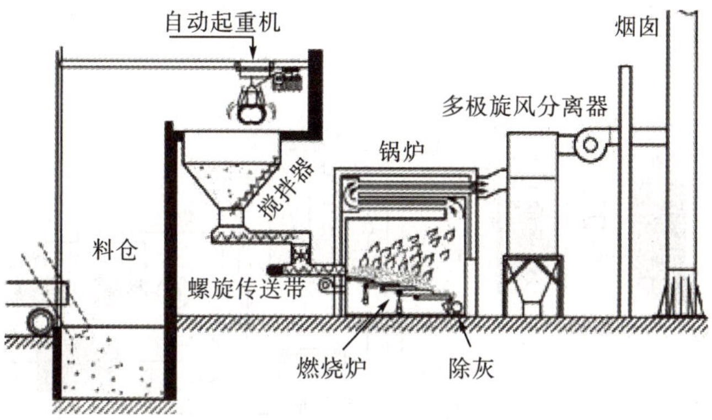

图 4-32　生物质现代化燃料系统

生物质直接燃烧发电技术中的生物质燃烧包括固定床燃烧或流化床燃烧等方式。固定床燃烧对生物质原料的预处理要求较低，生物质经过简单处理甚至无须处理就可投入炉排炉内燃烧。流化床燃烧要求将大块的生物质原料预先粉碎至易于流化的粒度，其燃烧效率和强度都比固定床高。

2. 气化发电

气化发电过程主要包括三方面：一是生物质气化，在气化炉中把固体生物质转化为气体燃料，就是将温度加热到 600℃以上，在缺氧的条件下对有机质进行“干馏”，这类热解产物与煤热解十分相似，固体产物为焦炭类似物，气体产物为“炉煤气”类似物；二是气体净化，气化出来的燃气都含有一定的杂质，包括灰分、焦炭和焦油等，需经过净化系统把杂质除去，以保证燃气发电设备的正常运行；三是燃气发电，利用燃气轮机或燃气内燃机进行发电，有的工艺为了提高发电效率，发电过程可以增加余热锅炉和蒸汽轮机。各种生物质气化发电技术的特点见表 4-2。

表 4-2 各种生物质气化发电技术的特点

规模	气化过程	发电过程	主要用途
小型系统功率<200 kW	固定床气化 流化床气化	内燃机 微型燃气轮机	农村用电 中小企业用电
中型系统功率为 500～3000 kW	常压流化床气化	内燃机	大中企业自备用电 小型上网电站
大型系统功率>5000 kW	常压流化床气化 高压流化床气化 双流化床气化	内燃机+蒸汽轮机 燃气轮机+蒸汽轮机	上网电站 独立能源系统

以蒸汽联合循环发电示范工程为例，该联合循环发电装置主要由进料机构、燃气发生装置、余热锅炉(蒸汽发生装置)、焦油裂解装置、燃气净化装置、空气预热装置、燃气发电机组、蒸汽轮机发电机组、循环冷却水装置、水处理装置、电气控制装置及废水、废渣处理装置等部分组成，如图 4-33 所示。

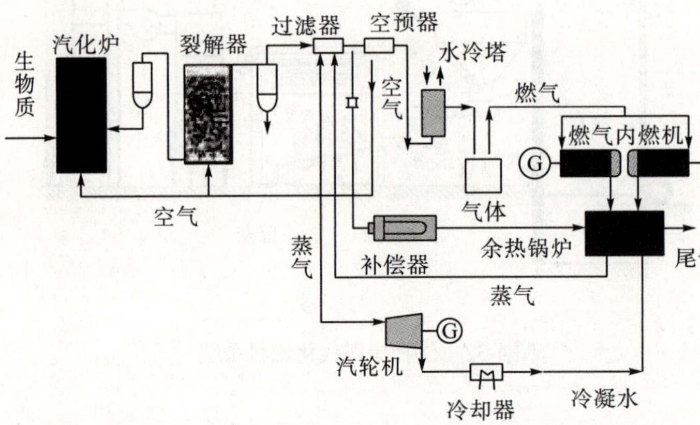

图 4-33 蒸汽联合循环发电系统示意图

3. 沼气发电

沼气发酵，又称厌氧发酵或厌氧消化，是指有机物质(如秸秆、杂草、人畜粪便、垃圾、污泥及城市生活污水和工业有机废水等)在厌氧条件下，通过种类繁多、数量巨大、功能不同的各类微生物的分解代谢，最终产生以 CH_4 和 CO_2 为主的混合气体。CH_4 含量的高低决定沼气热值的高低，从而对沼气的发电效率产生影响。

沼气发电技术是集环保和节能于一体的能源综合利用技术，它利用发酵产生的沼气，供给内燃机或燃气轮机，带动发电机发电，也有的供给蒸汽锅炉产生蒸气，带动蒸汽轮机发电。典型的沼气收集发电系统主要由沼气收集系统、抽气及监测控制系统、气体预处理系统、沼气发电系统和发电上网系统五部分组成，附属的还有火炬燃烧系统，用于发电机组没有正常运行，或是故障维修期间燃烧掉收集的沼气，如图 4-34 所示。

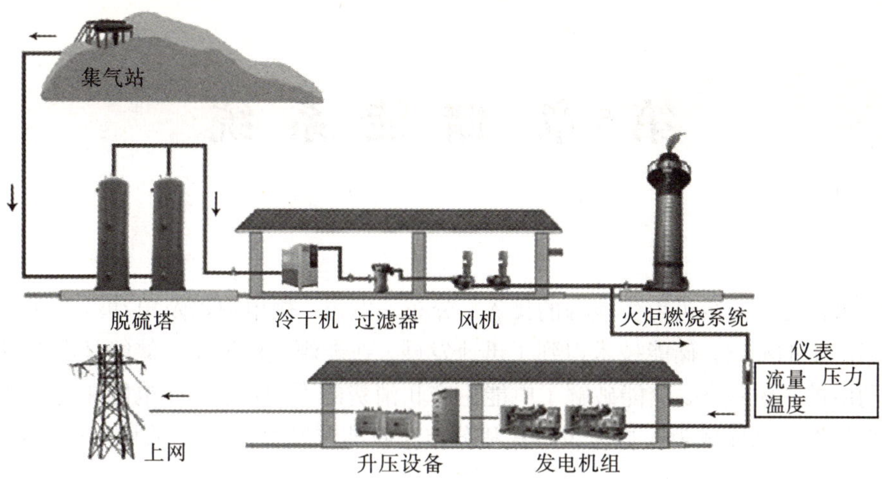

图 4-34　沼气收集发电系统

(1) 气体收集系统主要由抽气井、输气支管、集气站输气干管、储气罐等组成。在这个密闭的系统内，沼气在填埋场由抽气井抽取，经过管道收集，到集气站进一步集中后，通过输气干管进入沼气发电站的储气罐中。

(2) 抽气及监测控制系统是在沼气收集系统中的集气站、冷凝水管等地方设的监测口和自动记录探头，用以记录、监测整个收集系统的运行状态及效率，以便及时发现漏洞和隐患。

(3) 从填埋场中抽出的沼气，其相对湿度达到了 90%以上，并且还含有一些杂质，因此在进入发电机组之前，沼气还要经过气体预处理装置，用以去除甲烷以外的其他杂质气体。气体预处理系统主要由脱硫塔、冷干机等设备构成。沼气先进入脱硫塔进行脱硫处理，主要脱除含硫杂质气体如 H_2S 等酸性物质，防止其腐蚀各种设备；然后经过冷干机冷却，排除凝结水和游离水；最后经过过滤器过滤掉各种杂质，以保证进入燃气发电机的沼气纯度，提高发电机的转换率。

(4) 沼气发电机组，主要是几台燃气内燃机组，直接燃烧净化后的沼气，将气体燃烧的热能转化为电能输出。

(5) 发电上网系统由升压变电站、输电网络等组成，其将发出的电能输送至电网。

(6) 火炬燃烧系统可以在沼气质量差、回收利用装置停工或者供气过剩时，高温焚烧处理多余的沼气。火炬燃烧器分为敞开式和封闭式两种。敞开式燃烧器因具有流量选择范围大(200～2000 Nm^3/h)、燃烧温度高(850℃)、污染物排放量低等特点而被广泛采用。

第5章　储 能 系 统

近年来，为了减少可再生能源的接入、分布式发电、微电网以及电动汽车充放电的影响对电网产生的冲击，储能技术得到了迅速发展。在能源互联网中，储能是电能灵活转换和综合利用的关键设备。储能破解了电能生产和消费的不同步性，使电能在时间和空间上具有可平移性，从而成为大规模集中式和分布式新能源发电接入和利用的重要支撑技术。

5.1　电储能技术

广义上说，储能技术是采用某种装置或方法储存能量，并实现能量在空间维度移动后释放或者在时间维度滞留后释放。因此，储能可分为移动储能和静态储能两种形式。前者包括手机电池、电动车的动力电池，以及用于野外应急供能的移动储能电站等；后者包括小型 UPS 电源、通信基站电源、工业蓄热系统和抽水蓄能电站等。利用植物的自然光合作用或者是新型光化学转换材料的人工光合作用，将光能转化为生物质能或化学能并加以储存和释放，也是一类重要的静态储能方式。

在能源互联网中，大部分的储能属于电储能技术。电储能可定义为实现电力存储和双向转换的技术，包括抽水蓄能、压缩空气储能、飞轮储能、超导磁储能、电池储能等。利用这些储能技术，电能以机械能、电磁场、化学能等形式存储下来，并适时反馈电力网络。具体的储能技术包括物理储能、电化学储能、电磁储能三大类，以及发电及辅助服务、可再生能源并网、用户侧、电力输配、电动汽车五大类应用领域，如图 5-1 所示。

5.1.1　物理储能技术

1. 抽水蓄能

抽水蓄能电站在用电低谷通过水泵将水从低位水库送到高位水库，从而将电能转化为水的势能存储起来，在用电高峰，水从高位水库排放至低位水库驱动水轮机发电，其储能总量同水库的落差和容积成正比，如图 5-2 所示。抽水蓄能电站的工作方式同常规水电站类似，具有技术成熟、效率高、容量大、储能周期不受限制等优点。但是，抽水蓄能电站需要优越的地理条件建造水库和水坝，建设周期很长(一般 10～15 年)，初期投资巨大。不仅如此，建造两个大型水库会淹没大面积的植被甚至城市，造成生态破坏和产生移民问题。

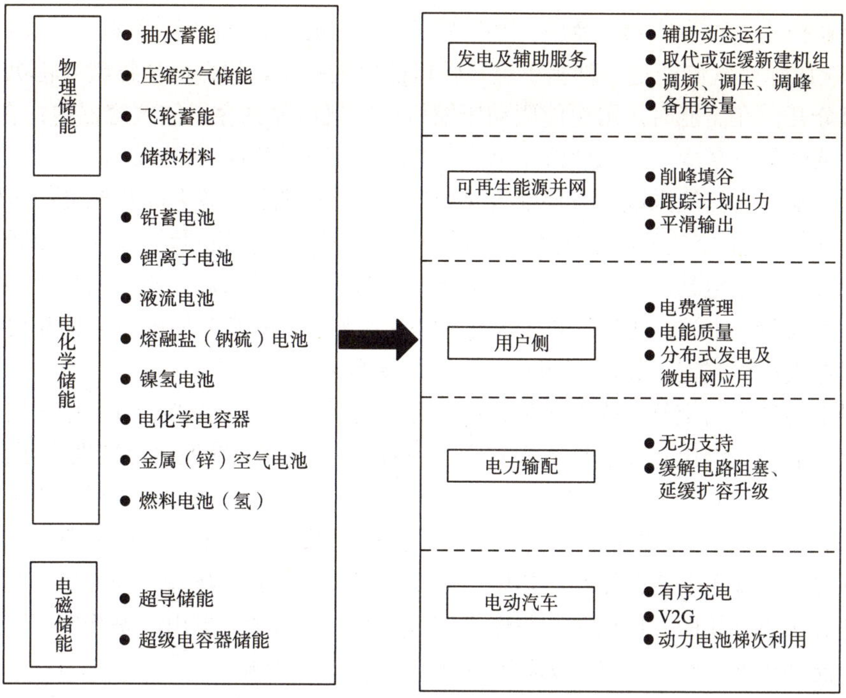

图 5-1　电储能技术种类和应用领域

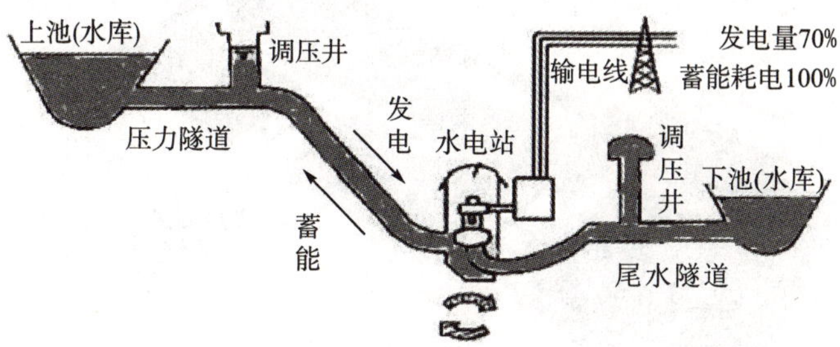

图 5-2　抽水蓄能电站

典型的抽水蓄能电站功率约为 1000 MW（100～3000 MW），是目前已有的储能技术中规模最大的电力储能系统。其运行方式灵活，反应快速，在电力系统中发挥储能、调频、调相、紧急事故备用和黑启动等作用。自从 1882 年世界上第一座抽水蓄能电站在瑞士建成以来，截至 2011 年底，全球已有超过 200 座和 123.4 GW 的抽水蓄能电站投入运营，并且装机容量以每年 5 GW 以上的速度增长。

2. 压缩空气储能

压缩空气储能的几大优势使其成为一种重要的储能手段。首先，压缩空气储能在装机容量上可达上百兆瓦，规模仅次于抽水蓄能，便于开展大规模的商业化应用。其次，压缩空气储能在技术上较为成熟。最后，压缩空气储能的能源转化效率较高，一般可达到75%左右。传统压缩空气储能是一种基于燃气轮机的储能技术，其原理是将燃气轮机的压缩机和发电机分开，在储能时，用电能驱动压缩机将空气压缩并存于储气容器内；在释能时，高压空气从储气室释放，进入燃烧室助燃，燃气膨胀驱动涡轮做功发电。

传统压缩空气储能系统具有储能容量较大、储能周期长、效率高和投资相对较小等优点。但是，传统压缩空气储能系统不是一项独立的技术，它必须同燃气轮机电站配套使用，不能用于其他类型电站。而且，传统压缩空气储能系统仍然依赖化石燃料提供热源，易受制于化石燃料价格上涨。此外，同抽水蓄能电站类似，压缩空气储能系统也需要特殊的地理条件建造大型储气室，如岩石洞穴、盐洞、废弃矿井等。

相对于传统压缩空气储能的燃烧系统，清华大学电机系由卢强、梅生伟教授领导的科研团队在安徽省芜湖市建成了世界上首套“500 kW 非补燃压缩空气储能发电示范系统”，实现了百千瓦级的储能和发电实验。如图 5-3 所示，该示范系统将多级空气压缩、高压气体存储、循环式热回收、纯空气透平驱动和最优控制发电等多项关键技术和装置加以有机集成，可实现大规模电能存储和冷热电三联供的功能，具有零碳排、高效率、运行灵活和响应迅速等优点。其最大特点是不用燃烧燃气，实现零排放，排出的是冷空气，除了输出电能外还能输出低温空气，在夏天可当空调用，节省了能源。

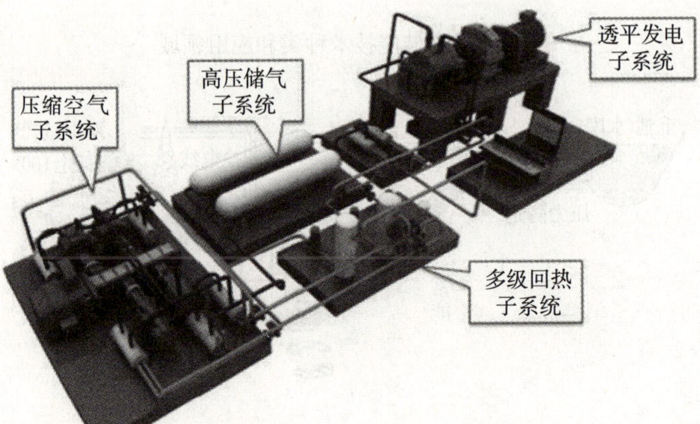

图 5-3 非补燃压缩空气储能

压缩空气储能系统的关键技术包括高效压缩机技术、膨胀机技术、燃烧室技术、储热技术、储气技术和系统集成与控制技术等。压缩机和膨胀机是压缩空气储能系统核心部件，其对整个系统的性能具有决定性影响。目前，世界上已有两座大型压缩空气储能电站投入商业运行(见表 5-1)。第一座是 1978 年投入商业运行的德国 Huntorf 电站，机组的压缩机功率 60 MW，释能输出功率为 290 MW，目前仍在运行中。第二座是 1991 年投入商业运行的美国亚拉巴马州的 McIntosh 压缩空气储能电站，该储能电站压缩机组功率为 50 MW，发电功率为 110 MW，可以实现连续 41 h 空气压缩和 26 h 发电。该电站由亚拉巴马州电力公司的能源控制中心进行远距离自动控制。

表 5-1　两座已投入运行的大型压缩空气储能电站概况

电站名称	建造年份	压缩功率 /MW	连续压缩时间 /h	释能功率 /MW	连续发电时间 /h	最高气压 /bar	启动时间 /min	效率 /%
德国 Huntorf	1978	60	8	290	2	100	6	42
美国 McIntosh	1991	50	41	110	26	75	9	54

注：1 bar=10^5 Pa。

3. 飞轮储能

飞轮储能系统是一种机电能量转换的储能装置，其突破了化学电池的局限，用物理方法实现储能。通过电动/发电互逆式双向电机，电能与高速运转飞轮的机械动能之间的相互转换与储存，并通过调频、整流、恒压与不同类型的负载连接。在储能时，电能通过电力转换器变换后驱动电机运行，电机带动飞轮加速转动，飞轮以动能的形式把能量储存起来，完成电能到机械能的储存能量过程，此时能量储存在高速旋转的飞轮体中。释能时，高速旋转的飞轮拖动电机发电，经电力转换器输出适用于负载的电流与电压，完成机械能到电能的能量释放过程。

飞轮储能系统结构主要包括转子系统、轴承系统和能量转换系统三个部分，另外还有一些支持系统，如真空、深冷、外壳和控制系统，基本结构如图 5-4 所示。飞轮储能装置中有一个内置电机，它既是电动机也是发电机。充电时，它作为电动机给飞轮加速。放电时，它又作为发电机给外设供电，此时飞轮的转速不断下降；飞轮空闲运转时，整个装置则以最小损耗运行。

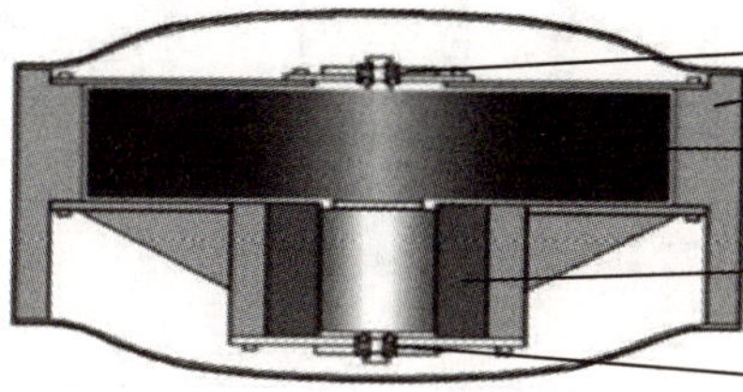

图 5-4　飞轮结构图

在实际工作中，由于飞轮的转速为 40 000～500 000 r/min，一般金属制成的飞轮无法承受这样高的转速，所以都采用碳纤维制成，既轻又强，进一步减轻了整个系统的重量。同时，为了减少充放电过程中的能量损耗，电机和飞轮都使用磁轴承，使其悬浮，以减少机械摩擦。此外，将飞轮和电机放置在真空容器中，以减少空气摩擦，这样飞轮电池的净效率(输入输出)可以达到 95%左右。

20 世纪六七十年代，飞轮储能由美国宇航局(NASA) Glenn 研究中心开始应用。2014 年 9 月 16 日中国第一台飞轮(200 kW 工业化磁飞轮)调试成功，各项实验测试指标均达良好。通常飞轮储能循环使用寿命可达 20 年，工作温区为 −40 ～50℃，无噪声、无污染、维护简单，可连续工作，具有良好的发展前景。目前存在的技术难点主要集中在转子强度设计、低功耗磁轴承、安全防护等方面，亟须突破。

5.1.2 电化学储能技术

主流的电化学储能有液流电池、钠硫电池、锂离子电池和铅碳电池等，主要应用在备用电源、电动汽车和规模储能如电网调峰等方面。

1. 液流电池

液流电池和通常以固体作电极的普通蓄电池不同，液流电池的活性物质是具有流动性的液体电解质溶液。由于大量的电解质溶液可以存储在外部并通过泵输送到电池内反应，液流电池的储能规模相对于普通蓄电池可以大幅提高。电池内的正、负极电解液由离子交换膜隔开，在充、放电过程中，电解液中的活性物质离子在惰性电极表面发生价态的变化，如图 5-5 所示。

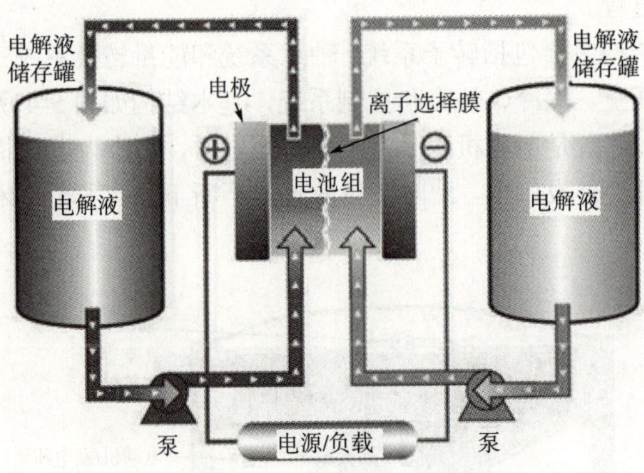

图 5-5 液流电池工作原理

液流电池具有以下特点：①额定功率和额定容量是独立的，功率大小取决于电池堆，容量大小取决于电解液。可通过增加电解液的量或提高电解质的浓度，达到增加电池容量的目的。②充放电期间电池只发生液相反应，不发生普通电池的复杂固相变化，因而电化学极化较小。③电池的理论保存期无限，储存寿命长。因为只有电池在使用时电解液才是循环的，电池不用时电解液分别在两个不同的储罐中密封存放，没有普通电池常存在的自放电及电解液变质问题。但电池长期使用后，电池隔膜电阻有所增大，隔膜的离子选择性有所降低，这些对电池的充放电及电池性能有不良影响。④能 100%深度放电而不会损坏电池。⑤电池结构简单，材料价格相对便宜，更换和维修费用低。⑥通过更换荷电的电解液，可实现“瞬间再充电”。⑦电池工作时正负极活性物质电解液是循环流动的，因而浓差极化很小。

国际上液流电池代表类型主要有四种，即铁铬电池、多硫化钠/溴电池、锌-溴体系及全钒电池。其中，全钒氧化还原液流电池，简称钒电池，是目前发展最好的液流电池。其工作原理是通过采用不同价态的钒离子溶液分别作为正负极活性物质，通过外接泵把溶液从储液槽压入电池堆体内完成电化学反应，之后溶液又回到储液槽，液态的活性物质不断循环流动。钒电池所有的反应物都在溶液中，其储能容量与输出功率无关，可以很容易地实现储能容量的经济扩容。并且电池单元的输出响应很快，可以在几毫秒内完成从零功率运行到满功率输出。钒电池作为储能电源主要应用于电厂调峰以平衡负荷、大规模光电转换和风能发电的储能电源以及作为边远地区储能系统、不间断电源或应急电源系统。

2. 钠硫储能电池

钠硫储能电池通常建在一个管状设计中，钠与硫通过化学反应将电能储存起来，当电网需要更多电能时，它会将化学能转化为电能释放出去。钠硫电池的正极为液态(熔融)的硫，负极为液态(熔融)的钠，两者通过固态氧化铝陶瓷分离开，电解质只允许正钠离子通过和硫结合形成多硫化物。放电时，带正电的钠离子通过电解质，而电子通过外部电路流动产生大约 2 V 的电压。充电时，整个过程逆转，多硫化钠释放正钠离子反向通过电解质重新结合为钠，如图 5-6 所示。整个电池正常工作温度需要保持在 300～350℃。

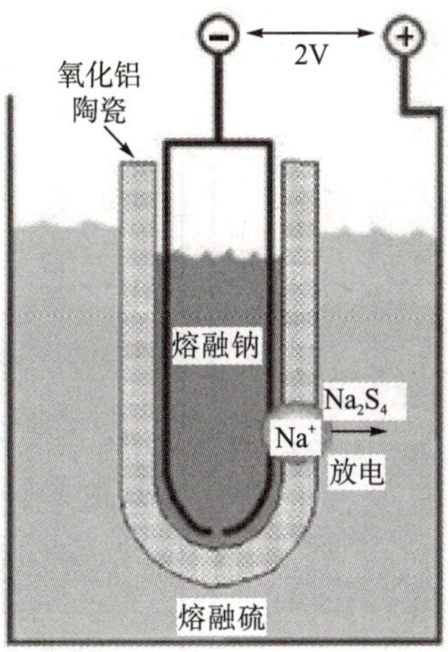

图 5-6　钠硫电池工作原理

钠硫电池的优点是单位质量或单位体积所具有的有效电能量高，可以在短时间内释放大量能量。典型的能量功率密度分别为 150～240 kW·h/m^3 和 150～230 W/kg，并且单元效率很高(75%～90%)，拥有的脉冲功率可达连续工作的六倍(脉冲时间可达 30 s)。这种特性使钠硫电池可同时用于提高电能质量和调峰，具有很好的经济性。但由于钠硫电池需要在高温下工作(300～350℃)，因此它的主要缺点是需要热源，使用电池自身存储的电能来维持系统温度，从而降低了电池的部分性能。典型的钠硫电池循环寿命周期约为 2500 次充放电循环。

钠硫电池由美国福特公司在 1966 年首先发明，初衷是用于电动汽车。但 20 世纪 70 年代末，由于钠硫电池需要的运行温度较高，在当时难以解决安全性和可靠性问题，而且镍氢电池、镍镉电池、锂离子电池等常温电池相继发明，取代了钠硫电池成为主流技术，使得当时定位作为车用电池的钠硫电池在大部分国家的研发出现停滞。从 20 世纪 80 年代开始，日本东京电力公司(TEPCO)开始与 NGK 公司合作开发将钠硫电池用于电力储能。2002 年起，NGK 公司开始钠硫电池的商业化，2010 年的年产能达到 150 MW，是世界上唯一能够提供商业化钠硫电池产品的企业。据统计，目前全球已经建成并投入使用的钠硫电池电站达 330 MW，而日本在电力系统中和负荷侧钠硫电池储能系统的总容量已超过 200 MW，在全球钠硫电池领域处于绝对领先地位。

3. 锂离子电池

锂离子电池分为液态锂离子电池(LIB)和聚合物锂离子电池(PLB)两类。它以含锂的化合物作正极(阴极)，如钴酸锂($LiCoO_2$)、锰酸锂($LiMn_2O_4$)或磷酸铁锂($LiFePO_4$)等二元或三元材料。负极(阳极)采用锂-碳层间化合物，主要有石墨、软碳、硬碳等。电解质由溶解在有机碳酸盐中的锂盐组成的，其工作原理如图 5-7 所示。充电时，锂原子变成锂离子通过电解质向碳极迁移，在碳极与外部电子结合后作为锂原子储存，放电时整个过程可逆。

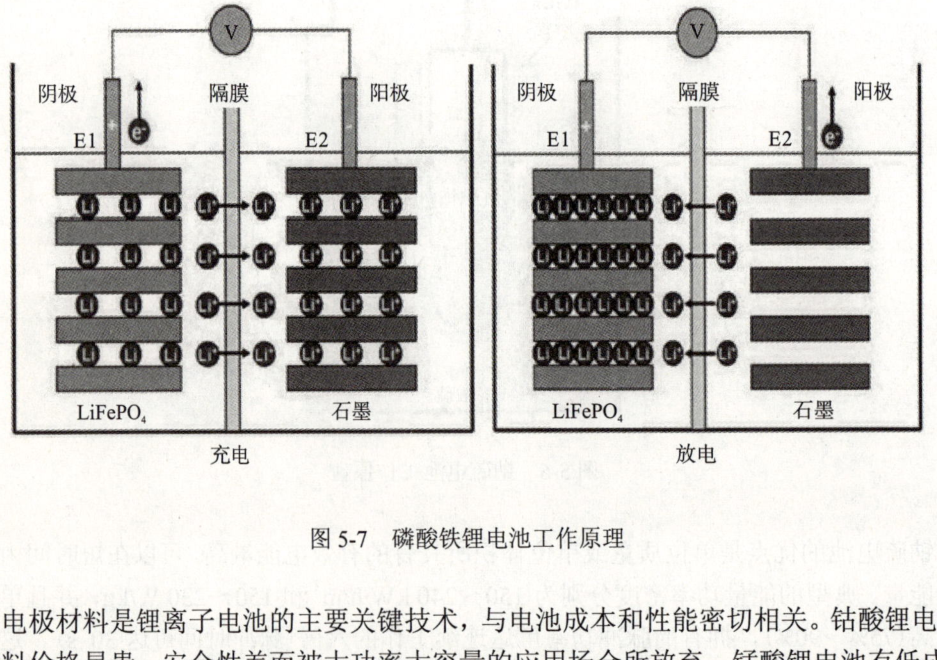

图 5-7 磷酸铁锂电池工作原理

电极材料是锂离子电池的主要关键技术，与电池成本和性能密切相关。钴酸锂电池由于材料价格昂贵、安全性差而被大功率大容量的应用场合所放弃。锰酸锂电池有低成本、高性能的优势，产品安全性较钴酸锂电池高，是热门的电动汽车电池备选技术。磷酸铁锂电池具有较稳定的氧化状态，安全性能好，高温性能好，同时又具有无毒、无污染、原材料来源广泛、价格便宜等优点，是目前最热门的电动汽车电池技术之一，也是电力储能系统的热门候选技术之一。

与其他传统蓄电池相比，锂离子电池具有比能量高、额定电压高、大电流放电能力强、高功率承受力、自放电率低等优点，其比能量(200 W·h/kg)为铅酸电池的 5 倍左右，单体工作电压为 3.2 V 或 3.7 V，循环寿命在浅充放模式下可以达到 3000～5000 次，储能效率可以超过 90%。但锂离子电池耐过充/放电性能差，组合及保护电路复杂，成本相对于铅酸电池等传统蓄电池偏高，这些因素制约了锂离子电池在大型动力和储能电池领域的应用。随着新能源汽车、可再生能源及分布式电站技术的发展，锂离子电池在新能源汽车、可再生能源接入及小型分布式电站方面的应用受到越来越多的关注。

4. 铅酸蓄电池

自从 1859 年法国物理学家普兰特(Plante)发明铅酸蓄电池以来，其已经有一百多年的历史，成为世界上不可或缺的电能供应设备。构成铅酸蓄电池的四个主要部分为电极板(阳极板与阴极板)、电解液、隔离板与外部的电槽，如图 5-8 所示。

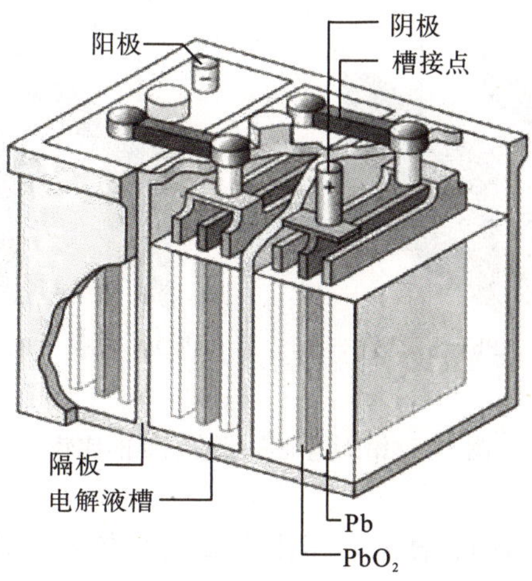

图 5-8　铅酸蓄电池结构

铅酸蓄电池的阴极为多孔性的二氧化铅(PbO_2)，阳极为海绵状的铅(Pb)。铅酸蓄电池在工作时，极板上面的活性物质与电解液中的硫酸发生化学变化而放出电子，每一单位(cell)至少可提供 2.04 V 的电压，其电化学全反应式为

$$\underset{\text{二氧化铅}}{\overset{\text{正极}}{PbO_2}} + \underset{\text{硫酸}}{\overset{\text{电解液}}{2H_2SO_4}} + \underset{\text{海绵状铅}}{\overset{\text{负极}}{Pb}} \underset{\text{充电}}{\overset{\text{放电}}{\rightleftharpoons}} \underset{\text{硫酸铅}}{\overset{\text{正极}}{PbSO_4}} + \underset{\text{水}}{\overset{\text{电解液}}{2H_2O}} + \underset{\text{硫酸铅}}{\overset{\text{负极}}{PbSO_4}}$$

铅酸蓄电池经过一百多年的发展，先后制成了胶体密封铅酸蓄电池和阀控式密封蓄电

池等。因其采用铅和硫酸等较低廉的原料，所以材料易得、价格低，此外还有无记忆效应、大电流放电性能好、技术成熟可靠等优点，故常用于电动车、电站备用电源、小型太阳能发电的电能储存、UPS 等。但其缺点也很明显：可用能量密度低(12 W·h/L)，循环效率也较低(45%)，循环寿命有限(不超过 1000 次)。目前铅酸蓄电池在蓄电池市场上占有很大的份额，总产值为全部化学电源总产值的一半左右，预计这种状态在未来 20～30 年仍将继续保持下去。

5. 铅碳电池

铅碳电池是将高比表面积碳材料(如活性炭、活性炭纤维、碳气凝胶或碳纳米管等)掺入铅负极中，发挥高比表面积碳材料的高导电性和对铅基活性物质的分散性，提高铅活性物质的利用率，有效地保护负极板，并抑制硫酸铅结晶长大。作为一种新型的超级电池，铅碳电池是铅酸电池和超级电容器两者技术的融合，既发挥了超级电容瞬间大容量充电的优点，又发挥了铅酸电池的能量优势，且拥有非常好的充放电性能，大大延长了电池寿命。铅碳电池和铅酸电池的比较如图 5-9 所示。

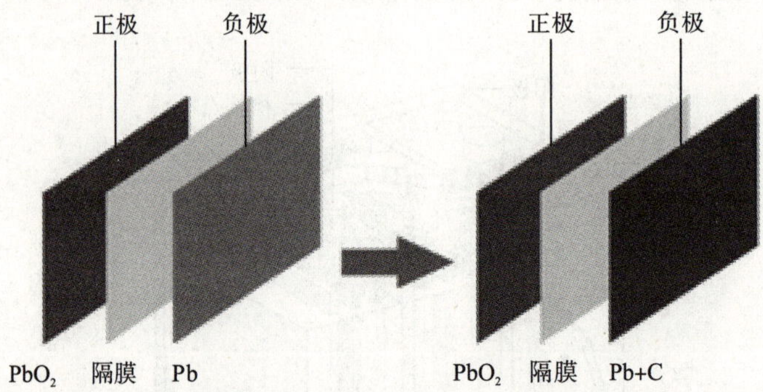

图 5-9　铅碳电池和铅酸电池的比较

铅碳电池是铅酸电池的创新技术，相比铅酸电池有诸多优势：①充电快，可提高 8 倍充电速度；②放电功率提高了 3 倍以上；③循环寿命可提高到 6 倍，循环充电次数达 2000 次；④性价比高，比铅酸电池的售价有所提高，但循环使用的寿命也大大提高；⑤使用安全稳定，可广泛地应用在各种新能源及节能领域。

5.1.3　电磁储能技术

1. 超导储能

超导储能系统(SMES)的原理是采用超导体材料制成线圈，并利用电流流过线圈生成的电磁场来存储电能，需要时再将电磁能返回电网或其他负载。其由超导线圈、功率调节系统(power conditioning system，PCS)、冷却系统等几大部分组成，如图 5-10 所示。

超导储能的优点明显，主要表现在功率大、损耗小、重量轻、体积小和反应快等。由于超导储能系统存储的是电磁能，在应用时无须能源形式的转换，因此系统的响应速度极快，这是其他储能形式无法比拟的。同时，它的功率密度极高，这就保证超导储能系统能够非常迅速地以大功率形式与电力系统进行能量交换。而且，由于超导线圈的电阻几乎为零，相应的电能存储在超导线圈中也几乎无损耗，效率可以超过 95%。此外，超导储能装置结构也较为简单，没有旋转机械部件以及密封的问题，在维护方面可以省去一些步骤，同时设备的使用寿命也较长。

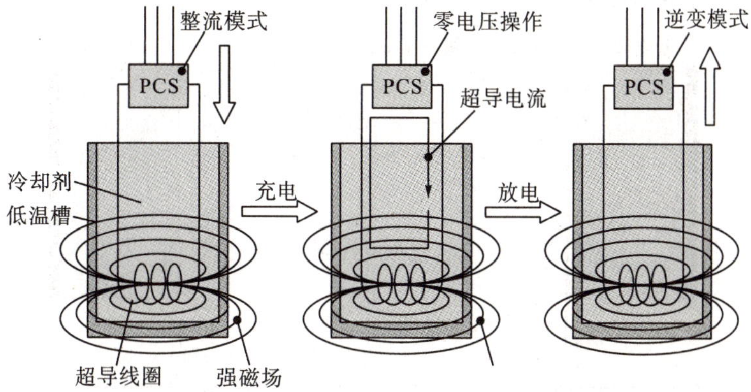

图 5-10　超导储能原理

总的来说，超导储能能量密度高、功率大、调节电压和频率快速且容易，维护步骤少、使用寿命长。其可用于降低甚至消除电网的低频功率振荡，还可以通过电力电子技术相关的换流器与外部电路快速交换有功和无功功率，用以提高电力系统稳定性并改善电能的品质。目前小型 SMES 已经商品化。

2. 超级电容储能

超级电容器也叫电化学电容器，是 20 世纪 60 年代发展起来的一种新型储能元件，1957 年由美国的 Becker 首先提出。其结构和电池的结构类似，主要包括双电极、电解质、集流体、隔膜等部件，如图 5-11 所示。

超级电容器按储能原理可分为双电层电容器和法拉第准电容器。双电层电容器的基本原理是利用电极和电解质之间形成的界面双电层来存储能量，当电极和电解液接触时，由于库仑力、分子间力或者原子间力的作用，使固液界面出现稳定的、符号相反的两层电荷，称为界面双电层。这种电容器的储能是通过使电解质溶液进行电化学极化来实现的，并没有产生电化学反应，其储能过程可逆。

法拉第准电容是在电极表面活体相中的二维或三维空间上，电活性物质进行欠电位沉积，发生高度可逆的化学吸附或氧化还原反应，产生与电极充电电位有关的电容。这种电极系统的电压随电荷转移的量呈线性变化，表现出电容特征，故称为“准电容”，是作为双电层型电容器的一种补充形式。法拉第准电容的充放电机理为：电解液中的离子(一般为 H^+或 OH^-)在外加电场的作用下向溶液中扩散到电极/溶液界面，而后通过界面电化学反应进入到电极表面活性氧化物的体相中。若电极材料是具有较大比表面积的氧化物，就会有相当多的这样的电化学反应发生，大量的电荷就被存储在电极中。放电时这些进入氧化物中的离子又会重新回到电解液中，同时所存储的电荷通过外电路释放出来。

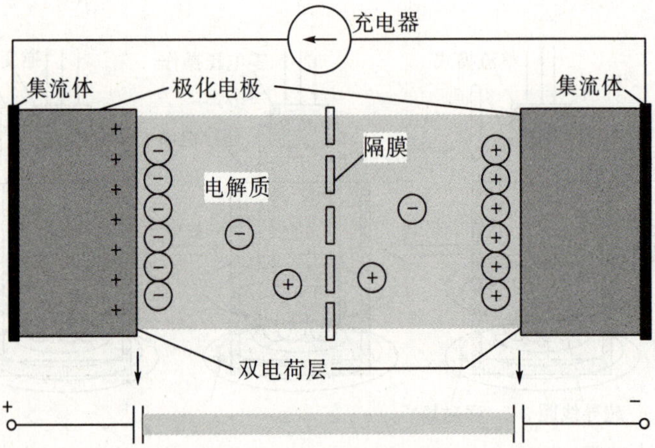

图 5-11　超级电容器结构图

在电极的比表面积相同的情况下，由于法拉第准电容的电容在电极中是由无数微等效电容电路的网络形式形成的，其电容量直接与电极中的法拉第电量有关，所以法拉第准电容的比电容是双电层电容器的 10～100 倍。

超级电容器是介于传统物理电容器和电池之间的一种较佳储能元件，其优越性表现在功率密度高、充放电循环寿命长、充电时间短、储存寿命长、可靠性高等方面，可广泛应用于混合电动汽车、不间断电源、通信、航空航天等领域。在产业化方面，日本、美国、俄罗斯处于领先地位，几乎垄断了整个超级电容器市场。总体上讲，我国超级电容器的研发水平与国外还有一定差距。

5.2　能源互联网中的储能

近年来，气候变化问题日益突出，已从单纯的环境保护问题上升为人类生存与发展问题。化石能源消费导致的碳排放是温室气体的主要来源，推进能源消费结构向低碳化和清洁化方向转型已成为全球重要共识。能源互联网主要是通过大范围的电网互联，使能源发展摆脱资源、时空和环境约束，并推动太阳能、风能、水电等可再生能源逐渐成为主导能源。能源互联网已获得越来越多的国家认同和积极响应。

能源转型和全球能源互联网的关键在于规模开发可再生能源，全球可再生能源资源十分丰富，特别是太阳能、风能。尽管可再生能源发展潜力巨大，但其不稳定性制约了大规模发展，并由此导致了弃风、弃光风潮。储能能够有效调节可再生能源发电引起的电网电压、频率及相位变化，是实现可再生能源大规模发电、并入常规电网的必要条件。

5.2.1　储能的作用

能源互联网中不同的应用模式对储能技术有不同的需求，储能在能源互联网中所起到的作用可归纳如下。

1. 推动新能源发电的发展

目前，全球范围内的可再生能源发电处于飞速增长的阶段，利用可再生能源发电供暖、制氢均是能源互联网中可再生能源利用的重要形式。然而，可再生能源出力具有强随机性和波动性，其大规模并网将显著增加电力系统功率不平衡的风险性，对电网的功率输送以及安全稳定运行带来较大的挑战。储能技术在推动新能源发电方面具体起到如下作用。

(1) 储能技术与可再生能源发电的联合，能够平滑可再生能源功率输出波动，减少随机性、提高可调度性，从而降低可再生能源对电力系统的冲击力度，提高跟踪计划出力的能力。

(2) 通过电网级储能应用可增强电网对可再生能源发电的适应性，提高可再生能源的接入能力。在此应用下，储能作为电网的可调度资源，具有更大的应用价值和应用空间。

(3) 对于高比例新能源发电电网，为提高综合能源利用效率，储氢、储热等单向的大规模储能技术，为冗余的新能源发电提供了其他能源形式转移途径，同时在长时间尺度，为广域能源互联网的运行提供支持。

储能技术在能源互联网中的应用极大地推动了可再生能源的发展，为建设以可再生能源为主导的电力系统建立坚实的技术基础。

2. 提高能源互联网的灵活性和稳定性

在能源互联网中，具有良好经济性的大容量储能技术主要通过以下几个方面来提高多元能源系统的灵活性和稳定性。

第一，储能技术有利于电网调峰调频。储能技术在提升电网调峰能力方面，根据电源和负荷的动态变化情况，储能系统可以及时可靠地响应调度指令，并根据指令改变其出力水平；在提高电网调频能力方面，可以降低因频繁切换而造成传统调频电源的损耗。目前，电网领域迫切需要低成本、大容量储能技术解决调峰调频的问题。

第二，储能技术能够改善供电质量和可靠性。当电网出现故障时，储能系统可以作为备用电源持续为用户供电，以提高电网的供电可靠性；储能系统还可作为可控电源对电网的电能质量进行治理，消除电压暂降、谐波等问题，同时降低主干网络扩容投入，节约扩容资金。

第三，储能技术可以提高社会应急能力。作为应急电源，储能系统的装机容量一般为10 kW～1 MW，充放电时间为3～5 h，对抗灾环境有很强的适应能力。电池储能技术非常适用于急电源领域，美国作为应急服务项目的储能系统多采用电池储能来实现。

3. 为多元能源系统能量管理和路径优化提供支持

对于多元能源互联网系统，管理者可根据价格信息合理安排各能源的生产与消费，降低系统运行成本，提高系统可靠性和运行经济性。可根据系统需求及储能系统的能量状态信息，合理安排储能的充放电功率，确保系统供需平衡。同时，系统中各转换元件的功率分配即系统潮流的分布将影响系统运行经济性和效率。储能的功率流方向和大小是系统潮流优化的重要控制变量，可使系统获得最优能量流路径。储能系统的安装布局、容量规划和充放电过程的优化对局域能源系统经济高效运行发挥着重要作用，反过来则要求储能系统具有动态响应系统运行状态的能力、较高的能量转换效率以及适宜的安装条件。

4. 提高电网运行经济性和推动能源交易模式变革

能源互联网系统通过引入储能环节后，可以有效地实现需求侧管理，消除昼夜间峰谷差，平滑负荷，从而提高电力设备的利用效率，降低供电成本。例如，大规模储热技术在解决风电、光伏等新能源发电的弃风、弃光问题中可起到重要作用。在寒冷地区的冬季供热期间，为满足供热负荷，火电机组的调峰能力骤减，电网接纳风电空间能力不足，引发高比例的弃风现象，在可再生能源发电位置就近接入电锅炉供热、蓄热装置或在热电机组处配置储热装置，可以改善可再生能源发电的利用形式、提高热电机组运行灵活性和调峰能力，减少弃风、弃光现象，提高电网运行经济性。

储能环节的引入不仅能够提高电网运行的经济性，还能推动能源交易模式的变革。传统的单向能源交易模式将发生变革，能源的生产者和消费者都将参与到市场竞争中，且生产者和消费者作为交易主体，其角色可相互转换。理想的能源交易市场不仅可促进能源在局部区域的优化分配，也可在广域范围内提升资源配置效率，使电能与其他形式能源形成合理高效的分配格局。对于大型的能源供应商，可利用大规模储能技术实时响应市场价格变动，促进资源合理分配和布局。同时，分布式储能的存在改变了用户与能源供应商之间固有的供需关系，使用户具有自由选择参与或退出市场的权利。外部能源成本高时，用户倾向于脱网；外部能源成本低时，用户购买电网电能。

此外，储能技术提供了用户参与能源交易的可能性，用户根据自身能源需求，结合储能的配置情况，向能源市场定制能源。在某些时段，还可以生产者的角色向能源市场提供可靠的能源供给。锂离子电池储能、全钒液流电池等多种电池储能技术，结合电力电子技术，均可在用户侧得到应用，实现可靠供电，改善电能质量，节省用户电能电费支出。

在电力市场机制下，储能的经济性对能源互联网的构建将起到关键性作用。

5.2.2　储能的应用

1. 储能在能源互联网架构上的两种应用模式

储能技术已被视为电力系统“发—输—变—配—用”环节中的重要组成部分。在能源互联网中，储能的作用将进一步得到扩展。在能源互联网架构的基础上，储能在能源互联网分为两种应用模式：广域能源网应用和局域能源网应用。

在广域能源骨干网络中，利用大规模储能技术协调集中式能源生产，参与广域能量管理，为大规模能源生产和传输提供“能量缓冲”，为系统广域能量调度提供支撑，维持系统供需平衡。大容量储能的运营主体直接参与能源市场交易，根据能源市场价格变动灵活购入或卖出能量，或提供调节服务。

在局域能源网中，储能与能源转换装置相互配合共同维持系统经济高效运行，局域能源网管理系统根据储能的状态及供需预测信息，结合能源价格信息，对局域网内能源的生产和消耗进行决策，从能源市场购入或卖出能量。在虚拟能源站应用中，由于难以对各分散生产者的行为进行预测，对分布式电源、电动汽车等聚合管理具有较大难度。但在储能的作用下，分散的能源生产者具有更可信的能源供应能力，并使其具备参与能源市场交易的条件。

2. 储能技术在能源互联网的应用

在全球能源互联网框架下，“一极一道”会设立若干风电、太阳能等可再生能源发电基地，这就要求储能技术解决以下三个方面问题：第一，平滑风电、太阳能等可再生能源发电的波动性和间歇性，降低其对电力系统的冲击；第二，克服风、光功率预测偏差，使可再生能源电力跟踪计划出力；第三，突破风、光资源限制，提高设备利用率，增加电站发电小时数。

电网领域迫切需要大容量储能技术解决调频、调峰的问题，提高其供电可靠性及电能质量。具体来说：在提高电网调频能力方面，降低因频繁切换而造成传统调频电源的损耗；在提升电网调峰能力方面，根据电源和负荷的变化情况，及时可靠响应调度指令，并根据指令改变其出力水平；在提高配电网的供电可靠性方面，当配网出现故障时，作为备用电源持续为用户供电；在改善电能质量方面，作为系统可控电源对配电网电能质量进行治理，消除电压暂降、谐波等问题。

对于能源用户侧需求管理来说，通过电能的储存技术，例如电池储能技术，可满足其对于重要负荷的供电可靠性要求和电能质量要求。而以满足用户热能需求为主要目的的电储热技术，能够以热能的形式将谷电和弃风电存储起来，在用户需要的时候释放出来，降低用户对化石能源的消耗。

综上所述，储能技术应用需求分析见表 5-2，其中，对储能配置的规模容量、释能时间、循环次数和响应时间做了汇总。

表 5-2 储能技术应用需求分析

序号	应用	输出(电、热)	规模/MW	释能时间	循环次数	响应时间
1	季节储能	电、热	500～2000	30～180 d	(1～5)/a	1 d
2	峰谷电价差获利	电	100～2000	8～24 h	(0.25～1)/d	1 h
3	调频	电	1～2000	1～15 min	(20～40)/d	<1 min
4	负荷追踪、爬坡控制	电、热	1～2000	15 min～1 d	(1～29)/d	<15 min
5	电压支撑	电	1～40	1～60 s	(10～100)/d	1 ms～1 s
6	黑启动	电	0.1～400	1～4 h	1/a	<1 h
7	缓解输、配网电力措施	电、热	10～500	2～4 h	(0.14～1.25)/d	>1 h
8	缓解电力设施建设	电、热	1～500	2～5 h	(0.75～1.5)/d	>1 h
9	削峰填谷	电、热	0.001～1	1 min～8 h	(1～29)/d	<15 min
10	离网系统	电、热	0.001～0.01	3～5 h	(0.75～1.5)/d	<1 h
11	可再生能源发电	电、热	1～400	1 min～8 h	(0.5～2)/d	<15 min
12	余热利用	热	1～10	1 h～1 d	(1～20)/d	<10 min

1) 电网调峰调频

电力系统调峰电源需要根据负荷变化情况出力，以维持电力系统电压和频率的稳定。电网希望调峰电源能够根据调度指令快速、及时投入、切出系统，并改变其出力水平。传统旋转调频电源由于惯性和控制精度问题，会出现延迟与偏调等情况，而且火电机组参与调频会降低其经济运行效率，并不是理想选择。

储能技术在提高电网调频能力方面，可以降低因频繁切换而造成传统调频电源的损耗；在提升电网调峰能力方面，根据电源和负荷的变化情况，储能系统可以及时可靠地响应调度指令，并根据指令改变其出力水平。电网一次或二次调频的储能项目一般装机容量在 1 MW 以上，充放电时间在 1～15 min，平均每天循环 10～40 次，响应时间在 1 min 之内。用于调峰(三次调频)的储能项目，一般装机容量在 10 MW 以上，充放电时间在 1～4 h，平均每天循环 1～3 次，响应时间要求不高，在 1 h 内投入即可。

抽水蓄能、压缩空气储能可以满足上述调峰要求。目前建设的电网峰谷平衡储能项目主要以抽水储能为主。在“十二五”期间，中国抽水蓄能电站建设规模持续扩大，设计、施工和机组设备制造水平不断提升，已形成较为完备的规划、设计、建设和运行管理体系，相继建成了广州、十三陵、天荒坪、泰安、西龙池、惠州、响水涧、仙游等一批具有世界先进水平的抽水蓄能电站。到 2014 年年底，我国已建成 27 座抽水蓄能电站，投产容量 22.14 GW，占中国电力总装机的 1.6%。2015 年 11 月，中国核准建设的单机容量最大、净水头最高、埋深最大的抽水蓄能电站——广东阳江抽水蓄能电站——开始正式启动建设。

用于电网调峰的压缩空气储能，一般是在电网负荷低谷期将电能用于压缩空气，将空气高压密封在特定的空间存储，如报废矿井、沉降的海底储气罐、山洞、过期油气井等，在电网负荷高峰期释放压缩空气来推动燃气轮机发电。压缩空气储能系统是一种能够实现大容量和长时间存储电能的电力储能系统，在综合效益方面与抽水蓄能相近；缺点是必须找到合适的储蓄洞，需要燃气。德国于1978年建立的290 MW发电厂将压缩空气储存在盐坑中，储存8 h的压缩空气，足够使发电机全力运行2 h，效率在42%，主要用于热备用和平滑负荷。美国于1991年建立的发电厂将压缩空气储存在地下450 m的废盐矿中，可以为110 MW的汽轮机连续提供26 h的压缩空气。

虽然抽水蓄能和压缩空气是大规模电网调峰的首选储能方式，但两者都受到严格的地理条件限制，推广范围有限。氢储能是另一种储能方式，可以应用于电网的发电、输电和配电端，用于调峰调频。储氢系统利用电解水技术得到氢气，将氢气存储于储氢装置中，再利用燃料电池技术将存储的能量回馈到电网，或将氢气通过管道输送，直接应用到氢气产业链中。欧洲有多个配合新能源接入使用的储氢系统示范工程：德国在普伦茨劳市建立了风能-氢能混合动力发电厂；意大利在普利亚地区建设了39 MW·h的储氢系统；法国在科西嘉岛建设了200 kW的储氢系统，提高了光伏发电利用率；挪威在西海岸建设了55 kW的制氢和10 kW的氢发电系统。

相对抽水蓄能而言，电池储能的方式用于集中式大规模电网调峰，目前成本还是太高，但是电池储能技术比较适合应用于百千瓦至数十兆瓦级别的电网调频，其调频效果是水电机组的1.7倍，远优于火电机组。铅酸电池、液流电池、锂离子电池等都有典型的示范应用。2015年6月，东芝公司发布在日本本州为东北电力公司提供40 MW锂离子电池储能系统的计划，同月NEC提出为Amerigin提供60 MW的锂电池系统用于调频。

2)平滑可再生能源发电波动

世界范围内的能源结构正在发生变化，用于发电的能源中化石燃料的比例在慢慢降低，包括风能、太阳能在内的可再生能源发电将会持续发展。据2014年预测，到2020年我国累计并网风电装机将达200 GW，太阳能发电装机将达50 GW。

大容量电池储能技术应用于风电、光伏发电，能够平滑功率输出波动，降低其对电力系统的冲击，提高电站的跟踪计划出力的能力，为可再生能源电站的建设和运行提供备用能源。高温储热技术应用于光热发电，可以平抑光照条件不稳定带来的输出不稳定，提高电站的可调度能力。典型的示范应用包括2014年8月在辽宁建设的10 kV电压等级、30 MW/120 MW·h的电热—相变储热系统和风电—储热联合调度系统示范工程；在内蒙古建设实现热电联产机组热电耦合的20 MW/20 MW·h中温相变储热示范工程和基于热电解耦的电网风电消纳协调控制系统示范工程。

3)改善配电质量和可靠性

电力重要负荷对供电可靠性和电能质量有严格要求，一级负荷不允许停电，二级负荷不允许长时间停电。当电力系统出现故障时，需要有备用电源持续为用户供电，而且要防止负荷向电网回馈谐波等电能质量问题。在提高配电网的供电可靠性方面，当配电网出现故障时，储能系统可以作为备用电源持续为用户供电；在改善电能质量方面，作为系统可控电源对配电网的电能质量进行治理，消除电压暂降、谐波等问题，同时降低主干网络扩容投入，节约扩容资金。

用于提高配电网可靠性和电能质量的储能项目一般装机容量在兆瓦以上，充放电时间为几分钟至几小时不等，响应时间要求很高，如做电压支撑的电源响应时间在毫秒级。电池储能、飞轮储能、超级电容器技术以及氢储能可广泛应用于配电领域。

电池技术的应用能够对电网电能质量做出快速的判断和处理，美国的众多配电服务项目中都是采用电池储能技术来实现。相对于电池储能，超级电容器能量密度很低，但是超级电容器工作温度范围宽，充放电速度快，往往可以反复充放电至数十万次。因此，超级电容器储能适用于需要提供短时较大的脉冲功率场合，如应对电压暂降和瞬时停电、抑制电力系统低频振荡等。

4) 基站、社区或家庭备用电源

各种电池技术可以应用于用户侧。电池结合电力电子技术能够为用户提供可靠的电源，改善电能质量，还可以利用峰谷电价差价，为用户节省开支。随着能源互联网的发展，可以考虑为可能遭受灾害袭击的区域和重要用电场所配置应急电源，减少次生灾害发生，提高社会的整体应急能力。例如，在美国东西海岸，尤其是东海岸地区，电网公司正在积极投资建设储能设施。因为这些地区容易受到飓风影响，储能设施可以让电网更有弹性，在对抗飓风时更稳定。

5) 分布式微电网储能

微电网可被看作电网中的一个可控单元，可在数秒内反应来满足外部输配电网络的需求，增加本地可靠性，降低馈线损耗，保持本地电压或者提供不间断电源。储能系统具有动态吸收能量并适时释放的特点，作为微电网必要的能量缓冲环节，储能系统可以改善电能质量、稳定组网运行、优化系统配置、保证微电网安全稳定运行；还可以克服微电网惯性小、抗干扰能力弱等问题，有效弥补风力发电和光伏发电等可再生能源发电的间歇性对系统造成的影响，使得可再生能源输出功率具有一定可预测性和可调度性。

微电网系统的储能装置能够做到以下几点：①在离网且分布式电源无法供电的情况下提供短时不间断供电；②能够满足微电网调峰需求；③能够改善微电网电能质量；④能够完成微电网系统黑启动；⑤平衡间歇性、波动性电源的输出，对电负荷和热负荷进行有效控制。

要实现微电网的稳定控制、电能质量改善和不间断供电等多重功能，储能不仅要具备短时高功率支撑能力，还需提供较长时间能量支撑。这就需要将能量型储能技术与功率型储能技术结合，形成稳定可靠的复合储能系统。用于微电网的储能项目一般装机容量在1～100 kW，充放电时间在3～5 h，每天循环1次左右，响应时间为分钟级。

目前中国有接近一半的新型储能项目都应用在微电网领域，可见储能在微电网中的应用有很大的市场潜力。电池储能、氢储能、压缩空气储能、飞轮储能等储能方式可以满足微电网储能的不同技术要求。

6) 电动汽车 VEG 模式的供能系统

目前推广的新能源汽车充电站/充电桩的充电模式很难满足电动汽车大规模快速充电的需求，因此，发展电动汽车能量站(vehicle-energy station，VEG)模式具有很大的市场潜力。在 VEG 模式中，电动汽车安装了能够安全快速充电的动力电池，充电方式由用户自己选择：可以在能量站快充，也可以在停车场或家庭车库进行慢充。分布式能量站类似于现在的加油站，能量站安装有低成本、长寿命的 MW 级储能电池系统，能够从电网充电储存电量后，给电动汽车快速充电。同时，能量站能够与电网互动，用于电力调峰或调频。电动汽车 VEG 模式示意如图 5-12 所示。

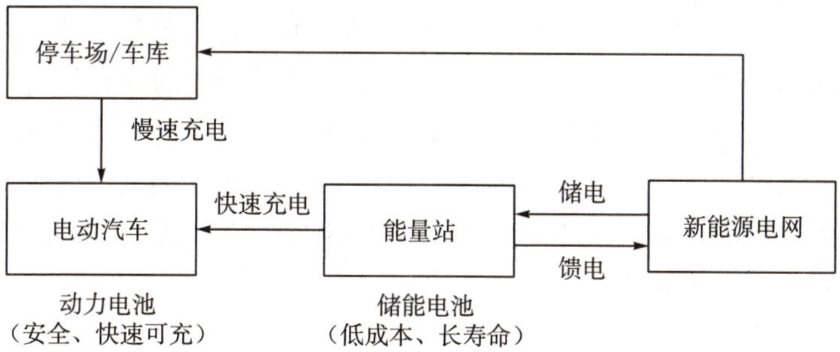

图 5-12　电动汽车 VEG 模式示意图

到 2020 年，我国各种类型的电动汽车累计有可能达到 500 万辆，届时电动汽车充电负荷将成为电力系统重要的新增负荷。推广基于电动汽车 VEG 模式的电动汽车储能电站将有效平抑电动汽车充电负荷对电网的冲击，同时提升分布式可再生能源发电并网规模，降低电动汽车用户充电成本。

5.3　全球能源互联网储能配置方案

基于全球能源互联网构想，当连接“一极一道”的大型能源互联网建成后，使相隔甚远的北极风力发电基地、赤道太阳能发电基地和六大洲各个用电负荷中心，通过特高压输电网络连接，这种网源分布不均所造成的矛盾将会更加突出。在全球能源互联网运行过程中，为了避免海量的多余电力或者能源缺口出现，必须选择适宜的储能方式将能源进行存储。根据可再生能源发电基地与负荷中心情况，全球能源互联网的储能配置方案见表 5-3。

表 5-3　全球能源互联网储能配置方案

区域	储能	连通区域
北美洲	风能基地(北冰洋海岸)、太阳能发电基地(太平洋海岸)、电池、氢储能、压缩空气	亚洲、欧洲
南美洲	太阳能发电基地(中部沿大西洋地区)、抽水蓄能(西部山地)、储热、电池、压缩空气	北美洲
欧洲	风能基地(北冰洋海岸)、电池、氢储能、压缩空气、	北美洲、非洲、亚洲
非洲	太阳能发电基地(沿海地区)、储热、电池、压缩空气、	欧洲、亚洲
亚洲	抽水蓄能(中国西南地区)、太阳能发电基地(西亚及东南亚地区)、氢储能、电池、	欧洲、非洲、大洋洲
大洋洲	太阳能发电基地(澳大利亚沿海地区)、压缩空气、储热、电池	亚洲

5.3.1 可再生能源基地储能配置方案

在表 5-13 中，处于北极附近的大型风电基地需要配置大容量储能，储能方式为功率型的电池储能和能量型的氢储能，或压缩/液化空气储能组成的混合储能方式。配置容量需要综合考虑风电基地的装机规模、可再生能源资源情况与波动特性、储能系统的作用(平滑输出、跟踪计划出力或保证全天供电)等因素。在赤道附近的太阳能发电基地，需要为光伏电站配置大容量混合储能系统，且为光热电站配置大容量储热系统。这些储能系统能够很大程度上解决可再生能源电力的波动性、间歇性问题。

5.3.2 输电网络附近的储能配置方案

特高压输电网络连接着发电基地与负荷中心，在输电网络附近配置储能系统，可有效调节网络的输送能力。氢储能技术可以通过电解水获得氢气，而氢气是可以通过管道输送的高品位能源。美国普林斯顿大学的奥格登(Ogden)等提出，氢气可以通过天然气管网与天然气混合输送到能源用户端，庞大的管网容量也是良好的储氢容器，因此可以因地制宜建立制氢消纳风电系统。在全球能源互联网体系下，可以寻找特高压线路与洲际天然气管网的交汇点，通过氢储能技术，将氢气通过天然气管网送入负荷中心。表 5-3 中亚欧特高压线路和北美特高压线路上设置的氢储能装置，就是利用天然气管网分别将氢气送入亚洲负荷中心和北美负荷中心。

5.3.3 各大洲负荷中心的储能配置方案

在各大洲的负荷中心，需要考虑电网和用户的多重需求，配置大容量混合储能系统。在电网环节，要综合考虑电网的峰谷差、频率、电压等电能质量变化范围、供电容量等因素；在用户环节，要综合考虑用户负荷容量、能量需求类型、电能质量特点、供电可靠性、经济性等因素。

抽水蓄能和压缩空气储能需要结合当地的地理与自然条件情况，因此在非洲、大洋洲等干旱地区未配置抽水蓄能储能，而普遍配置地面压缩空气储能和电池储能。氢储能系统与化工厂、高精度装备加工企业等氢用户相结合，通过电力输送的方式，将能源送入用户，就地制取高品质氢能，其相比通过卡车运送高压罐装氢气的方式更为经济，在满足用户用氢需求的同时，储氢系统也成为优质的大容量可调度负荷。

储热系统与居民集中供暖、工业连续用热用户结合，替代城市燃煤供热锅炉和退役热电机组，通过电力输送的方式，将能源送入用户。利用谷电、弃风、弃光等廉价电力，通过电-热的方式为用户提供高品质热能，同时也可为电力系统削峰填谷、消纳可再生能源电力发挥巨大作用。而在电网与热网的交汇处，建立分布式储热系统，则能够更灵活、有效地进行电力消纳与热能利用。

5.4 能源互联网中储能发展趋势

随着电力体制改革的推进，电网运营模式和角色将发生改变，电力市场化交易机制、发电和售电企业的多元化发展、分布式电源的大量应用、需求侧管理手段的革新都为储能的应用提供了契机。储能在可再生能源并网领域、大型工商业用户、微电网以及辅助服务市场中将有望大规模应用。未来的能源互联网中将出现提供综合能源服务提供商的售电公司、分布式能源管理式的虚拟发电厂，以及基于大数据平台的互动能源交易系统，能源互联网将催生出大量新型商业模式，这些商业模式对储能的推广应用将起到关键性作用。

能源互联网中储能发展趋势主要集中在以下方面。

(1) 能源互联网的架构和运行模式。划分能源互联网中储能技术应用领域，研究电化学储能、储热和储氢等各类型储能技术在各领域及应用场景的适用性。

(2) 能源互联网中储能在电力辅助服务、微电网、分布式发电以及分布式电源虚拟发电厂中的作用。研究电力辅助服务定价和交易机制对储能应用经济性的影响，分析与传统电源、需求侧管理等传统手段的竞争能力，评估电价、补贴等对储能应用经济性的影响。电动汽车大规模推广应用背景下，退役动力电池在能源互联网中梯次利用的经济性和适用场景分析，解决动力电池在能源互联网中的二次利用问题。

(3) 智慧城市、社区等局域能源网的储能应用。研究储能在智慧城市、社区多能源供应等能源互联网场景中，储电、储冷、储热和储氢与热电联供机组、热泵和燃料电池等能源转换设备的匹配方式，探讨储能应用方案，研究储能在局部能源交易系统中的运行模式。

(4) 能源互联网将从根本上解决弃风、弃光等现存问题，采用新能源发电制氢、制热是解决新能源发电消纳作用的重要途径。分析储能在提高大规模新能源利用效率和节能减排效益方面的作用和影响，研究对各类储能技术的定量需求与运行模式。

(5) 电力体制改革趋势下，研究能源供应模式和商业运行模式可能产生的变革，分析储能市场化应用的影响因素，研究储能技术发展对外界政策和市场环境的需求。

能源互联网将从根本上解决大规模可再生能源发电消纳、发供用电瞬时平衡等问题，实现局域多能源系统灵活高效和经济运行、能源市场自由交易等功能，为储能技术带来发展机遇。以不同技术特点为特征的电化学储能、储热、氢储能和电动汽车等储能技术类型将在能源互联网中发挥重要作用。

第 6 章 电动汽车与 V2G 技术

交通行业是化石能源消耗的大户。随着电池技术的成熟及其成本的降低，以电动汽车为主要代表的电气化交通正在蓬勃发展，电力系统与交通系统的耦合程度将会逐步增强，作为电气化交通系统核心的电动汽车将成为能源互联网的重要组成部分。

6.1 纯电动汽车

电动汽车是指以动力电池为能量源、全部或部分由电机驱动的汽车。从 20 世纪 70 年代全球三次石油危机爆发后，各跨国汽车公司先后开始研发各种类型的电动汽车。我国也在研发电动汽车的专项上投入了大量人力、物力和财力，并取得了一系列成果。

现代电动汽车一般可分为三类：纯电动汽车(EV)、混合动力汽车(HEV)、燃料电池电动汽车(FCEV)。近几年在传统混合动力汽车的基础上，又派生出一种插电式(Plug-In)混合动力汽车，简称 PHEV。如图 6-1 所示。

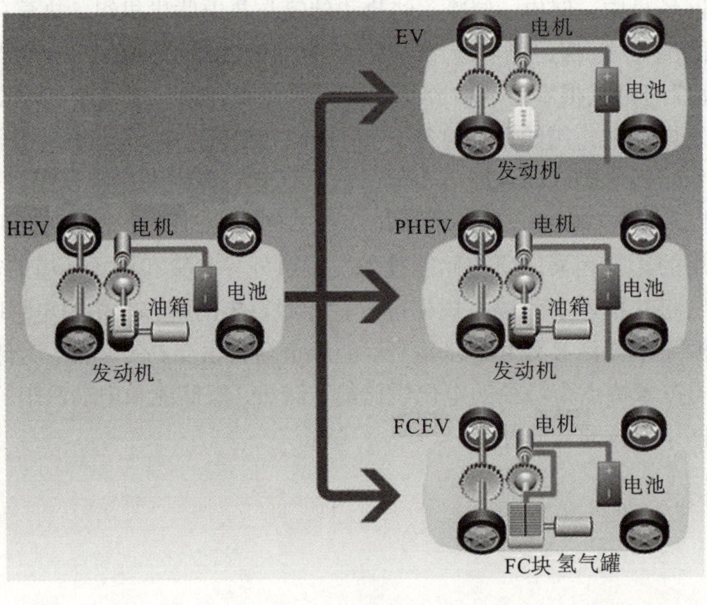

图 6-1 现代电动汽车分类

相对于混合动力汽车和燃料电池汽车，纯电动汽车以电动机代替燃油机，噪声低、无污染，发电机、油料及传动系统少占的空间和重量可用以补偿电池的需求。且因使用单一的电能源，电控系统相比混合电动车大为简化，降低了成本。由于纯电动汽车拥有较大的动力电池容量，具有与能源互联网更大的交互潜力，因此以下分析以纯电动汽车为主。

6.1.1　基本组成

纯电动汽车主要由电力驱动系统、汽车底盘、车身以及各种辅助装置等组成。除了动力电池和电力驱动控制系统外，其他部分的功能及结构组成基本与传统汽车相同，不过有些部件根据所选的驱动方式不同，已被简化或省去了。所以动力电池、电力驱动控制系统决定了整个纯电动汽车的结构组成及其性能特征，是纯电动汽车的核心。纯电动汽车的基本结构如图 6-2 所示。

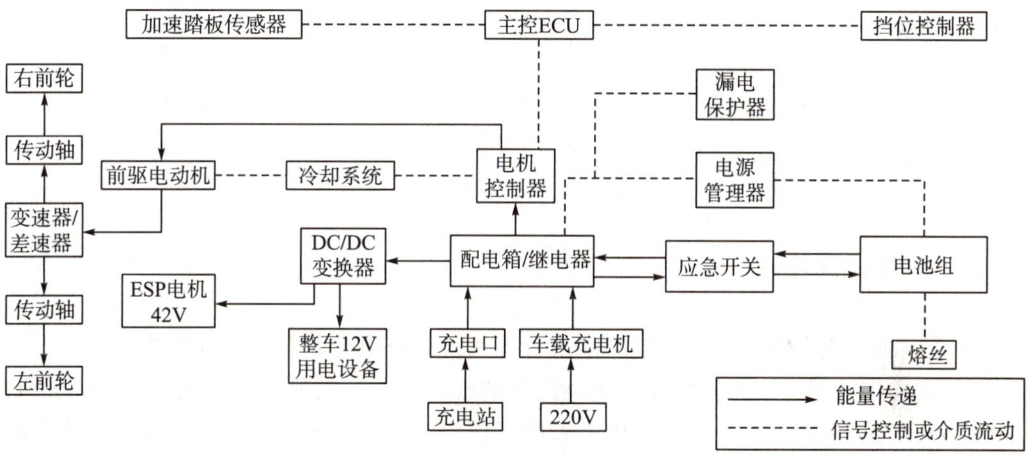

图 6-2　纯电动汽车的基本结构图

与燃油汽车相比，纯电动汽车非常灵活，这种灵活性源于纯电动汽车具有以下几个特点：其一，纯电动汽车的能量主要是通过柔性电线而不是通过刚性联轴器和转动轴传递的，因此，纯电动汽车各部件的布置具有很大的灵活性。其二，纯电动汽车驱动系统的布置不同，如独立的四轮驱动系统和轮毂电动机驱动系统等，会使系统结构区别很大；采用不同类型的电动机，如直流电动机和交流电动机，会影响到纯电动汽车的重量、尺寸和形状；不同类型的储能装置，如动力电池，也会影响纯电动汽车的重量、尺寸及形状。另外，不同的能源补充装置具有不同的硬件和机构，例如，动力电池可通过感应式或接触式充电机充电，或者采用更换方式，将替换下来的动力电池进行集中充电。

6.1.2　电力驱动系统

电力驱动系统的组成如图 6-3 所示，可划分为车载电源模块、电力驱动主模块和辅助模块三大部分。

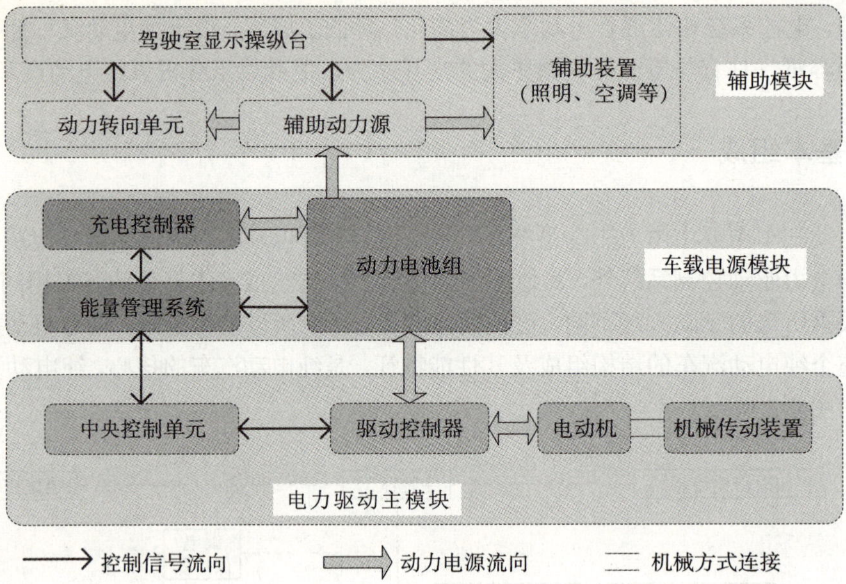

图 6-3　电力驱动系统的组成

1. 车载电源模块

车载电源模块主要由动力电池、能量管理系统和充电控制器三部分组成。

(1)动力电池组。动力电池是纯电动汽车的唯一能源，它除了供给汽车驱动行驶所需的电能外，也是供应汽车上各种辅助装置的工作电源。电动机驱动一般要求为高压电源，并且所采用的电动机类型不同，其要求的电压等级也不同。为满足该要求，可以用多个动力电池串联成 72～800 V 高压直流电池组，再通过 DC/DC 转换器供给辅助装置所需的不同电压。也可按所需要的电压等级，直接由动力电池组合成不同电压等级的电池组。

(2)能量管理系统。能量管理系统的主要功能是在汽车行驶中进行能源分配，协调各功能部分工作的能量管理，使有限的能量源最大限度地得到利用。能量管理系统与电力驱动主模块的中央控制单元配合在一起控制发电回馈，使纯电动汽车降速制动和下坡滑行时进行能量回收，从而有效地利用能源，提高纯电动汽车续程能力。能量管理系统还需与充电控制器一同控制充电。通常为提高动力电池性能的稳定性和延长使用寿命，需要实时监控电源的使用情况，对动力电池的温度、内阻、电池端电压、当前电池剩余电量、放电时间、放电电流或放电深度等状态参数进行检测，并按动力电池对环境温度的要求进行调温控制，通过限流控制避免动力电池过充过放，对有关参数进行显示和报警。其信号流向辅助模块的驾驶室显示屏幕，以便驾驶员随时掌握并配合其操作，按需要及时对动力电池充电并进行维护保养。

(3)充电控制器。充电控制器是把电网供电制式转换为对动力电池充电要求的制式，即把交流电转换为相应电压的直流电，并按要求控制其充电电流。充电器开始时为恒流充电阶段。当电池电压上升到一定值时，充电器进入恒压充电阶段，输出电压维持在相应值，充电器进入恒压充电阶段后，电流逐渐减小。当充电电流减小到一定值时，充电器进入涓流充电阶段。还有的采用脉冲式电流进行快速充电。

2. 电力驱动主模块

电力驱动主模块主要由中央控制单元、驱动控制器、电动机、机械传动装置组成。为适应驾驶员的传统操作习惯，纯电动汽车仍保留了加速踏板、制动踏板等。不过在纯电动汽车上是将加速踏板、制动踏板的机械位移量转换为相应的电信号，输入到中央控制单元来对汽车的行驶实行控制。

(1) 中央控制单元。中央控制单元不仅是电力驱动主模块的控制中心，也要对整辆纯电动汽车的控制起协调作用。它根据加速踏板与制动踏板的输入信号，向驱动控制器发出相应控制指令，对电动机进行起动、加速、降速、制动控制。在纯电动汽车降速和下坡滑行时，中央控制器配合车载电源模块的能量管理系统进行发电回馈，使动力电池反向充电。对于与汽车行驶状况有关的速度、功率、电压、电流及有关故障诊断等信息还需传输到辅助模块的驾驶室显示屏进行相应的数字或模拟显示。

(2) 驱动控制器。驱动控制器功能是按中央控制单元的指令、电动机的速度和电流反馈信号，对电动机的转速、驱动转矩和旋转方向进行控制。驱动控制器与电动机必须配套使用，目前对电动机的调速主要采用调压、调频等方式，这主要取决于所选用的电动机类型。由于动力电池以直流电方式供电，所以对直流电动机主要是通过 DC/DC 转换器进行调压调速控制；而对于交流电动机需通过 DC/AC 转换器进行调频调压矢量控制；对于磁阻电动机通过控制其脉冲频率来进行调速。当汽车进行倒车时，需通过驱动控制器使电动机反转来驱动车轮反向行驶。当纯电动汽车处于降速和下坡滑行时，驱动控制器使电动机运行于发电状态，电动机利用其惯性发电，将电能通过驱动控制器回馈给动力电池，所以驱动控制器与动力电池的电能流向是双向的。

(3) 电动机。电动机在纯电动汽车中被要求承担电动和发电的双重功能，即在正常行驶时发挥其主要的电动机功能，将电能转化为机械旋转能；而在降速和下坡滑行时又被要求进行发电，将车轮的惯性动能转换为电能。对电动机的选型必须根据其负载特性确定，通常汽车在起步和上坡时要求有较大的起动转矩和短时过载能力，并有较宽的调速范围和理想的调速特性，即在起动低速时为恒转矩输出，在高速时为恒功率输出。电动机与驱动控制器所组成的驱动系统是纯电动汽车中最为关键的部件，纯电动汽车的运行性能主要取决于驱动系统的类型和性能。

(4) 机械传动装置。纯电动汽车传动装置的作用是将电动机的驱动转矩传输给汽车的驱动轴，从而带动汽车车轮行驶。由于电动机本身就具有较好的调速特性，其变速机构可被大大简化，最多为放大电动机的输出转矩采用一种固定的减速装置，所以该驱动方式也可被称为“零传动”方式。

3. 辅助模块

辅助模块包括辅助动力源、动力转向单元、驾驶室显示屏和各种辅助装置等。各个装置的功能与传统汽车基本相同。不过选用时应考虑到纯电动汽车能源不富裕的特点，特别是空调所消耗的能量比较大，应尽可能从节能方面考虑。另外，对于有些装置可用液压或电动两种方式来控制的，一般选用电动控制较为方便。

6.2 动力电池

动力电池学术界至今没有明确定义。但全球电动汽车行业基本约定：为电动汽车提供驱动动力的电池被称为动力电池。动力电池技术是电动汽车的关键技术，分为功率型动力电池(混合动力汽车)和能量型动力电池(纯电动汽车)。功率型动力电池需要短时间大电流充放电(短时间提供大能量)、电池浅充浅放；能量型动力电池强调大能量均匀提供汽车较长时间行驶的动力，电池深充深放。

从新能源汽车发展历程来看，动力电池经历了三个发展阶段：铅酸蓄电池、镍氢电池和锂离子电池。其中铅酸蓄电池已经逐渐被淘汰，镍氢电池技术发展得最为成熟，而目前锂离子电池占据了主流的电池应用市场，是未来的重点发展对象。此外，燃料电池的大规模应用也是新能源汽车的长远发展目标之一。

6.2.1 电池参数

衡量蓄电池的性能主要看电压、容量、能量、功率、循环寿命和充放电倍率等。

1. 电池电压

电池电压包括理论充放电电压、电池的工作电压、电池的充电电压、电池的终止电压。蓄电池的理论放电电压和充电电压相同，等于电池的开路电压。

电池的工作电压为电池的实际放电电压，它与电池的放电方法、使用温度、充放电次数等有关。电池的充电电压大于开路电压，充电电流越大，工作电压越高，电池发热量越大，充电过程中电池温度越高。

电池的终止电压是指电池在放电过程中，电压下降到不宜再继续放电的最低工作电压。

2. 电池容量

电池容量表示在一定条件下(放电率、温度、终止电压等)电池放出的电荷量大小，根据电流定义式：$I=Q/t$，可知$Q=It$，电流I的单位为A(安培)，t代表时间，单位为h(小时)，因此电池容量单位就为安培·小时(A·h)。电池容量按照不同条件分为实际容量、理论容量与额定容量。若电池的额定容量是 60 A·h，即以 6 A 的电流给电池放电，那么该电池可以持续放电 10 h(60/6=10 h)；如果放电电流为 60 A，那放电时间就只有 1 h。

电池容量只能说明电池内部能够容纳多少库仑的电荷，并不能说明该电池能够做多少功，以及该电池可提供的最大功率是多少。

3. 电池能量

电池能量是指电池在一定放电条件下，对外做功所能输出的电能。能量=容量×电压，电动汽车中单位通常为千瓦时(kW·h)。比如动力电池组的容量是 85 A·h，额定电压是 350 V，那么其具有的能量=容量×电压=85×350=29.75 kW·h。

在电压一致的情况下，电池的容量越大，提供的电能就越多。但对于电压不一致的情况，不提电压而单独说容量是没有可比性的。

4. 电池比能量/能量密度

电池比能量/能量密度是指单位质量(体积)电池所输出的能量，即质量比能量或体积比能量。质量比能量用 W·h/kg 来表示，能量密度(体积比能量)用 W·h/L 表示，W·h 是能量的单位，W 是瓦，h 是小时，kg 是重量单位(千克)，L 是体积单位(升)。

5. 电池功率/功率密度(比功率)

电池功率是指电池在一定放电条件下，单位时间内电池输出的电能，单位为 W 或 kW。电池比功率是指单位质量(体积)电池所能输出的功率，单位为 W/kg 或 W/L。

6. 充放电倍率

一般充放电电流的大小常用充放电倍率来表示，是一个相对量，即充放电倍率=充放电电流/额定容量。例如：额定容量为 100 A·h 的电池用 20 A 放电时，其放电倍率为 0.2 C。对于 24 A·h 电池来说，2 C 放电电流为 48 A，0.5 C 放电电流为 12 A。

电池的充放电倍率，决定了将一定的能量存储到电池里面的速度，或者将电池里面的能量释放出来的速度。

对于电动汽车动力电池来说，比能量和比功率与性能联系最为紧密，其分别指电池的可持久性和力量大小。比能量高的动力电池可以长时间工作，持续释放较多能量，续航里程长；比功率大的动力电池具有很强的功率输出，可以保证汽车良好的加速性能。显而易见，只有比能量高、比功率大且价格便宜易于维护的动力电池才是电动汽车主能量源的首选。不同类型动力电池的比能量和比功率性能如图 6-4 所示。

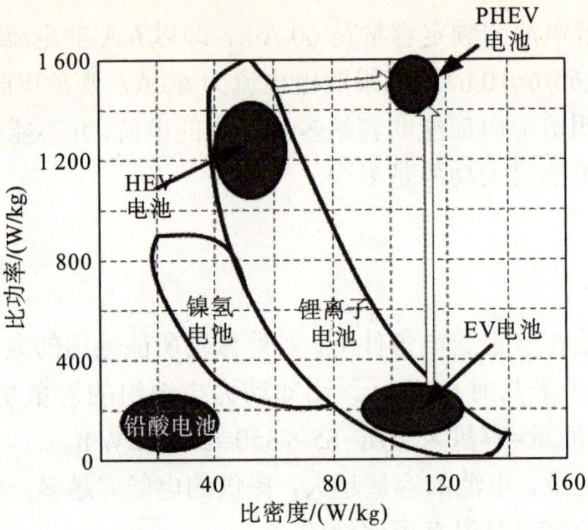

图 6-4 不同类型电池的比功率和比能量及适用范围

6.2.2 动力电池特点

自 1859 年第一只可充电蓄电池被发明至今，电池已足足发展了一个半世纪。随着人类科学技术的提高和制造水平的进步，电池也在一次次的技术变革中逐渐成长，性能不断提高，用途不断增多。以动力锂电池为例，和普通锂电池相比，其具有以下特点。

(1)动力锂电池的正负极材料颗粒比普通的锂电池更加细小，这样有利于增大表面积，加快化学反应速率，同时采用的隔膜材料以及电解液导电性能更好。

(2)动力锂电池在正负极引出的极耳比普通锂电池更多，这样可以减小极耳内阻，以满足更大电流流过。

(3)动力锂电池支持大电流放电，最高可达到 20 倍容量的电流，而普通锂电池只支持 1 倍左右容量的放电。

(4)相同重量或体积下，用于动力驱动的锂电池容量一般比普通锂电池容量要小。

6.2.3 动力电池种类

目前，电动汽车上普遍采用的动力电池有三种：铅酸电池、镍氢电池和锂电池。不同电池的特性不同，可以应用的范围也有较大区别。

1. 铅酸电池

铅酸电池(Valve Regulated Lead Acid，VRLA)，是一种电极主要由铅及其氧化物制成，电解液是硫酸溶液的蓄电池。铅酸电池放电状态下，正极主要成分为二氧化铅，负极主要成分为铅；充电状态下，正负极的主要成分均为硫酸铅。分为排气式铅酸电池和免维护铅酸电池。

铅酸电池主要由极板、隔板、电解液、外壳、联条、接线柱等组成。一个单格铅酸电池的标称电压是 2.0 V，能放电到 1.5 V，充电到 2.4 V。在实际应用中，经常用 6 个单格铅酸电池串联起来组成标称是 12 V 的铅酸电池，还有 24 V、36 V、48 V 等。如图 6-5 所示。

铅酸蓄电池是最常见的电池，主要的优点是电压稳定、价格便宜，但存在着比能低、使用寿命短、日常维护频繁等问题。随着蓄电池制造技术的升级，排气式蓄电池发展为铅酸免维护蓄电池和胶体免维护电池。铅酸免维护蓄电池使用中无须添加电解液或蒸馏水，主要是利用正极产生的氧气可在负极吸收达到氧循环，可防止水分减少。

铅蓄电池产品历史悠久，技术成熟，在功率特性、高低温性能、组合一致性、回收再利用性、价格等方面具有优势，长期以来广泛应用于汽车、船舶、航空、电力、通信、银行、军工等领域，已成为推动国民经济和社会可持续发展必不可少的基础性产业。同时，铅蓄电池还是化学电池中市场份额最大、使用范围最广的电池产品，在内燃机起动、大规模储能等应用领域尚无成熟替代产品。预计在今后一段时期内，铅蓄电池尚不能被其他电池产品完全取代，铅蓄电池行业在国民经济中仍将发挥不可或缺的重要作用。

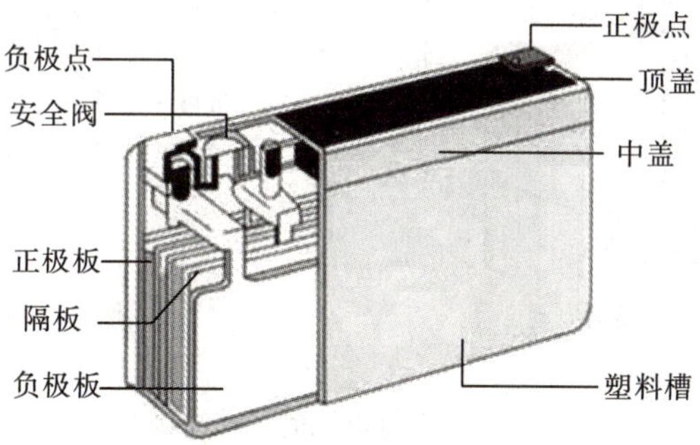

图 6-5　铅酸电池结构

铅酸蓄电池虽然价格低廉，比功率较大，但是电池的循环寿命较短，比能量也很低，仅为 40 W·h/kg 左右。快速充电技术也尚未成熟(一般慢充都在 8 小时以上)，而且污染严重。所以，电动汽车上完全由这种电池来提供能源并不是太合适。

2. 镍氢电池

镍氢电池(Nickel-Metal Hydride Battery，NiMH)是正极活性物质主要由镍制成，负极活性物质主要由贮氢合金制成的一种碱性蓄电池。由于贮氢合金可吸收高达本身体积 100 倍的氢，储存能力极强。

镍氢电池中的“金属”部分实际上是金属互化物。许多种类的金属互化物都已被运用在镍氢电池的制造上，它们主要分为两大类。最常见的是 AB5 型稀土系贮氢合金一类，A 是稀土元素的混合物(或者)再加上钛(Ti)，B 则是镍(Ni)、钴(Co)、锰(Mn)，(或者)还有铝(Al)。而一些高容量电池的“含多种成分”的电极则主要由 AB2 构成，这里的 A 是钛(Ti)或者钒(V)，B则是锆(Zr)或镍(Ni)，再加上一些铬(Cr)、钴(Co)、铁(Fe)和(或)锰(Mn)。

所有这些化合物扮演的都是相同的角色：可逆地形成金属氢化物。电池充电时，氢氧化钾(KOH)电解液中的氢离子(H^+)会被释放出来，由这些化合物将它吸收，避免形成氢气(H_2)，以保持电池内部的压力和体积。当电池放电时，这些氢离子便会经由相反的过程再回到原来的地方。

镍氢电池的电解液通常用30%的KOH水溶液，并加入少量NiOH。隔膜采用多孔维尼纶无纺布或尼龙无纺布等，整体结构如图6-6所示。NiMH电池具有较好的低温放电特性，即使在-20℃环境温度下，采用大电流(以1 C放电速率)放电，放出的电量也能达到标称容量的85%以上。但是，NiMH电池在高温(40℃以上)时，蓄电容量将下降5%～10%。这种由于自放电(温度越高，自放电率越大)而引起的容量损失是可逆的，几次充放电循环就能恢复到最大容量。

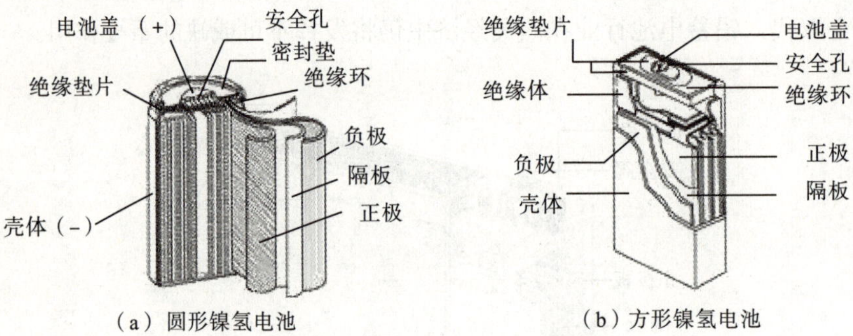

图6-6 镍氢电池的两种结构

镍氢电池与镍镉电池不同，镍镉电池有记忆效应，而镍氢电池没有。镍镉电池的记忆效应是指如果每次只放出30%，那么长期使用后，剩下的70%容量放电平台有可能无法放出。镍氢电池不存在这个问题，以丰田普瑞斯混合动力汽车使用的镍氢电池为例，长期使用环境工况为60%～80%荷电状态(State of Charge，SOC)，普瑞斯长达10年以上的使用证明不存在记忆效应。

NiMH电池的开路电压为1.2 V，比能量为60～120 W·h/kg，比功率250～1000 W/kg，充放电循环次数为500～1800次。它的缺点是均匀性较差(特别是在高速率、深放电下电池之间的容量和电压差较大)，自放电率较高。优点是快速充电性能较好，15分钟可充满容量的40%～80%。同时无污染、安全性能好，回收再利用的效率比锂离子电池高，被称为最环保的电池。目前广泛应用在混合动力汽车上。

3. 锂离子电池

锂电池大致可分为两类：锂金属电池和锂离子电池。1912年锂金属电池最早由Gilbert N. Lewis提出并研究。20世纪70年代时，Whittingham提出并开始研究锂离子电池。锂金属电池是一类由锂金属或锂合金为负极材料、使用非水电解质溶液的电池。由于锂金属的化学特性非常活泼，使得加工、保存、使用都比较困难，对环境要求非常高。所以，锂金属电池没有得到广泛应用。

锂离子电池比锂金属电池安全性好很多。它是把锂离子嵌入碳(石墨)中形成负极，正极材料常用钴酸锂、锰酸锂、磷酸铁锂以及镍钴锰酸锂(三元材料)，电解液用 $LiPF_6$+二乙烯碳酸酯(EC)+二甲基碳酸酯(DMC)等。石墨作负极材料无毒，且资源充足，锂离子嵌入碳中，克服了锂的高活性，解决了传统锂金属电池存在的安全问题。正极材料是锂离子电池的主要关键技术，不同的正极材料对锂离子电池性能影响巨大，见表 6-1。

表 6-1　锂离子电池正极材料性能比较

正极材料	钴酸锂	锰酸锂	磷酸铁锂	三元材料(镍钴锰酸锂)
材料主成分	$LiCoO_2$	$LiMn_2O_4$	$LiFePO_4$	$LiNiCoMnO_2$
标称电压/V	3.7	3.7	3.2	3.7
工作电压/V	2.4～4.2	2.5～4.2	2.0～3.65	2.5～4.2
标准放电电流	0.2 C	0.2C	2～5C	1～5C
最大放电电流	0.5 C	1C	10C	20～25C
理论能量密度/(W·h/kg)	274	148	170	300
实际能量密度/(W·h/kg)	135～140	100～120	130～140	155～165
功率密度/(W/kg)			>315	>500
充电效率	88%～92%	>80%	90%	95%
循环寿命/次	>1000	>1000	>2000	>1000
适用温度/℃	-20～55	50℃以上快速衰减	-5～75	-20～55
过渡金属	贫乏	丰富	非常丰富	贫乏
环保性	钴有放射性	无毒	无毒	钴、镍有放射性
安全性能	差	较差	好	一般
价格	高	低	较低	较高

钴酸锂电池作为最早实现商业化应用的锂离子电池，其研发与生产等技术最为成熟，目前主要应用于中端市场，如手机、笔记本等，但存在价格高、安全性能差、有污染以及资源贫乏等缺陷。

锰酸锂电池其标称电压达到 3.7 V，目前日产启辰晨风汽车使用的正是这款电池。由于锰元素储量高，资源丰富，生产制造锰酸锂电池的成本也较低，能降低消费者的购车成本。但锰酸锂电池的缺点也很明显，与其他锂离子材料相比，锰酸锂电池的耐高温性能较差，相对寿命也会受到影响。

磷酸铁锂电池安全性好，可以在 390℃以内的高温下保持稳定，不会因过充、温度过高、短路、撞击而产生爆炸或燃烧，可以轻松通过针刺实验。此外，磷酸铁锂电池使用寿命也比较长，理论寿命可以长达 7～8 年。但受限于材料本身和技术方面的原因，磷酸铁锂的能量密度较低，成组后磷酸铁锂动力电池系统的能量密度多为 90 W·h/kg 左右，和三元锂电池相比仍有不小差距。磷酸铁锂电池在低温下表现较差，冬天一般只允许在-5℃以上直接充电，不能满足北方车主在冬天低温下充电的需要。此外，磷酸铁锂电池平整的放电平台也给电池 SOC 估算带来了困难。电池 SOC 估算是电动汽车电池管理系统中的重要部分，SOC 反映了电池的剩余容况，即在一定的放电倍率下，当前电池的剩余容量与总的可用容量比值。磷酸铁锂电池的电压平台和严重的两端极化不利于 SOC 估算。

三元锂电池是一种使用镍钴锰(铝)三元正极材料的锂电池，此前在笔记本等电子设备领域得到广泛运用，如今也为越来越多的车企运用于新能源车的动力储备方面。三元锂电池具有能量密度高的突出特点，成组后的三元锂动力电池系统能量密度可达 120 W·h/kg，因此在同样的电量下，三元电池系统的重量更轻、体积更小，使得整车续驶里程大幅提升。此外，三元锂电池的低温性能好。通过采用低温改善型电芯，动力电池系统可实现-20℃直接充电，这大幅缩短了冬季充电时间。此外，三元锂电池还具有放电倍率高、一致性好和 SOC 估算简便等优点。

三元锂电池缺点也显而易见，首先其热稳定性不如磷酸铁电池，当自身温度达到 250～350℃时，内部化学成分就开始分解，因此对电池管理系统提出了极高要求，需要为每节电池分别加装保险装置，这会加大其经济成本。同时，由于全球镍、钴资源紧张，其大量应用可能导致市场价格上涨，也会增加未来的用车费用。除此之外，三元材料的脱氧温度是 200℃，放热能量超过 800 J/g，当三元电池在内部短路、电池外壳损坏的情况下，很容易引发燃烧、爆炸等安全事故。

总体而言，相对于铅酸电池和镍氢电池，锂离子电池的比能量和比功率都很高，循环寿命长，而且充电时间较短，使用电压可达到 4 V，使用安全性也相对较好。因此在纯电动汽车中得到了广泛应用。但同时也应看到，锂离子电池采用轻金属锂，尽管不含汞、铅等有害重金属，但实际上由于其正负极材料、电解液包含镍、锰等金属物，是目前各类电池中包含毒性物质最多的电池，并且因为其回收再利用的工艺较为复杂导致成本较高，因此目前的回收再利用率不高，废弃电池对环境影响较大。这些都是在推广使用中需进一步克服的问题。

4. 动力电池性能分析和比较

从上面的介绍可知，每类电池都有自己的优点和缺点。总体来看，现在的动力电池比能量都较低。以三种电池中性能最好的锂离子电池为例，在能量密度上，它与达到 10 000～12 000 W·h/kg 的汽油相比还相差甚远。1 L 汽油约重 0.742 kg，按车载 50 L 计算，就是满载 37.1 kg 的汽油，约相当于 2968～3091 kg 锂电池所含有的电量，如果将汽油机较低的效率计算进去，两者之间也有约 50 倍的差距，所以电动汽车上动辄就安装有数百公斤电池。如此多的电池用量，再加上锂电池高昂的价格，电动汽车形成高价格门槛便成为必然。

另外，不同电动汽车对电池的要求也不一样，纯电动汽车(EV)由于只有电池驱动，所以需要较高的比能量。而在一般混合动力汽车(HEV)中，电池往往担任制动能量回收、辅助起步加速的作用，因而对电池的比功率要求苛刻。像比亚迪唐这样的插电式混合动力汽车(PHEV)中的电池就属于能量功率兼顾但都要求不高的类型了。因此要针对不同车型的需求为其设计合适的动力电池。上述三种电池的性能比较见表 6-2。

表 6-2　动力电池性能比较

电池类型	锂离子电池		铅酸电池	镍氢电池
	钴酸锂、锰酸锂、三元材料电池	磷酸铁锂电池		
单体标称电压/V	3.7	3.2	2	1.2
比能量/(W·h/kg)	100～170		30～45	60～120
循环寿命/次	1000～2000		300～500	500～1800
每月自放电率/%	<5		4～5	20
有害物质	镍、锰等金属物		铅	无污染

相同电压和相同容量的锂离子电池价格是铅酸的 3～4 倍。随着锂离子动力电池市场的扩大，成本的降低，性能的提高，以及铅酸电池价格的提高，数年之后锂离子动力电池的性价比是有可能超过铅酸电池的。

6.3　锂离子电池成组技术

锂离子电池与列出的几种其他动力电池相比，具有更高的效率、更长的使用寿命等优势，而且目前锂离子电池产业链和技术逐渐成熟，生产成本具有较大下调空间，其在新能源纯电动汽车和混合动力汽车应用中将获得先机。随着大型锂离子电池组的广泛应用，电池组的连接方式成为研究的重点。如储能系统、电动汽车等需要电池组的能量很大、电压很高，因此只有通过对多只单体进行串并联来满足，而如何进行连接成为难题。

6.3.1　电池成组概念

目前大量的基础研究集中在锂单体电池改性和电池新材料研究上，这是电动汽车得到突破性进展的关键和基础。然而从单体电池到其在电动汽车的应用存在一个容易为人忽视的中间环节，即电池组系统。限于单体锂电池的电压和容量，必须将成百上千个的单体电池串并联形成电池组，以给电动汽车提供足够的功率和能量来满足其加速爬坡和续航里程的要求。

电动汽车的性能由电池组的性能和参数所决定。从电动汽车的性能需求出发，直接需要匹配的是电池组的参数，如电池组的体积形状、电池组质量以及电池组电压容量等，因此从电动汽车到电池组是一个系统构型和匹配问题。而电池组并不是单体电池简单地按比例进行扩大。单体电池通过串联来获得高压，并联来获得高容量，从而出现了若干单体并联、上百单体串联的单体网络结构。单体电池在成组后，能量密度、耐久性和安全性等都会有一定程度下降。这时电池组表现的行为已无法通过相似原理用单体电池的行为去衡量。

对于单体电池而言，电池组系统不仅仅提供了单体工作的空间，还需要监控和记录单体电池的状态，这些状态包括各单体电池的电压、温度、荷电状态(SOC)、健康状态(SOH)和功能状态(SOF)；同时电池组系统还应保证单体电池的电化学工作环境，如温度合适且均匀，并防止单体电池滥用行为的发生(过充过放过流等)；更智能的电池组系统需要及时发现单体可能存在的安全问题并提供解决方案，缓减单体间差异，提高电池组使用寿命。

在提供这些功能的同时，电池组系统应具有尽可能小的体积和质量，从而保持所选用单体电池在体积和能量密度上的优势。对电动汽车而言，电池组系统不仅仅是动力来源，同时为电动汽车提供电池组当前的状态信息，进而影响和改变电动汽车的能量决策。这些能量决策内容包括纯电池汽车的电池组充电、制动能量回馈，以及混合动力电动汽车的电池组能量分配等。

根据电池组系统的功能，其构成包括如图 6-7 所示的几大部分。

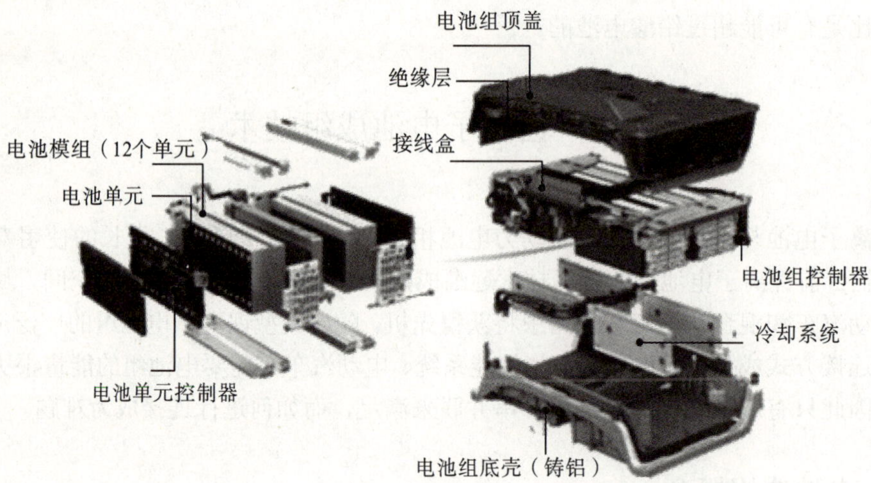

图 6-7 电池组系统的构成(奥迪 A3 e-tron)

注：为车辆供电的电池组容量为 8.8 kW·h，电压在 280～390 V，电力可以支持 A3 e-tron 以纯电动模式行驶约 50 km。内部共 8 个电池模组，每个模组由 12 个电池单元组成，电池重 125 kg。

(1) 电池组外壳：为所有其他电池组系统部件提供安装空间，并减少电动汽车环境对其他部件的冲击，在电动汽车发生碰撞起火等安全问题时起到保护部件空间和隔离光热辐射等作用。

(2) 串并联电池组：由单体电池通过连接片等串并联构成电池组系统的能量源，所有的其他部件都是为其正常工作或优化其工作而存在。

(3) 电池管理系统(Battery Management System，BMS)：广义的电池管理系统包括安全系统、热管理和充电管理。狭义的电池管理系统主要功能包括监测和估算单体电池状态，与外部设备通信，保证单体电池的安全运行条件，实现电池组的部分修复功能。

(4) 安全系统：安全系统的主要功能是在单体电池出现安全问题时进行检测与防护，是一种被动安全保护系统。其涵盖两部分功能，一部分是对电池本身安全问题的检测与防护，包括电池内短路、漏液、失火的检测、报警与隔离；另一部分是对来自外部危害的防护，包括碰撞刺穿防护、高温隔离和防水处理等。

(5) 热管理：一个良好的电池热管理系统需要保证电池组处于正常的工作温度范围，既能保证电池组在低温的环境中工作，也要保证电池组有足够的散热能力。更重要的一点是良好的电池热管理系统需要保证单体间工作温度的一致性。

(6) 充电系统：对于纯电动汽车和插电式电动汽车而言，外部充电是电池组系统的能量来源，而充电方式在充电倍率和充电时间上的选择多样性可以使电池组的寿命或充电电价得以优化。良好的充电管理在延长电池使用寿命的同时，也可以实现电池组的参数识别，进一步进行电池组修复。

锂电池成组技术大致分为五大领域，包括电池壳体、电池排布、电池电连接、温度控制和充放电管理。目前，组成高功率、大容量动力锂电池系统主要有大单体容量锂电池和小单体容量锂电池组合两种方式。受当前技术水平所限，大单体容量锂电池动力系统的应用较少，主流的动力锂电池系统基本采用小单体容量锂电池组合的方式。由于电池连接和成组技术限制，电池成组后的比能量、比功率无法达到单体电池的原有水平，更为严重的甚至会造成超温、燃烧等。电池成组技术已成为阻碍大容量动力锂电池系统发展的关键瓶颈技术。

6.3.2　电池单体的串联与并联

根据可靠性理论，一个元件正常工作的概率称为这个元件的可靠性，一个系统能正常工作的概率称为这个系统的可靠性。组成中任一单元失效均导致系统失效的系统叫作串联系统。而一个系统由 n 个部件组成，只有当这 n 个部件都失效时，这个系统才失效，这种系统叫作并联系统。而由若干串联和并联分系统串联与并联起来的系统，叫作复合系统。

下面假设各元件可靠性均为 $r(0<r<1)$，且各元件能否正常工作是相互独立的情况下，比较先串联后并联以及先并联后串联这两种常用电池组连接模型(见图 6-8)的可靠性。

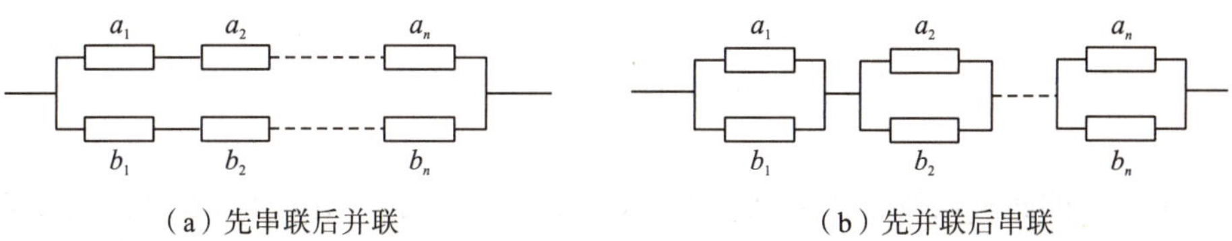

图 6-8　电池单体的串并联方式

利用可靠性分析方法和数学归纳法，可得出先由 m 个元件串联组成子系统，再由 n 个子系统并联组成整体系统的系统可靠度：

$$R_s = 1-(1-r^m)^n$$

先由 m 个元件并联组成子系统，再由 n 个子系统串联组成系统的系统可靠度：

$$R_s = [1-(1-r)^m]^n$$

假设电池单体可靠度 $r = 0.99$，装配 432 只单体电池，对电池组连接可靠性分别计算如下：若先串联后并联，设电池 $m=108$，$n=4$，则 $R_s = 1-[1-0.99^{108}]^4 = 0.807$；若先并联后串联，电池 $m=4$，$n=108$，则 $R_s = [1-(1-0.99)^4]^{108} = 0.999$。

从上述计算可看出，先并联后串联系统连接可靠性远大于先串联后并联的情况。对于先并联后串联，系统可靠性高于单体可靠性，而先串联后并联系统可靠性低于单体可靠性，因此无论何种类型的电池，建议采用先并联后串联的方法连接。

对于复合系统可靠度的求法，一种是先求出各串联分系统的可靠度，再把这些分系统并联起来，求出系统可靠度；另一种是先求出各并联分系统的可靠度，再把这些分系统电池串联起来，求出系统的可靠度。

此外，电池组中电池单体的不一致性也会影响电池组的连接方式。根据使用中电池组不一致性扩大的原因和对电池组性能影响方式，可以把电池的不一致性分为容量不一致、电阻不一致和电压不一致。在实际工作中，电压不一致性是最为直观、最容易测量的表现形式。在串联组中，测量电压可以得到电压不一致性的数据。在并联组中，端电压相同，因为 $E= Ir+ IR$，其中 I 为电流，R 为负载，r 为电池内阻，E 为电池电动势。电池组负载不变，充放电电流与内阻直接相关，所以充放电过程中电流的不一致性在一定程度上可以表现电池内阻的不一致性。

电压不一致影响并联组中电池的互充电，当并联组中一节电池电压低时，其他电池将给此电池充电。如图 6-9 所示，设 E_1 的电压低于 E_2，则电流方向如图中所示，如同电池充电电路。这种连接方式，能量将损耗在互充电过程中而达不到预期的对外输出。

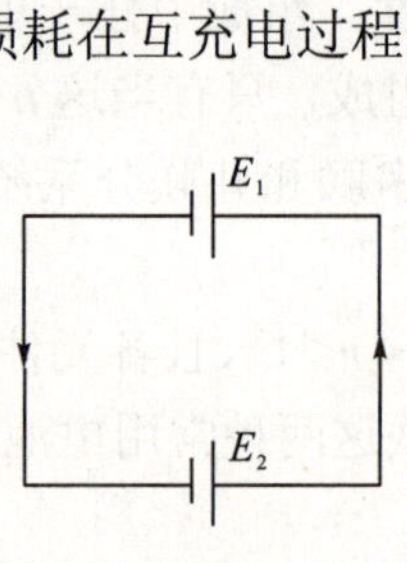

图 6-9　并联电池的不一致性

以图 6-8 中的两种连接方式为例，在图 6-8(a)中，由于单电池电压的不一致，在两个串联组中，电压差的累计有逐步增加和相互抵消两种情况，在实际实验中，经测量串联组之间都存在一定的电压差。在理论上，两组电压差恰巧相互抵消为零的概率也极小。假设电池内阻平均为 1.179 mΩ，图 6-8(a)连接方法，108 块电池的内阻约为 127.3 mΩ。电池连接导线的电阻率为 0.02 Ω·m(20℃)，再考虑电池与导线之间的连接电阻，整个电池系统的电阻约 0.15 Ω。若两组之间的压差为 1 V，在系统中将出现 6～7 A 的电流。电池组的能量损耗功率为 5～7 W。随着放电深度的增加，两组之间的电压差若继续增大，能量损失将更大。

在图 6-8(b)中，先并联的电池虽然也存在互充电现象，但单电池的相对电压差较小，互充电能耗较小，并且只影响并联的几块电池，作用范围小。这种小范围的互充电将对电池产生均衡的作用，补充充电不足的电池。这种连接方式对电池的均衡作用是比较显著的。因此，从电池电压不一致性发展趋势和电池组性能的影响方面考虑，也建议采用先并联后串联的方法连接。

电池组先并联后串联连接方法的典型例子就是特斯拉的 Model S。Model S 的电池板总重高达 900 kg，被放置在驾驶舱正下方的底盘当中，在为电动机提供能量的同时，也起到了稳定车辆重心的作用。电池板整体有标明身份的铭牌，其标明了容量为 85 kW·h，400 V 直流电。

特斯拉 Model S 电池组板由 7104 节 18650 型锂电池组成。每 74 节并联成一个电池包；然后每 6 个电池包串联成一个电池组，每个电池组包含 444 节锂电池；最后由 16 个电池组串联成一个完整的电池板，如图 6-10 所示。特斯拉的成功与圆柱小电芯多电池并联技术的扩展非常有联系，在构建不同容量模组的时候，采用基于 Bonding 的工艺(每节电池都有单独的保险丝)，以相对较低的成本成功解决了多电芯并联导致的潜在短路问题。

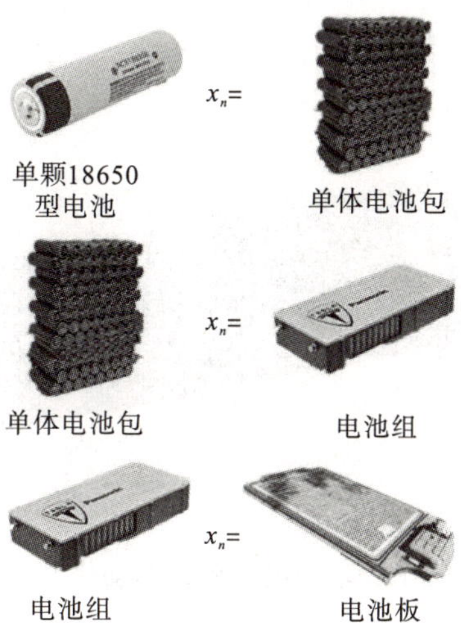

图 6-10　特斯拉 Model S 的电池连接

在 Model S 中，先并联后串联的好处显而易见，首先电池采样通道数量可以得到有效控制，特斯拉的动力电池系统虽然由 7104 节 18650 型锂电池组成，而电压采样也只要 16×6=96 通道，降低了 BMS 的成本和复杂程度。同时在电池系统内部不会产生 Module 间的环流，而且不会出现各支路分配电流不一致引起的 SOC、温升、寿命不同步的问题。

并联的电池系统对电池的一致性提出了更高的要求，对于串联的电池一般主要强调容量的一致，毕竟同一回路的电流相等，各个电池之间可以始终保持相近的荷电态，因此寿命的衰减也可以较为同步。而并联的电池系统对电池内阻的一致性有更高要求，并且是在整个放电或充电 SOC 曲线上皆要保持一致，否则就会造成在放电的初期支路 A 的内阻小则分配到了更多的电流，SOC 迅速下降，当支路 A 快放空时内阻超过了另一支路，另一支路再拼命追赶支路 A。这样由于工况始终不同步，电池温升也不同，各支路之间的差异也越来越大，形成了恶性循环。

6.3.3 电池的连接与成组

锂电池模组是由几颗到数千颗电池芯经由并联及串联所组成，除了结构部分，再加上电池管理系统和热管理系统就可组成一个较完整的锂电池包系统。一般而言，不管是软包、方形，还是圆柱电池，模组的自动化组装工艺流程都是从电芯上料开始。来料可以是原供应商提供的包装，也可以是厂家经过检测后统一整理好的专用托盘。上料过程可以是人工操作，也可以通过传送带自动上料，然后通过机器人抓手抓取。上料的同时还会进行电芯的读码(采集单个电芯的身份数据信息)、电芯极性检测(有无放反方向)、电芯分选及配组，并将不良品剔除。来料通过初检和分选之后，根据模组和工艺要求的不同会分别进行激光清洁→涂胶→电芯堆叠→电池盒组装→极耳裁切整形→模组壳激光焊接→模组激光打码→打螺丝→模组检测→连接片激光焊接→BMS 系统连接→模组终检测→模组下料等工序。图 6-11 为动力电池 Pack 自动化生产线。

图 6-11 动力电池 Pack 自动化生产线

单体电池在形状上可分为常见的圆柱形和方形，从外壳材质上可分为金属壳(钢壳或铝壳)和铝塑膜封装(聚合物锂电池)。从极柱类型上又可以分为外螺纹型极柱、内螺纹型极柱、平头型极柱以及铝镍长条型极耳(聚合物锂电池类型的极耳)。不同极柱类型的电池，在电池成组方式、连接工艺会有很大不同，同时有各自优缺点。动力电池模组是由多个单体电池连接组成，而单体电池之间连接的方法和工艺的选择需根据电池类型及其极柱(极耳)的类型来定。每颗电芯之间连接的一致性、牢固性，对整体电池模组能量发挥和整车安全具有重要作用。

1. 外螺纹型极柱电池

外螺纹型极柱电池如图 6-12 所示。外螺纹型极柱电池通常采用螺栓螺母机械紧固，单体电池之间通常采用机械锁紧的连接工艺。这一工艺的优点是组装连接简单灵活；缺点是外螺纹型极柱组装空间所需，相对于其他极柱类型，其体积偏大，体积能量密度受到一定影响。外螺纹型极柱电池成组的模组(电池包)如图 6-13 所示。

该种圆柱动力锂离子电池成组组装的方法，连接简单，而且连接后能一直保持电池固定状态，连接片与极柱的接触紧配，能保证电路一直处于低内阻状态。

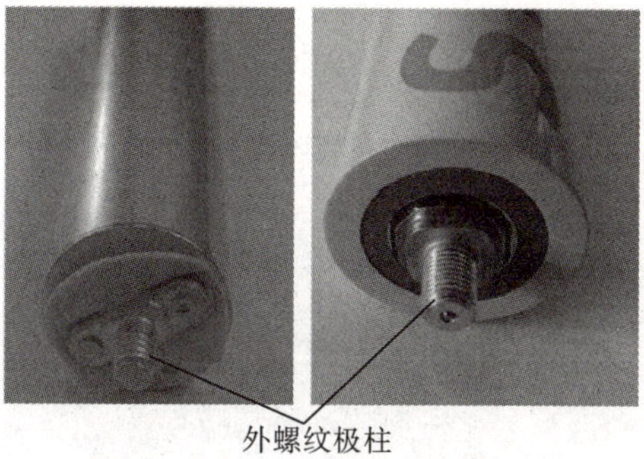

图 6-12　外螺纹型极柱电池

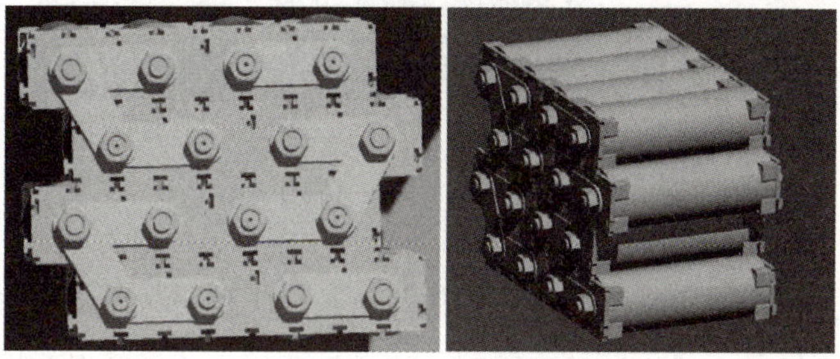

图 6-13　外螺纹型极柱电池成组的模组(电池包)

2. 平头型极柱电池

平头型极柱电池如图 6-14 所示。单体电池之间通常采用电阻焊接或激光焊接的连接工艺。电阻焊是工件组合后通过电极施加压力，利用电流通过接头的接触面及邻近区域产生的热，将焊件接触点加热到塑性或熔化状态，然后使工件组合焊接到一起的焊接方法。激光焊是利用高能量的激光脉冲对工件需要加工区域进行局部加热，激光辐射的能量通过热传导向材料内部扩散，将材料熔化后形成特定熔池来完成焊接。平头型极柱电池成组的模组如图 6-15 所示。

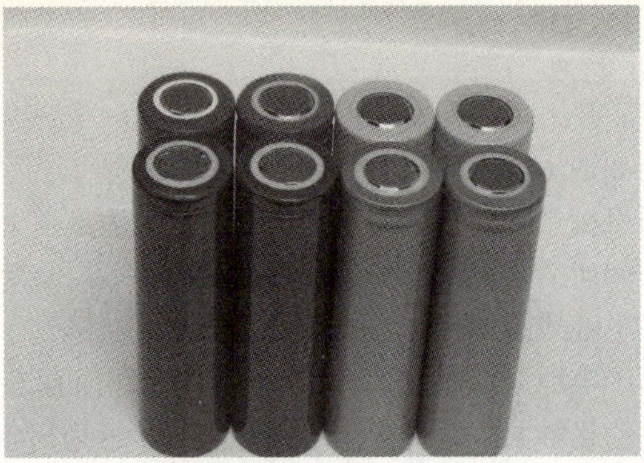

图 6-14 平头型极柱电池

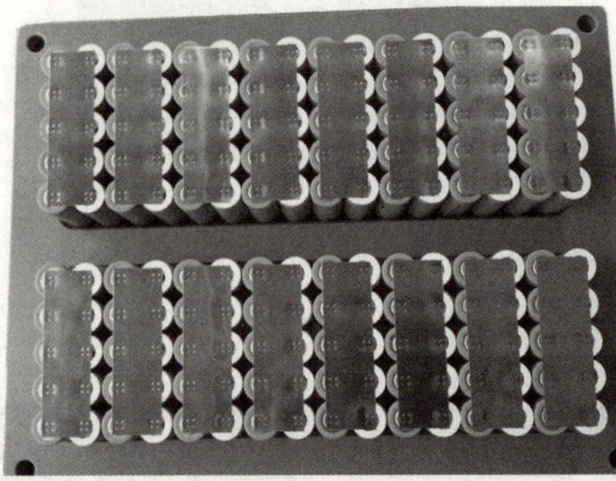

图 6-15 平头型极柱电池成组的模组

相对于极柱类型电池，采用焊接工艺的优点是平头型极柱电池成组后的电池模组体积小，体积能量密度高，质量能量密度高。缺点是连接工艺选择方式单一，组装完成的电池不易拆卸替换，后续电池模组中的单个电池难以拆卸更换；若要更换，需更换整个模组。

3. 长条型极耳聚合物电池

长条型极耳聚合物电池如图 6-16 所示。单体电池之间连接成组时，其连接片与极耳之间通常采用激光焊或锡焊或电阻焊接的连接工艺或非焊接式机械压紧。非焊接式机械压紧工艺以每个电芯作为独立单元，将每个单元串并联，且能够保证每颗电池可拆卸和替换，解决了成组后单体电池不易更换的问题。长条型极耳聚合物电池成组后的模组如图 6-17 所示。

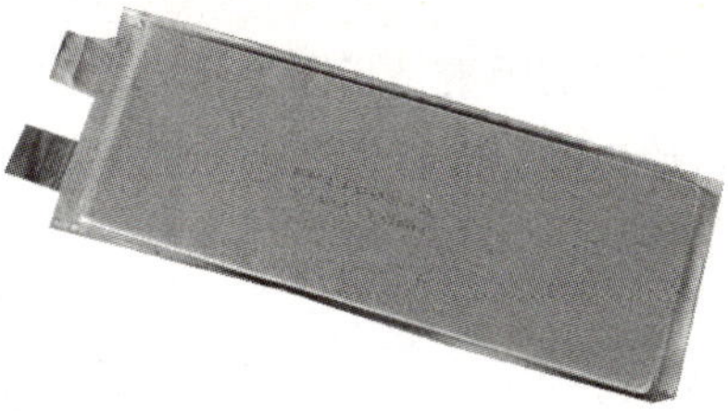

图 6-16　长条型极耳聚合物电池

图 6-17　长条型极耳聚合物电池成组的模组

长条型极耳聚合物电池成组工艺中，单体电池与外壳之间的缝隙中填满低黏度液体胶并将其固化成具有弹性的胶体，该胶体介质具有阻燃、导热的特性，有利于单体电池之间的温度一致，同时隔绝单体电池与空气接触，防止热失控的发生，提高电池组的安全性。长条型极耳聚合物电池成组工艺的优点是体积能量密度和质量能量密度较高，缺点是成组工序复杂，需要较多辅助支架等。

6.3.4　对锂离子动力电池成组的加热或降温方式

在北方温度较低的季节使用的电池组，在成组过程中加入加热膜，如聚酰亚胺加热膜等，对电池组充电时，先对内部电池加热，利用 BMS 和嵌入的热传导装置，根据环境变化调节电池系统自动加热。关于加热膜，特性较好的是硅胶材质加上发热丝的复合膜，其厚度在 1.5 mm 左右，有一定弹性，与电池表面接触的贴合性好，加热的均匀性好，导热效果好。聚酰亚胺加热膜的特点是厚度可以更薄，此外还有聚酯材质的加热膜。

在南方温度较高季节使用的电池组，可以在电池组周围以空调风或其他方式对电池组进行降温，而电池组内部的降温，可以在电池组内部加入导热硅胶等材料将热传导至电池包的外壳上。对于全极耳结构的大容量圆柱形电池，由于集流体铝箔本身有较好的导热功能，因此电池芯内部的热可以通过全极耳结构传导到电池芯的外壳或端盖，再由导热硅胶等材料将热传导至电池包外壳上。

6.4　成组电池的管理系统

由于动力电池能量和端电压的限制，电动汽车需要采用多块电池进行串、并联组合构成动力电池组。电池组中各个电池的电解液密度、温度和通风条件、自放电程度及充放电过程等差别的影响，造成同一类型、规格的电池在电压、内阻、容量等参数值存在差别，这种动力电池单体的不一致特性和高度非线性，使得电池管理系统 BMS 成为电动汽车的必备装置。通过 BMS 系统，可以严格控制电池组的充放电过程，避免过充、过放、过热，从而对延长电池组使用寿命发挥最大效能。

6.4.1 电池不一致性

电池的不一致性主要由内部和外部两方面因素造成。内部因素是指即使同一批次、同一类型的电池在生产制造过程中也不能保证其容量、自放电率、内阻、电压等特性完全一致；外部因素是指温度和外部电路对电池不一致性的影响。

1. 不一致性表现形式

电池单体之间的不一致性在宏观层面主要表现在容量、内阻、电压以及自放电率等参数的不一致上。

1) 容量

电池充放电容量是指电池在标准充放电条件下所能充入和放出的电量。它受电池的充放电倍率、老化程度和环境温度等因素影响。一般来说，充放电倍率越小，环境温度越高，电池越新，电池的充放电容量就越大。容量不一致对电池的影响主要体现在以下三方面。

(1) 由于电池单体之间的容量不同，而流经电池组的电流相同，则各电池单体的放电深度会出现差异，当性能较好的电池还处于浅放电阶段时，性能较差的电池已经处于深放电阶段。随着使用次数的累积必将使得性能有所差异的电池之间的不一致性加剧。

(2) 每种类型的电池都有其最佳的放电电流，由于串联电池组通过每节电池的电流是相同的，所以容量的不同势必导致部分电池通过的电流不是其最佳放电电流，从而对电池产生不同程度上的损伤。

(3) 在电池的充电过程中，大部分电池还未达到充电截止电压时，部分容量小的电池已达到充电截止电压而处于充满电状态，这样就会导致未达到充电截止电压的电池充不满电，不能发挥其最大能量，并且随着时间的累积也会导致电池组不一致性继续扩大。

2) 内阻

电池的内阻主要包括欧姆内阻和极化内阻。欧姆内阻是其本身具有的，一般会随着电池的使用而逐渐增大，而极化内阻是在充放电时产生的，一般在末期会急剧增大。在充放电电流一定的情况下，内阻的大小决定了电池在充放电时其工作电压与开路电压之间差值的大小。因此，如果内阻不一致，会造成电池单体间工作电压的不一致，从而影响电池组使用性能。

对于串联电池组来说，通过每节电池的电流是相同的，如果某节电池的内阻偏大，则电池损耗的能量偏大，产生的热量增多，从而使该节电池的温度升高；如果电池箱的散热条件不好，电池产生的热量不能及时散出，则该节电池的温度会继续升高，从而引起电池变形甚至爆炸等。另外，串联电池组中内阻大的电池率先达到充放电截止电压，为了避免电池过充或过放，必将导致电池组中其他电池不能完全充满电或放完电，从而降低了电池的充放电容量，缩短了电动汽车的续驶里程。

对于并联电池组来说，由于并联电池两端的电压相同，内阻小的电池通过的电流大，所以这两节电池的放电倍率是不一样的，会加大这两节电池的不一致性，并且内阻小的电池损耗能量较大，生热多，也会引起电池变形甚至爆炸。另外，并联电池组在充放电时由于内阻不同会导致通过每节电池的电流不同，则电池的充放电容量也会存在差别，造成电池单体间容量的不一致，使得电池的容量利用率降低，电动汽车的续驶里程缩短。

3) 电压

开路电压是电池在开路状态下的端电压，其值等于电池在断路时(即没有电流通过两极时)正负极之间的电位差。工作电压是指电池在负载情况下正负极之间的电位差，通过充放电曲线来体现，它与电池本体的内阻以及充放电倍率等有关。

电压的不一致性对电池的影响主要体现在电池的充放电截止电压上，如前面所述，如果电池的充放电截止电压不一致，则充电时会导致某些电池不能完全充满，放电时也会导致某些电池容量仍有剩余，从而造成电池的“木桶效应”。如果强制充放电，会对那些已经到达截止电压的电池造成损伤，所以电压是电池组不一致性的直接表现形式。

4) 自放电率

自放电率是指电池在开路状态下的电量在一定环境下的保持能力，是衡量电池性能的主要参数之一。自放电率主要取决于制造工艺、设备精度、材料和存储条件。由于生产过程中制造工艺以及材料的限制，再加上存储条件的不同都会导致电池自放电率不同，从而导致电池的电量出现差异。自放电率可以通过开路搁置法来测量，即将电池在高温或常温状态下开路搁置 7 天或 28 天，通过将电池放电至截止电压测量放电容量的方法来判断其自放电性能。自放电率大的电池在存储一段时间后若与自放电率不同的电池串联进行工作，由于电池电量的不同会导致电池之间存在较大不一致性。

2. 不一致性的解决措施

由于不一致性对电池组性能的影响很大，所以降低电池单体之间的不一致性尤为重要。减小电池组不一致性的具体措施通常会涉及电池的生产、分选、使用和维护四个过程。

在生产过程中，由于锂动力电池的生产工艺环节较多，每个环节都可能导致电池单体之间的不一致性加大，所以在电池生产的每个环节都要严格按照标准进行监测。

在分选过程中，电池厂家需要确定一套合理的分选方法来对电池进行分选。目前电池分选方法主要有单参数分选法、多参数分选法、动态特性分选法以及电化学阻抗谱分选法。由于多参数分选法以电池的外在参数为依据，而动态特性分选法以电池内在特征为依据，两者优势互补，所以将多参数分选与动态特性分选相结合的分选方法是目前关注的热点。

在使用过程中，也可以采用电池均衡技术和电池热管理技术等来改善电池组中电池单体的不一致性。①电池均衡：在电池组工作中采用均衡技术可以改善电池组的不一致性，减少不一致性带来的不良影响。均衡管理系统通过不断地检测电池单体电压和母线电流等参数，实时对电池组的状态进行判断，如果满足预设的均衡启动条件，则利用均衡拓扑结构在电池单体之间进行能量的传递，将电压最高电池的电压拉低，将电压最低电池的电压拉高，最终使整个电池组中电池的电压状态达到一致，以提高电池组的可用功率和容量利用率。②电池热管理：温度对电池特性的影响非常大，电池的热管理技术是解决电池对温度敏感问题的主要措施。电池热管理技术的目的是将电池箱内的温度维持在一个合适的范围内，即当电池温度高出这个范围时，对其进行散热，当电池温度低于这个范围时，对其进行加热。

在维护过程中，应该根据监测到的数据了解电池箱中电池单体不一致性的发展趋势，并在拆装维护时将组内电压处于两端的电池及时调整交替，对性能较差的电池进行单独充电维护。可以隔一段时间就对整个电池组进行小电流充电，以促进电池组内电池单体之间自身的均衡。在使用过程中应尽量避免电池的过充和过放现象，从而避免电池组内电池单体之间的不一致性继续扩大。

上述四个过程中，电池的生产和分选过程主要是针对电池厂家的，要减少生产过程中电池的不一致性势必会导致电池厂家成本增大；而分选过程中则可以通过采用合理的分选方法来降低电池组中电池单体之间的初始差异；使用过程中电池组的不一致性可以通过电池均衡和热管理技术来改善；维护过程主要是针对用户的，在实际使用中电池的经常拆装维护是必不可少的，同时也必然会使用户操作复杂度增加。

6.4.2 BMS 功能

电池管理系统是集嵌入式系统控制、现代检测技术和通信技术于一体的装置。电池管理系统与电动汽车的动力电池紧密结合在一起，通过传感器对电池的电压、电流、温度进行实时检测，同时进行漏电检测、热管理、电池均衡管理、报警提醒，计算剩余容量、放电功率，报告电池劣化程度和剩余容量状态，还根据电池的电压电流及温度，用算法控制合理的输出功率以获得最大行驶里程，以及用算法控制充电机进行最佳电流的充电，通过 CAN 总线接口与车载总控制器、电机控制器、能量控制系统、车载显示系统等进行实时通信。

BMS 的主要工作原理可简单归纳为数据采集和数据分析。其实时采集电池的各个状态信息数据，再由控制单元对数据进行处理和分析，然后根据处理分析的结果对相关功能模块发出控制命令，同时向整车控制系统传递相关状态信息。其应具备如下主要功能。

(1) 实时监控电池组状态。电动汽车的电池在工作时处于一个相对复杂的环境中，电池在工作时其充放电会随着实际情况而发生很大变化，而电池充放电过程中过大的电流对电池和电机都是具有损坏性的。因此要对电池在充、放电状态下的各种数据信息进行实时采集。采集的数据有电池组总电压、单体电池的电压、电池组的总电流、每箱电池的温度等。

(2) 剩余电量估计。电池的剩余电量相当于燃油车的剩余油量。为了让司机及时了解汽车电池的剩余电量和续驶里程，应实时采集电池组的充放电电流、电压等参数，并通过一定的算法对剩余电量进行估算。

(3) 充放电的控制与均衡处理。电池在充放电过程中由于单体电池的不一致性，会发生过充、过放、不均衡等问题。若某个问题电池电压过高或过低，为保证电池组的正常使用及性能的发挥，系统应当能对当前问题电池与主电路进行短路或者旁路处理，停止当前问题电池的充放电。这样既保护了电池，又不影响电池组的整体运行。而且由于制造工艺和使用状态不同等原因，单体电池间会存在不一致性，在使用时如果不对单体电池间进行均衡处理，电池的不一致性和差异性会越来越大，因此 BMS 应能判断并自动进行均衡处理。

(4)热管理。温度也是影响电池使用效率和寿命的重要因素，因此对于温度的采集与控制也是 BMS 的重要功能之一。BMS 应能对电池的温度进行实时采集，并对温度过高的电池进行与主电路的断路处理，防止由于温度过高造成的电池使用寿命减少或者永久性损坏。

(5)数据处理和通信。能将电池的主要信息实时传输到整车控制系统，并显示在人机控制界面，方便驾驶员对电池信息的了解。并根据整车通信协议，与整车其他系统进行信息共享。另外还应该能与上位机进行通信，在故障时能及时地对其进行检查和修复。

除了上述的五个主要功能，完整的 BMS 还包括保护功能、故障报警、继电器控制等其他辅助功能。具体如图 6-18 所示。

此外，BMS 还要能够有效地处理电池单体的失效。电池单体的失效可以分为安全性失效和功能性失效。安全性失效包括电池析锂、电池内短路、电池漏液、电池胀气鼓包等；功能性失效包括容量降低、内阻上升、自放电增大、连接断路等。

安全性失效通常会引起电池单体或系统局部短路，由此引发热失控，最终导致起火燃烧。而 BMS 的作用从某个层面可以理解为：避免安全性失效的发生，必要时可将安全性失效转移为功能性失效，即将短路故障转变为断路故障。例如当 BMS 检测到系统绝缘电阻值过低时执行断开接触器操作，以及当单体电芯或电池系统过流时相应的保险丝熔断都属于将短路故障转变为断路故障。

通过 BMS 的管理，动力电池组可以避免工作过程中发生过充、过放、过温和短路等危险事故，最大限度地维持电池存储能力和循环寿命，从而达到延长电池使用寿命，提高电池使用效率的作用。

6.4.3　电池参数检测

电池外部参数的检测主要包括电池组中单体电池电压、工作电流和电池温度的检测，通过这些参数可以判断电池的工作状态。

1. 电压检测

在所有电池参数中，锂离子电池的电压最能体现电池的状况。锂离子电池过充过放的依据即是电池的端电压，锂离子电池的 SOC 也可以通过测量端电压进行初步估计，所以对锂离子电池的电压进行实时检测非常重要。

锂离子电池组的电压检测方法主要有四种：①传统的测量方法，即用继电器和电容做隔离处理。其测试原理是：首先通过电容对电池电压进行取样，再检测电容的电压就可以得到电池的电压。②浮动地技术测量电池端电压。测量时窗口比较器自动判断当前地电位是否合适，如果正好，启动 A/D 进行测量；如果太高或太低，则通过控制器经 D/A 对地，对电位进行浮动控制。③共模检测法。共模测量是相对同一参考点，利用精密电阻等比例衰减测量各点电压，然后依次相减得到各节电池电压。④差模检测法。采用运算放大器消除电池两端的共模电压，完成对电池电压的采样(见图 6-19)。

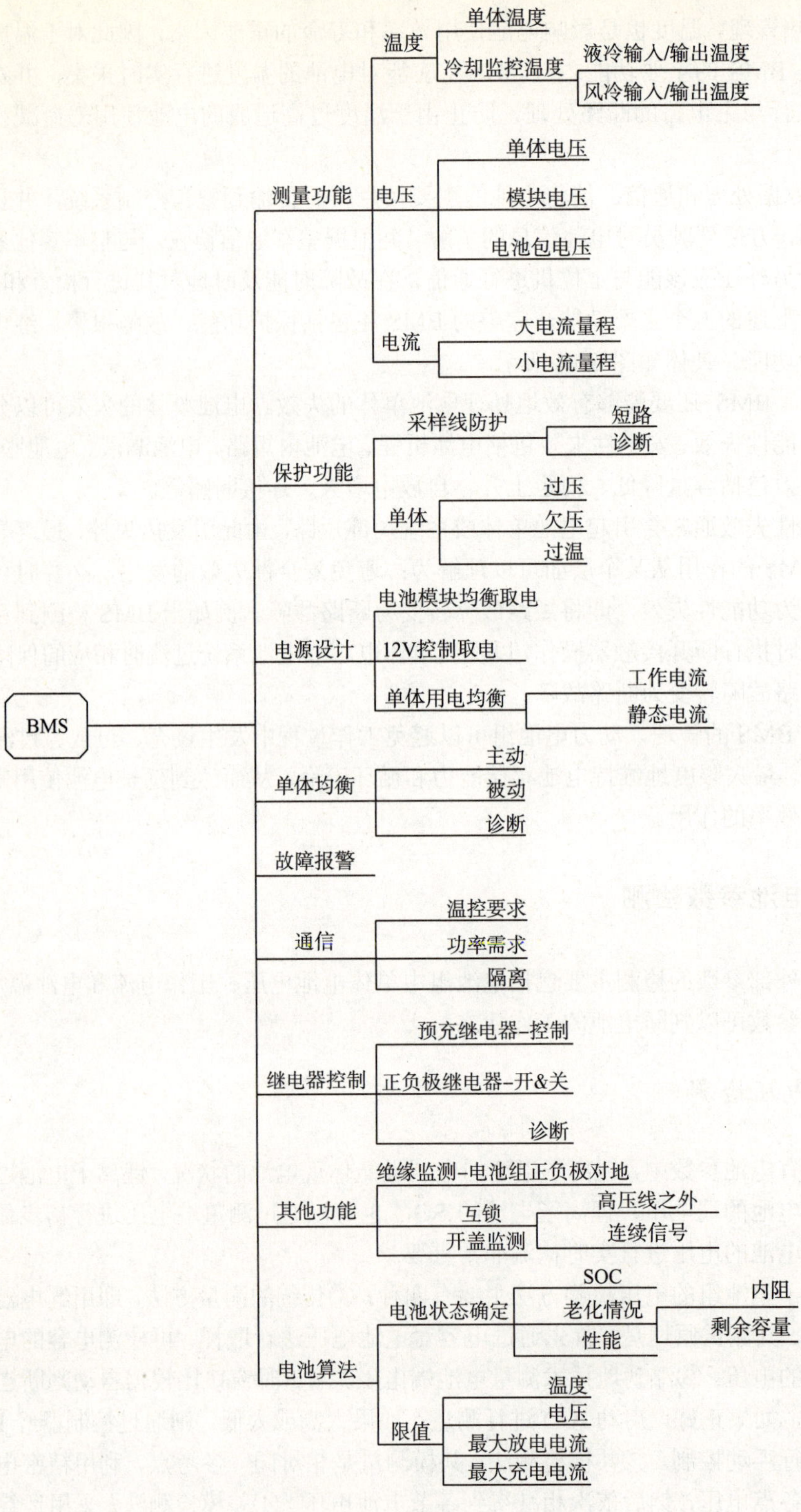

图 6-18 锂离子动力电池管理系统的功能

传统的测量方法原理简单，但是检测精度低，检测时间长。浮动地技术测量由于地电位经常受现场干扰发生变化，不能对地电位进行精确控制，因此会影响整个系统的测量精度。共模测量法电路简单，测量精度低，只适合于串联电池数较少或者对测量精度要求不高的场合。

差模测量法精度比其他三种方法都好，如图 6-19 所示的差模检测电路，适用于 12 节以下的串联电池组。在电池组单体电池数量比较多的情况下，一般是以 12 节为一个电压检测模块，再通过总线把所有模块连接在一起。在差模检测电路中，由于电压测量电路漏电流的影响，会造成电池组靠近负极的电池电量消耗过多，导致电池组的不一致。解决办法：一是提高检测电路的输入阻抗；二是在检测回路中加入控制开关；三是在电池组合的过程中，可使靠近电池组负极的电池容量稍大于靠近正极的电池容量，这样有利于减少因电压检测电路所引起的电池组的不一致。

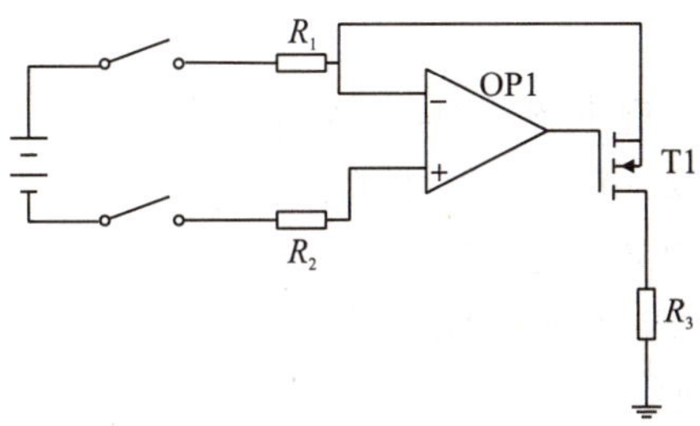

图 6-19　差模检测电路

在实际工程应用中，还有一种方法是对每个电池配置一个带 A/D 转换的单片机，或者电压检测芯片，这些单片机或者专用芯片由主控单片机统一控制，检测到的数据再通过一个光耦隔离传递给主控单片机。目前也有一些芯片厂商推出一些专用于锂离子电池组电压检测的芯片，如 Linear 公司推出的 LTC6802，可以对 4～12 节的锂离子电池组进行电压检测，大大降低了电压检测的复杂度。

2. 电流和温度检测

工作电流和温度也是电池组的重要参数，可以通过电流判断其是否出现过放和过流，还可以通过计算电流与时间的积分，估计电池的 SOC 等。而检测电池组的温度主要为了防止电池组温度过高，发生安全事故。检测温度一般是在电池组中加入多个温度传感器，检测电池组中各个点的温度。

由于动力锂离子电池组的电流往往比较大，电流的检测一般采用霍尔电流传感器。莱姆公司的 HAH1BV S/02 是一款针对纯电动汽车和混合动力汽车设计的霍尔开环电流传感器，特别适用于测量电动汽车电池组的充放电电流（见图 6-20）。其原边电流测量范围可达 ±500 A，精度高达 0.5%，采用+5 V 电源供电，副边输出电压 0.5～4.5 V。

图 6-20 HAH1BV S/02 霍尔电流传感器

6.4.4 SOC 估算

SOC 定义为电池组的荷电状态，即在一定放电倍率下，电池剩余电量与相同条件下额定容量的比值，SOC 估算具有三个方面的意义。

(1)避免电池组出现过放电、过充电。

(2)进行合理的能量分配，更有效地利用有限能量。

(3)预测车辆的剩余行驶里程。

由于电池组的特殊性，电池组的 SOC 受诸多因素影响，归纳起来主要有：充放电倍率、充放电次数、温度、自放电、电池老化等。动力电池 SOC 估算属于非线性、精度要求高的问题，给实时在线估算带来很大的困难。

SOC 的估算方法目前应用较多的有放电实验法、开路电压法、安时计量法、内阻法、神经网络法、卡尔曼滤波法等。放电实验法是最可靠的估算方法，采用恒定电流进行连续放电，放电电流与时间的乘积即为剩余电量。缺点是需要大量时间，电池进行的工作要被迫中断。放电实验法不适合行驶中的电动汽车，可用于电动汽车电池的检修。开路电压法是目前最简单的方法，根据电池的特性得知，开路电压和电池的容量存在一定的函数关系，当得知电池的开路电压，就可以初步估算电池的 SOC。这种方法在充电初期和末期效果比较好，缺点在于精度不高，而且只适用于静态检测，不适合在线检测。内阻法和开路电压法一样，也是利用电池内阻和电池的电量存在一定的函数关系来判定电池的 SOC，一般用于铅酸电池和氢镍电池。锂离子电池组内阻的在线测量包括了接触电阻以及单体电池的轮换选择，因此内阻测量误差较大，且由于锂离子的整个循环过程中内阻变化不大，所以靠内阻来判断锂离子电池组的 SOC 准确性也比较差。安时计量法是通过计算电池组电流与时间的积分，估算锂离子电池组充入和放出电量，再与电池的额定电量比较即可得知电池组的 SOC。此方法简单、稳定，精度也相对比较好，但这种方法是建立在对电流精确测量的基础上，电流测量的误差直接影响 SOC 的计算，而且会出现累计误差。神经网络或者卡尔曼滤波法会考虑一些电池组循环变化、电池老化、温度等影响，SOC 的检测精度会进一步提高。但是神经网络和卡尔曼滤波法的算法复杂，目前还未得到具体应用。各种方法的优缺点比较见表 6-3。

表 6-3　常见的 SOC 估算方法

估算方法	优点	缺点
放电实验法	准确、可靠	需中断、时间长
安时计量法	计算简单	不够准确
开路电压法	在数值上接近电池电动势	需长时间静置
线性模型法	模型简单	不够准确
内阻法	与 SOC 关系密切	测量困难
卡尔曼滤波法	适合非线性模型	需准确的模型算法
神经网络法	精度比较高	需大量训练数据

在实际应用中，对 SOC 精度要求比较低的管理系统一般可以采用简单的开路电压法，而对 SOC 精度要求比较高的可选择安时计量法。由于受锂离子电池在低温下和大电流下的放电效率下降及自放电等影响，安时计量法的关键是后期的校正，目前常用的方法是采用电压校正，与开路电压法相结合，检测精度有所提高。

目前实现电池 SOC 估算的芯片很多，比如 TI 的 BQ27ZXXX 系列、BQ2060，MAXIM 的 DS2786、DS2781/2788 等。除了 TI 的 BQ27ZXXX 是采用阻抗跟踪法之外，其他都是采用安时计量法。不过这些芯片一般都是用于笔记本电脑等精密便携式产品当中，在动力锂离子电池组的 SOC 检测方面还未出现类似的专用芯片。

6.4.5　电池组均衡

电池组中各个单体电池之间存在电压、内阻和容量等差异，而且电池组经多次循环之后这差异会更加明显。造成这种差异主要原因有：①锂离子电池制作工艺限制，即使同一批次的电池也会出现不一致；②电池组中单体电池的自放电率不一致；③电池组使用过程中，温度、放电效率、保护电路对电池组的影响。

电池不一致性引起的最明显问题就是电池组中单体电池的 SOC 不一致，即剩余电量不同。电池组充放电性能属于典型的“木桶效应”，即 SOC 最小单体电池决定电池组的放电容量，SOC 最大单体电池决定电池组所能接受的充电容量。因此，为了使电池组容量“最大化”并避免发生过充、过放电，必须将电池单体不一致程度控制在能够接受的最小范围之内。

可以通过工艺的方法，降低电池间的差异，也可以在遴选电池时选择一致性比较好的电池配组在一起，使组合后的电池组平均放电容量达到最优。除了这两种方法外，还可以使用均衡电路使电池组中的单体电池性能保持基本一致，从而提高电池组能量转换效率，延长电池组使用寿命。电池组的均衡一般是以电压均衡为目标，辅之以电量均衡，具体的领域涉及均衡控制策略和均衡方式两个方面。

均衡控制策略主要研究电池组中各单体电池不一致性程度、均衡控制起始和终止的决定条件。成组之后各个单体电池在实际使用过程中，受技术条件的限制，无法测量内部差异，只能通过外部特性判断电池的不一致性分布情况。电池的端电压能够反映出当时电池的 SOC，因此，单体电池的端电压能够反映电池组中各单体电池之间的差异，将其作为电池不一致性的判断标准，具有便于测量、反馈速度快的优势。

对于锂离子电池而言，当 SOC 处于 30%～80%时，其端电压变化范围很小，由于存在测量误差，因此难以用其精确地反映单体电池之间容量的差异，从而无法达到均衡的效果，此时可以采用一些先进的算法进行 SOC 预测。随着 SOC 预测方法的不断进步，利用单体电池 SOC 差异进行电池组均衡控制已成为当前电池管理技术研究的一个热点。

电池组均衡技术的另一个方面是均衡方式。均衡方式分为被动式均衡(passive equalization method)与主动式均衡(active equalization method)两大类型。被动均衡方式的原理是当电池过充电程度不严重时，电池通过自身温度升高的方式消耗多余能量；过充电严重时，通过电池的排气阀以气体的形式释放多余能量。该方式只能用于少量过充电不会引起永久损害的铅酸电池组，对大多数其他类型的电池并不适用。主动均衡方式的原理是利用外部电路释放单体电池或电池模块的能量，或者在电池之间实现能量的转移最终达到电池组均衡。主动式均衡根据均衡过程中有无能量损失，可分为能耗型(dissipative equalization)和非能耗型(non-dissipative equalization)两种方式，两种方式比较见表 6-4。

表 6-4 非能耗型和能耗型两种均衡方式比较

	非能耗型均衡	能耗型均衡
特点	1.采用 DC/DC 双向有源均衡电路，均衡效率高 2.充电、放电和静态过程中都做均衡 3.均衡电流大、均衡速度较快	1.电路简单，成本低廉 2.只有充电过程做均衡
问题	1.技术复杂、成本高、实现困难 2.因需频繁切换均衡电路，对电池造成的伤害大，影响电池的寿命	1.电能使用效率低 2.因电路简单，使得均衡作用效率不高

能耗型均衡原理是通过在单体电池并联一个功率电阻和一个 MOS 开关进行分流，将电池组中电压高的单体电池多余的能量释放，达到电池组电压均衡，如图 6-21 所示。这种均衡方法简单、稳定，缺点是存在能量浪费、均衡时间长和散热的问题，仅适用于能量可以及时补充的系统，通常只用于充电状态下的均衡。由于其简单可靠，所以目前锂离子电池组使用最多的就是这种均衡方法。

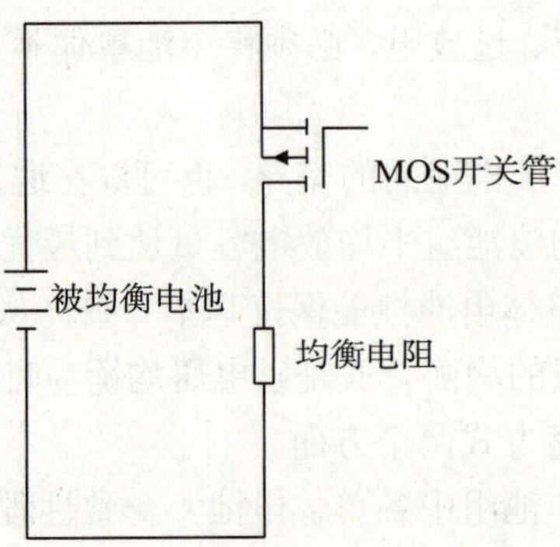

图 6-21 能耗型均衡示意图

非能耗型均衡主要包括单体电池之间能量转移方法和单体电池独立充放电控制方法。能量转移方法的原理是采用变换器、电容、电感或变压器等器件，结合控制电路组成能量传递通道，使能量在电池与电池组或电池与电池之间流动，实现能量由高容量单体电池向低容量单体电池转移，最终达到无损均衡的目的。这种方式均衡电流大、均衡效率高，但是电路、控制都比较复杂。非能耗型均衡可分为能量转换式均衡和能量转移式均衡两种。

能量转换式均衡是通过反激转换器由锂离子电池组整体向单体电池进行补充或者由单体电池向电池组进行补充。由此能量转换式均衡方式可分为两种，上限均衡和下限均衡。所谓上限均衡就是当电池组中某个电池的电压高于平均电压时，通过变压器把这个电池多余的能量反馈到整个电池组上去。而下限均衡是当某个电池的电压低于平均电压时，通过变压器把能量从电池组转换到指定的电池上去。由于同轴线圈存在一定的能量损失，会造成均衡效率降低，同时也造成均衡电路体积大，线圈绕组较难控制。

能量转移式均衡是通过使用储能元件把能量从电压高的电池转移到电压低的电池。这种方式可以使用开关电容来实现，由电容传递相邻电池的能量，将电荷从电压高的电池传到电压低的电池，达到均衡。这种方法的缺点在于控制复杂，无法用于数量多的电池组，同时由于电池组中两个电池的压差比较小，造成电容充放电的时间过长，从而造成均衡的时间过长，这种方法也称为飞渡电容法。

能量转移式均衡也可以使用电感来实现，由电感及开关器件组成 DC/DC 变换器，实现两个电池间电量的转移，如图 6-22 所示。这种方法的优点在于电量转移效率高，通常能达到 80%以上，且均衡时间短。其缺点在于只能在相邻两电池之间进行电量转移，对于非相邻的电池需要进行多次电量转移，在两电池相距较远的时候，电量转移效率下降较快，所以这种均衡方法需要一个比较好的算法来协调整个电池组的均衡，避免对两个相距较远的电池进行电量转移。

还有一种基于总线的均衡方式，均衡单元把电压高的电池多余的能量通过DC/AC变换，再通过变压器耦合，传递到总线上。然后通过 AC/DC 模块把电量充入电压低的电池，这种方式传递的效率较高，易于模块化，适合串联数量比较大的电池组，但是成本比较高。

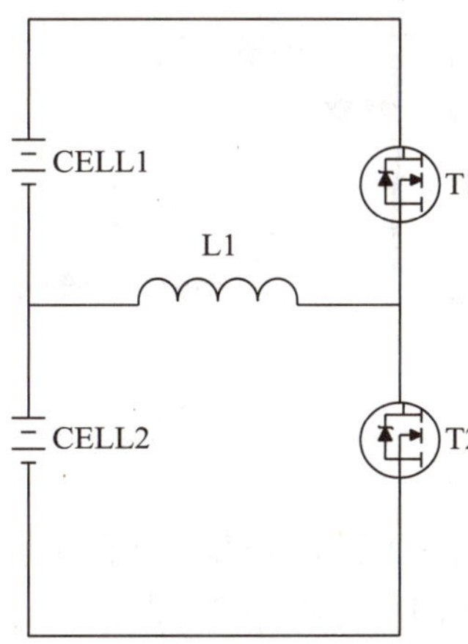

图 6-22　基于电感的电量转移均衡方法

在均衡方法上，由于耗能式均衡存在能量浪费问题，不符合节能减排的政策，所以在动力锂离子电池应用上，耗能式均衡未来将会被非耗能式均衡所取代。但是非耗能式均衡也存在电路结构复杂、成本高等亟待解决的问题。总体而言，用于动力锂离子电池组的均衡方法，应向大电流、高效率方向发展；在均衡的控制策略上，应该采取智能化均衡算法，把电压的均衡和容量的均衡结合起来，使均衡效果更加精确。

6.5 V2G 技术

1997 年，美国特拉华大学的 Willet Kempton 首次提出了 V2G（Vehicle-to-Grid）的概念，旨在通过电动汽车的充放电特性来平滑电网的负荷曲线，同时让电动汽车用户在电网负荷较低的夜间进行充电，以此来降低用电成本。

6.5.1 V2G 技术简介

V2G 的核心思想在于电动汽车和电网的互动，利用大量电动汽车的储能作为电网和可再生能源的缓冲，如图 6-23 所示。当用户需求的电能较高时，电动汽车馈电，向电网反向提供电能；当用户需求的电能较低时，电动汽车作为储能设备将电网中多余的电能储存起来，从而避免浪费。还可通过电价协调的方式让电动汽车用户获益，当电价较低时，电动汽车从电网中储存电能，而当电价较高时在保证用户对电动汽车需求的情况下，将电动汽车多余的电能出售给电网。

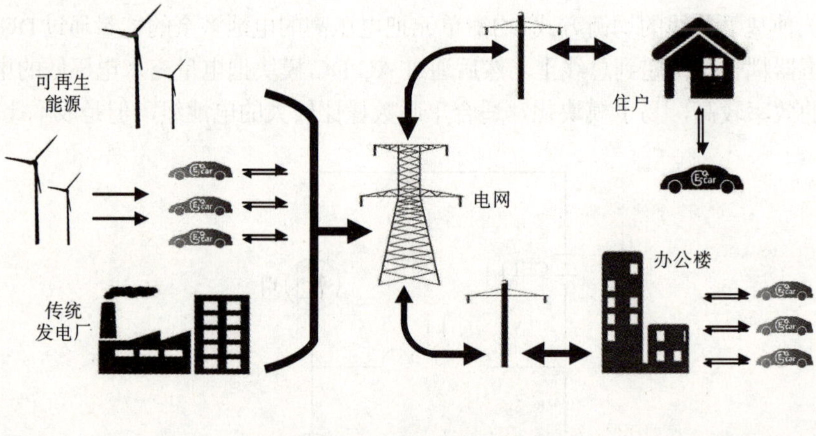

图 6-23 电动汽车 V2G 技术

现在，纯电动汽车和插电式电动汽车正逐步进入到市场中，这些电动汽车都配备有较大容量的电池。据统计，用户每天的平均使用时间为 2 h，这样大多数电动汽车平均有 22 h 处于闲置状态，而充分利用这份闲置资产将会带来额外收益。当电动汽车的规模不断扩大时，电动汽车的电池容量总和将会迅速增加，对电网来说可以将其看成是一个巨大的移动储能源。

但是，以上情况需要对大规模电动汽车进行有效管理，否则在负荷较大时，电动汽车的随意加入对电网无疑是雪上加霜。而对于电动汽车来说，其最重要的功能是满足用户的日常驾驶需求，然后才是为电网提供辅助服务，因此必须根据用户的日常使用状态来合理引导电动汽车充放电，以避免影响电动汽车的正常使用。V2G 技术的研究，将有利于协调电动汽车与电网之间的关系，使电动汽车在满足日常使用的情况下协调电网的运行，从而达到双赢目的。

6.5.2　V2G 实现方法

目前，电动汽车的种类繁多，分布密集程度各异，因此 V2G 技术的实现具有多种方法。根据对象的不同，将 V2G 技术的实现方法主要分为以下四类。

1. 集中式 V2G

集中式 V2G 是指将某一区域内大规模电动汽车统一管理，按照电网的需求，对这一区域内的电动汽车进行统一的调度，并且对电动汽车的充放电过程由制订的管理策略进行统一管理，用户只需要关心电动汽车的最低需求电量。这种集中式的 V2G 实现一般适合大型停车场采用，对电动汽车进行集中式整体调度和管理，可以实现整体的最优，而对于单个电动汽车来说不一定是最优充放电策略。在 2008 年北京奥运会和 2010 年上海世博会上展示的就是这种集中式 V2G 实现结构(见图 6-24)。

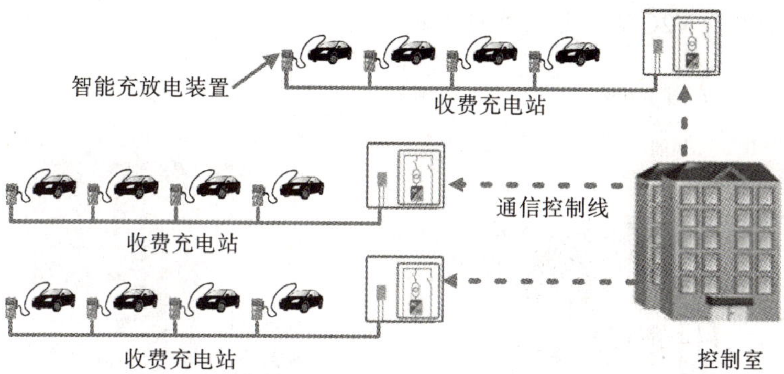

图 6-24　集中式的 V2G 实现方法

2. 自治式 V2G

自治式 V2G 技术主要是针对单个或者分布比较零散的电动汽车，它们不能被统一调度、统一管理，因而只能利用其车载的智能充电器实现 V2G。这种情况主要是由用户根据电网的电价信息，结合自身对电动汽车的使用需求来自动地实现 V2G。自治式 V2G 的电动汽车如图 6-25 所示，这种方式的实现非常依赖电动汽车的智能充电设备，好处是在保障了个人利益同时，也相对减缓协调电网的运行。但是由于每台电动汽车充电的随机性使得整体上的最优不能得到保证。除此以外，智能充电器也额外增加了电动汽车的成本。目前在美国由爱克希尔能源公司(Xcel Energy)提出的 Hybrids plus 项目，就是以自治式 V2G 方式来实现的。

图 6-25 自治式 V2G 实现方法

3. 基于微电网的 V2G

微电网是由美国电气可靠性联合会(CERTS)定义的一种由微型电源和负荷组成的系统，相对于大电网来说是一个单一的受控单元，可以为用户提供电能和热量，满足用户的用电需求以及电能质量的要求等。基于微电网的 V2G 实现实际上是将电动汽车电池等储能元件集成到微电网中，与集中式和自治式 V2G 实现方式不同的是它作用的对象是微电网，向微电网中的负荷提供能量(见图 6-26)。在美国明尼苏达州 Xcel Energy 的 Smart Grid City 项目，所采用的 V2G 就是这种实现方式。

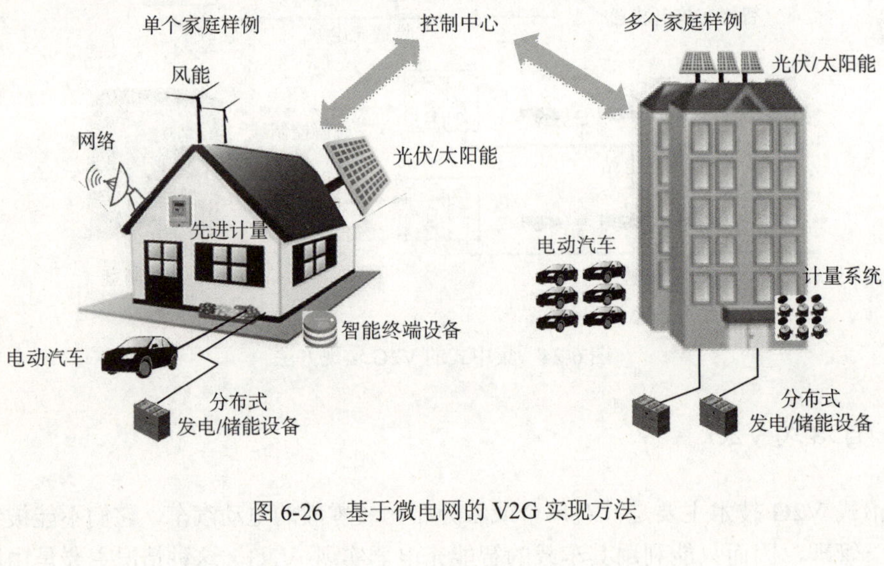

图 6-26 基于微电网的 V2G 实现方法

4. 基于更换电池组的V2G

除了以上介绍的几种V2G实现方式以外，还有一种更为直接的基于更换电池组的实现方法，其来源于电动汽车更换电池组的特殊供电模式。此种实现方式需要为电动汽车建立专用的电池更换站，电池更换站储存有大量的储能电池以保证可以实时更换电池，这些电池达到一定数量将会是一个大型的储能系统，因此可以考虑将这些空闲的电池组连接到大电网中，利用其实现V2G(见图6-27)。

这种实现方法的原理某种程度上类似于集中式的V2G实现方法，但是在管理策略上有很大不同。原因在于集中式的V2G是实时充电的，只需要保证电动汽车在充电完成时达到一定的电量，而更换电池组的V2G实现方法必须保证有一定数量的电池电量是满的，从而可以用于实时更换。从某种意义上来说，其将常规充电和快速充电的长处相融合，极大地弥补了电动汽车续航能力不足的问题。但是这种方式还有待发展，迫切需要制定关于电池和充电接口方面的统一标准，来使电动汽车充电规范化。

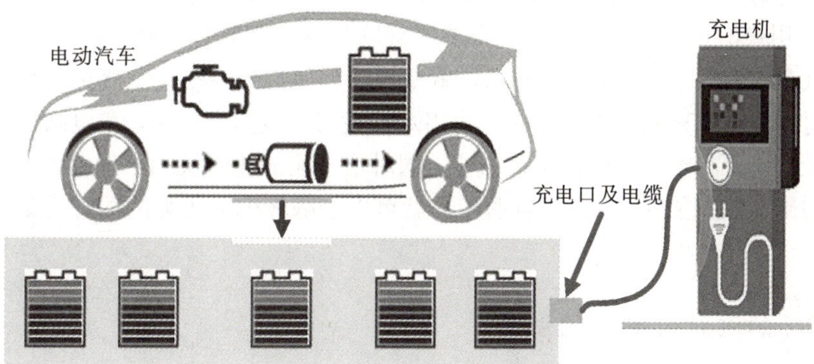

图6-27 基于更换电池组的V2G实现方法

6.5.3 V2G带来的问题

V2G技术不管是从用户角度还是从电网角度来说都带来了不错的收益，而且减少了基础设施的投资，但是对大量的V2G电动汽车进行管理和调度成为随之而来的问题。

1. V2G技术对电网端产生的影响

从电网端来看这个问题就是要解决对电网发电单元的调度问题。电网的各个发电单元容量、功率和大小都不一样，容量小的发电单元，每单元价格比较昂贵，但是它拥有较快的响应速度，一般在负荷峰值的时候启用；而容量大的发电单元相比之下每单元价格要便宜些，但响应速度较慢，适用于提供一般的基本负荷。而调度规划就是利用V2G技术，尽可能地补偿峰值负荷，从而减少容量小的发电单元的使用量，减少发电成本。这就需要根据电网负荷、可再生能源的发电量以及 V2G 系统容量等信息，计算出 V2G 单元的需求以及电量分配。而电网端将根据计算的信息给出合适的电价去引导 V2G 单元出力。

2. V2G 技术对用户侧产生的影响

上面是从电网角度来说，电力供应商以及电力运营商是以上成果的直接受益者，而从用户角度来说并没有产生利益。电网角度是从调度整体来说的，只讨论了宏观上的 V2G 实现以及电网和中间系统的运营，并没有深入每一台电动汽车的部署与分配。因此，从用户角度来讲，对单台电动汽车的智能充放电管理策略才能真正为用户带来收益。

电动汽车基于 V2G 技术实现的充放电过程可以简单描述为：中间系统根据电动汽车的充电需求合理分配供应的电量，同时根据电网负荷的需求将电动汽车多余的能量反馈给电网。对于用户来说，单台电动汽车需要首先满足自身需要，即从电网获取电量来完成每日的行驶计划；其次是通过 V2G 技术将多余的电量反馈给电网，为电网提供辅助服务，从而获取一定收益。因此，在运用 V2G 技术之前，首先需要满足用户的用车需求，随之而来就需要考虑用户电动汽车当前以及未来时间的状态，如电池容量以及电动汽车的荷电状态 SOC、用户的使用习惯、当前电网的电价以及电动汽车的位置信息等。

电动汽车 V2G 的智能充放电技术，就是设计如何将大规模电动汽车进行协调充电的问题，其制订最优的充放电管理策略，为用户寻找最大收益。例如，在电网负荷高峰期压力大，可以通过抬高电价来促使负荷减少，同时增开响应速度快的小型发电机组，而此时电动汽车利用 V2G 技术向电网提供服务，就可以在减轻电网压力的同时为车主获取较大的收益。

3. V2G 的运行对电池的影响

电动汽车最关键的部件就是电池，V2G 技术使电动汽车的拥有者通过电池反馈给电网的能量从而获得一定的收益，然而这些收益的产生是以电池的损耗为代价换来的。电动汽车电池具有一定的寿命，不断对电池进行充电和放电必然会缩短电池寿命，使电池的可用次数减少，电池容量也会随之降低。但目前也有相反的研究结论，那就是 Kotub Uddin 博士与来自 WMG 能源和电气系统集团以及捷豹路虎的同事们研究表明：电池退化取决于容量吞吐量、温度、充电状态、电流和放电深度，V2G 作为一种有效的工具，可用于优化电池的状态，达到衰退最小化。因此，从空闲的 EV 获取能量来为电网供电实际上可以使电池更健康。

6.5.4 V2G 技术与能源互联网

如前所述，V2G 将电网相连接的电动汽车作为一种分布式负荷和电源，可以向电网释放存储在其动力电池内的电能，从而为优化电网运行和安全提供积极支持。在这一概念的驱动下，学术界对 V2G 的运行模式、充放电技术以及与可再生能源发电相结合实现有序充电管理等问题进行了深入研究。

1. 电动汽车作为能源互联网分布式储能的潜力

储能系统分为集中式储能和分布式储能两类。集中式储能设施的投入成本通常较高。以中国缙云抽水蓄能电站为例，其静态投资 78.2 亿元，动态投资 99.5 亿元，设计装机 180 万 kW，平均每千瓦时成本在 800 美元以上。相对而言，典型的分布式储能，如特斯拉推出的针对家庭用户的储能设备 Powerwall 的成本已低至每千瓦时 350 美元，这意味着分布式储能技术在经济上更具有吸引力。美国 Navigant Research 发布研究报告称，2015 年，全球分布式储能容量为 276 MW，而 2018 年，全球分布式储能容量增近 10 倍至 2400 MW 左右。

目前最有吸引力的替代集中式静态储能系统的方案是未来几年大量存在于电动汽车中的动力储能电池，这是一个可能性非常高的分布式储能机会。根据中国汽车工业协会的数据，2013 年中国新能源汽车产量为 1.75 万辆，销量为 1.76 万辆。2014 年生产 7.85 万辆，销售 7.47 万辆，同比增长分别为 3.5 倍和 3.2 倍。而 2015 年出现井喷式增长，累计销量已经达到 33 万辆，全国新能源汽车保有总量达 58.32 万辆，取代美国成为全球第一大新能源汽车市场，新能源汽车已经达到临界经济性。

中国新能源汽车从 2013 年到 2015 年，销量实现了跨越式增长，按照平均每车容量 20 kW·h 计算，2015 年新增的动力锂电池容量约达 6 GW·h。科技部 2015 年 2 月 16 日出台了《国家重点研发计划新能源汽车重点专项实施方案(征求意见稿)》，再次提到 2020 年中国新能源汽车保有量达 500 万辆的目标，同时考虑到单车电池容量的提升，届时整个国内的电动汽车存储容量可达到 150 GW·h。目前国内电网的峰谷调节潜在需求年化为 73 GW·h/a，快速的负荷平衡需求占 3%的装机总量，国内需求年化为 5.2 GW·h/a，风能和太阳能发电输出平滑的储能需求，全球保守来看为 8 GW·h/a。从上述数据可以看出，如果合理利用，由电动汽车构成的分布式储能系统在未来的 5～10 年将会发挥巨大的作用。

2. 将电动汽车变为储能单元的支撑技术

电动汽车及其动力电池对电网扮演着两种不同的角色，电动汽车的动力服务作为一项庞大的负荷，将可能占据整个电网负荷的极大比重，其运行对于电网安全会产生重大影响；同时，电动汽车的动力电池作为一种储能装置，其能量存储的总量对于电网来说又是一种保障和优化电网运行的积极资源。因此，如何让电动汽车及其动力电池在这两种角色之间平稳自由地转换，成为电网与电动汽车相结合的关键问题之一。

在物理结构上，能源互联网由若干个能源局域网相互连接构成，能源局域网由能源路由器、发电设备、储能设备、交直流负载组成，可并网工作，也可脱网独立运行。其核心设备能源路由器由智能能量管理 DGI 和固态变压器 SST 组成，DGI 根据收集的能源局域网中发电设备、储能设备和负载等信息做出能量控制决策，然后将控制指令发送给 SST 执行，即 DGI 控制信息流，SST 控制能量流。

在实际使用中，不同电动汽车可能具有不同的接口总线类型、电压等级、功率级别和电能质量要求，而能源路由器作为一种转换和分配电能的智能接口，可以通过交流或者直流总线端口连接这些不同的子系统。同时能源路由器在低电压侧与电网侧实现了强解耦，将电网侧电压/频率参数与电动汽车隔离开，这对增强系统稳定性也起到非常关键的作用。正是由于能源路由器这些在接口兼容性和能量管理灵活性方面的优势，在能源互联网的支撑下，通过能源路由器将电动汽车变为分布式储能系统变得切实可行。

3. 电动汽车分布式储能系统方案

分布式储能方案按照将电动汽车动力电池变为储能单元后，通过即插即用接口与能源路由器进行信息和能量交换，由能源路由器对充放电进行智能化管理控制三大部分进行。

(1)储能单元代理。为了将电动汽车变为通用储能单元，电动汽车的动力电池及充放电系统的对外接口必须进行智能化和标准化，这通过分布式储能单元代理来实现。该代理可以驻留在电动汽车车载系统内部，或者能够与电动汽车能量管理系统实时交互的智能手机里。储能单元代理的功能是根据不同的电动汽车类型，自动适配设计好的不同储能单元模型，这些模型是根据电动汽车出厂时提供的电池类型、材料、容量等信息自动生成的。同时储能单元代理还实时监控电动汽车的电能状态，将该信息结合手机 APP 上体现的用户参与度、运营商的实时定价，以及用户对电动汽车预期使用情况而确定的充电因素和放电因素，一并通过信息接口传递给能源路由器进行处理。

(2)即插即用接口。即插即用接口和电动汽车储能单元代理共同作用，从而识别和集成电动汽车分布式储能资源。当电动汽车接入或脱离能源互联网时，此接口必须支持数据通信和电力潮流的无缝操作。接口为支持智能和非智能两种工作模式的自适应端口，其中非智能模式主要根据其感受的外部设备行为进行识别，这类设备通常是没有安装储能单元代理的电动汽车。而智能端口模式下会与外接电动汽车储能单元代理进行积极的状态沟通，通信内容包括设备描述信息、功率需求、能量需求、调度目标的同步活动等，从而为能源路由器后端控制提供参考。智能端口模式还提供可调电压的交直流总线以匹配不同电压级别、功率级别的电动汽车动力电池。同时具有故障检测与隔离功能，能够将有安全隐患的设备从能源路由器断开。

(3)能源路由器。能源路由器具有最基本的负荷变化感知能力，当电动汽车接入或离开电网时，可以实现动态网络的重构，并根据新的网络结构进行能量流动优化，然后据此进行分布式决策计算，实现各储能单元的能量流分层控制。其执行通过对交流和直流总线的控制来实现。能源路由器通过即插即用接口对储能单元的支撑是实施方案的核心内容，其在硬件上通过 SST 电力电子和时间敏感控制实现对不同电压和功率级别外部储能单元的支撑。在软件上实现能量管理优化及非时间敏感控制，确保能量的有序高效流动。同时限制能源路由器的总负荷，从而实现与大电网的友好协调。这和常规的固态变压器相比要求有更强的适应性。能源路由器支撑的电动汽车储能单元的工作流程如图 6-28 所示。

当前，汽车工业正在进行一场低碳革命，这实际上是一次电动汽车大规模代替传统汽车的过程。电动汽车的产业化是 V2G 大规模投入运用的基础，但是由于商业化模式尚未形成，市场上电动汽车还存在着价格偏高的问题，这使得 V2G 技术的发展相对来说比较迟缓。因此，若要将 V2G 技术的智能充放电过程融入商业化运作，最关键的是要激发电动汽车终端消费者的购买欲望，培育起大规模成型的终端市场。目前，已经有很多国家在电动汽车市场推广上制定并实施了大力度的补贴措施。在具体政策安排上，除了补贴和税费减免之外，政府还可考虑建立与汽车能耗和污染排放挂钩的税收机制，增加传统燃油车的使用成本，从而提高消费者购买和使用电动汽车的积极性。

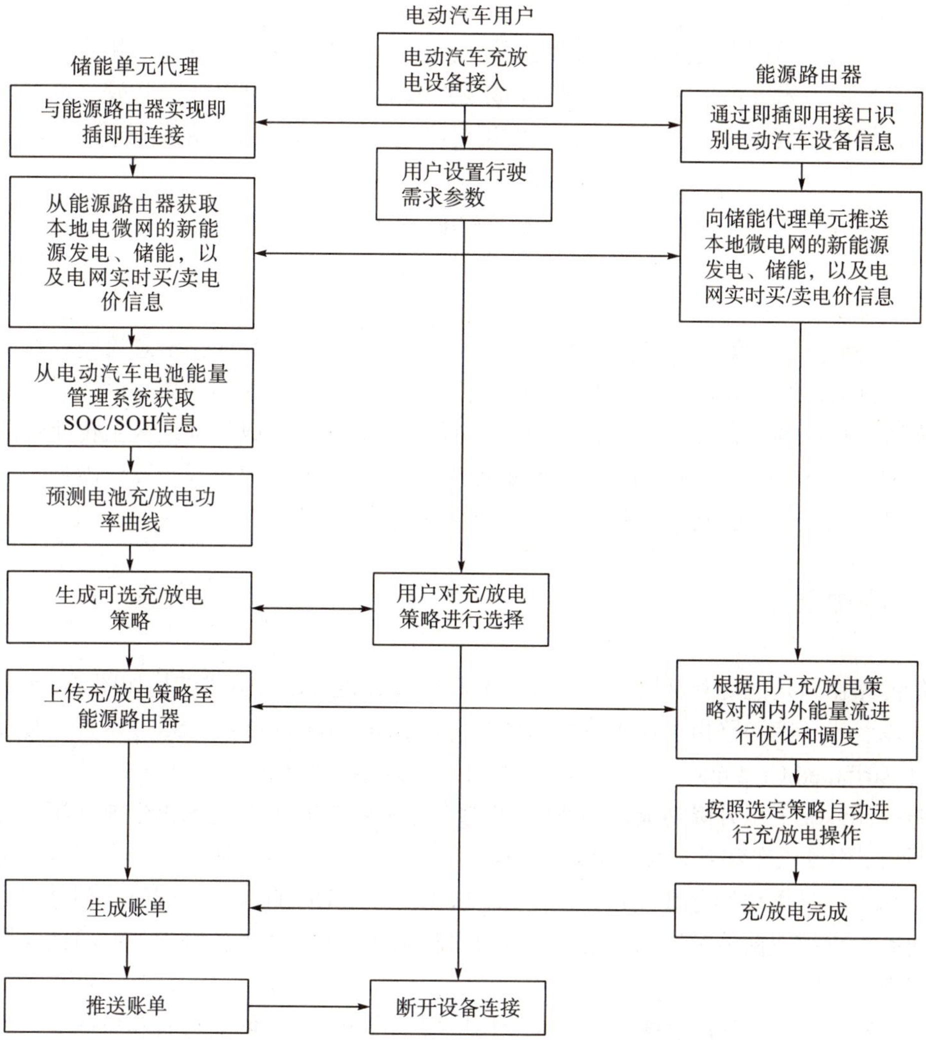

图 6-28　能源路由器支撑电动汽车储能单元工作流程图

第7章 能源路由器

能源互联网旨在实现能源更广泛地利用与分享，能源技术、控制技术和信息技术为其提供了良好的技术支撑，在分析Internet成功经验的基础上，可以认为开放、可扩展、可控制的连接交换设备——能源路由器的实现是推动能源互联网普及的直接力量。

7.1 能源路由器结构和功能

实现不同特征能源流融合是能源路由器必须具备的功能，其根据信息流完成对能量流的控制，包括能源的高效传输装置、低损耗转换装置、高效能源自由路由装置等。通过这些装置可实现能源远距离、高功率、低消耗的传输和调配，完成不同地区上传能源的全网优化分配，实现不同地区用能需求的全网调配。优化的能源路由方式与高效能量传输装置的结合是实现能源互联互通、共享能源生产与分配的核心环节。

7.1.1 路由器组成

能源路由器是能源互联网运行与控制的具体实施装置，其组成结构如图7-1所示。从图中可以看出，能源路由器由固态变压器(Solid State Transformer，SST)装置、智能能量管理(Distributed Grid Intelligence，DGI)软件以及通信接口构成。其中SST装置执行功率和能量控制以及电压升降功能。由SST连接的子系统包括分布式可再生能量源、分布式储能设备、电动汽车和各种可控智能负载。这里的固态变压器本质上是一个三端口电能交换机，由10 kV配电网总线端口、AC交流总线端口和DC直流总线端口三部分组成。该结构可有效支撑双向能量流动，控制有功功率和无功功率，并为各种设备的即插即用接入提供可能。

在功能划分上，DGI根据收集的能源局域网中发电设备、储能设备和负载等信息做出能量控制决策，然后将控制指令发送给SST执行，即DGI控制信息流，SST控制能量流。针对电力能源，承担局域能源单元与骨干网络互联的能源路由器能够实现骨干高压能源流到低压能源流的变压调节、交流能源和直流能源的相互转换。局域能源单元互联的能源路由器可消纳可再生能源生产，保证可再生能源的高效利用。同时，路由器能够感知负荷和能源供应变化，具备改变能源流动方向和数量的功能，以保证能源流的适时流动。在多级别变压和能源存储管理技术的支撑下，可对负荷进行监控和自动调节。此外，路由器还可实现能源质量的监控和调节，以及自动安全保护等功能。

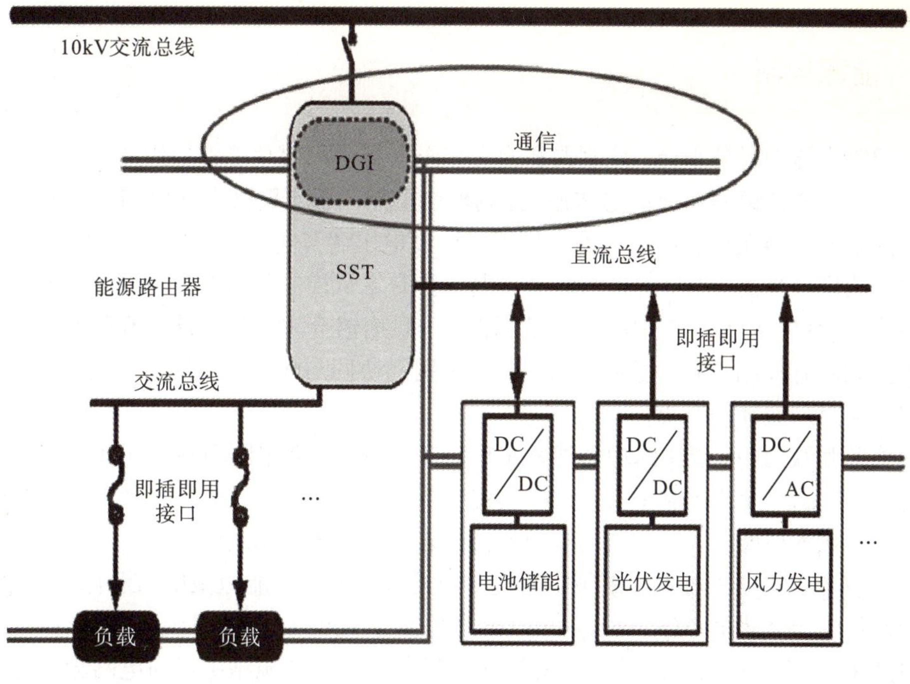

图 7-1　能源路由器组成结构

具备上述组成结构的能源路由器能够为分布式可再生能源发电和储能提供即插即用的交/直流接口，同时实现电压变换、电压隔离、提升电能质量、能量双向流动的综合调节能力。并根据故障情况或系统需要，自主地与主网分离，提高电网的自愈性，以及控制网内的馈线潮流，实现功率的快速调节。总之，能源路由器作为构成能源互联网的基本组成单元，其提供能量汇聚、灵活分配、精准控制、无差别化接入等功能，为能源互联网设施自下而上的自治组网、分散式网络化协同控制提供至关重要的软硬件支撑。

7.1.2　路由策略

在能源互联网中，分布式能源单元不仅是能源负荷，也是重要的能源供应来源，实现不同特征能源流融合是能源路由器必须具备的功能。首先，能源路由器必须要保证流入的能源满足质量要求；其次，应能够保证能源合理流动，实现恰当数量的能源流向恰当的负荷；最后，能够及时监控能源流的质量，实时调节保证能源流的安全流动。

能源路由器以保障能源信息高效安全转移为目标，实现规范化、软件可定义化的能源信息路由控制系统，是能源互联网的核心控制单元。针对能源互联网中存在的“能量传输拥塞”和“能量负载均衡”问题，在复杂网络的基础上，对不同应用场景可使用不同的路由策略。针对“能量传输拥塞”问题，可以使用基于边权的路由策略。针对“能量负载均衡”问题，可以使用基于网络邻节点负载的路由策略。在同时考虑“能量传输拥塞”和“能量负载均衡”的情况下，则使用联合路由策略。

7.1.3 能源控制

能源路由器由通信平台、控制器和固态变压器三个主要功能模块组成。通信单元与控制器之间通过通信链路实现信息传递。控制模块重点在于实现微电网内和微电网间的能源配送。固态变压器在控制器信息的支撑下，通过电压调节实现各接口间电流的有向流动，保证电力的供需平衡。能量管理与协同控制主要有主从控制与对等控制两类。主从控制的拓扑结构较为僵化，且主控中心计算量巨大，一旦崩溃会波及整个能源互联网系统。分布式对等控制没有控制中心，能量控制主要采用网间协同与配合，使用动态拓扑结构，具有能源网与信息网叠加的特点。

在能源互联网中，能源路由器通常采用对等控制，即微电网中各分布式电源的地位相当，没有主控制单元或控制中心，这样在实现系统能量平衡的条件下，微电网中的任何分布式电源的接入或断开，对系统的影响和冲击较小，增加了系统的鲁棒性。其中下垂控制策略是目前分布式电源对等控制策略研究中应用最广的。从能源微电网运行控制的角度，下垂控制策略定义为 P-Q(power quality)模式和 V-S(voltage source)模式。

(1)P-Q 模式也称为负载模式，按照 P-Q 模式运行的能源路由器向电网输送功率或从电网吸收功率，能源路由器与电网同步运行。电压和频率由大电网控制，此时的能源路由器对配置的分布式发电和储能装置没有特殊要求，甚至可以只配置负载。能源路由器如果没有配置分布式发电及储能装置，则可等效为负载。

(2)在 V-S 模式下，当能源微电网接入大电网运行时，其运行模式与 P-Q 模式基本相同，主要是向电网输送或吸收功率。能源微电网脱离电网孤立运行时，能源路由器具有对微电网系统的电压和频率稳定的作用，同时能源路由器需要配置容量相对足够的能源和相应速度较快的储能装置。

当能源微电网与大电网联网运行时，系统的电压和频率主要由大电网支撑，能源路由器没有稳定频率和电压的作用，主要是为系统提供灵活调节，使系统能够经济地运行。当能源微电网进入孤岛模式运行时，系统内的能源路由器将会有部分或者全部的运行模式是在 V-S 下进行的，因而能源微电网可以有稳定的运行环境，系统的频率和电压都能运行在误差范围之内。由上可以得到，如果能源路由器不是运行在 V-S 模式下，那么能源微电网系统的性能将达不到用户的要求，因此 V-S 模式的能源路由器在能源微电网中起关键性作用。

分布式能量管理与协同控制技术实现中主要有以下几个方面的困难：①节点异质和通信时延等情况；②适应“即插即用”的动态网络拓扑结构；③保证系统整体的一致性。可以从以下几个方面进行技术突破：①设计物理结构简单、逻辑快速的控制网络拓扑结构；②采用动态性、适应性较强的分布式人工智能控制技术，对能源互联网中的多个微电网节点进行并行、相互协作的控制。

7.1.4 即插即用接口

随着太阳能电池模块、小型风力发电机组等分布式发电设备成本的持续下降，烦琐的设备安装、互连等非硬件成本占分布式电源总成本的比例越来越大，固定的拓扑结构也降低了系统的安全性与灵活性。为了降低接入设备的非硬件成本，提高能源互联网的动态拓扑性、灵活性和安全性，要求能源互联网中的能源路由器和分布式能量设备满足即插即用的特性。即当电气设备插入能源路由器时，通过既定的握手协议等信息交互过程后，路由器可迅速识别电气终端的类型和状态，按终端请求立即采取相应的电气形式进行能量交互，与此同时更新系统连接配置和状态。

对于能源路由器而言，即插即用具有两层含义：一是在电气层面上，能源路由器应当支持分布式设备在任何时候均可以安全地接入和退出网络；二是在信息层面上，能源路由器可以在分布式设备接入后，自动实现设备的身份识别、寻址、信息采集、数据交换与管理等功能。具体功能体现为：①类似于计算机的“USB”接口协议，能够快速感知与描述负载、储能、发电等设备；②具有开放的硬件平台，能与现有电网很好连接；③能量设备接入或脱离时能自动快速进行能量与信息的接入与断开。

当前，为了实现用户侧的智能设备的互联，不同公司与组织开发了大量不同的标准、协议和技术。这导致了用户侧智能设备互联这一领域的碎片化现象非常严重，大量的系统互不兼容，无法真正实现能源信息的互联共享。因此，为能源互联网内大量分布式设备即插即用与信息共享制定统一标准与协议，是实现能源路由器的当务之急。

7.1.5 信息保障机制

具备信息通信和信息处理功能是能源路由器有效运行的必然要求，且各能源路由器不仅能够分享其管理范围内所采集的实时信息，还能够对得到的信息进行处理和利用。只有通过构建一个开放的能源信息网络，才能实现分布式设备开放自由接入和能源的分布式生产。信息是决定能源路由器控制策略恰当与否的关键，准确性和时效性尤为重要。一方面，要求所有策略的选择都能够受最广泛信息的支持，避免片面信息引起决策失误；另一方面，要求所有信息必须被及时传送，避免过时信息的影响。

信息保障的实现需要能源路由器具有两方面的功能：通信和计算。通信功能要求能源路由器应具有通信接口，能够与通信链路连接实现信息的接收与发送。为保证信息的传输时延、可靠性和安全性，能源路由器可以设置为支持多种通信模式，不仅能够便于在多种情况下保证通信功能的实现，还为通过冗余传输保证通信可靠性提供基础。此外，设计有针对性的通信协议和安全防护机制也是通信功能保障必须考虑的问题。

计算功能要求能源路由器具有信息处理模块，一方面可以联合信息采集设备，完成原始数据的收集和存储，并进行冗余信息的过滤和初步处理；另一方面，设计高效的信息处理架构或借用数据中心完成数据的深层次处理，并把有用信息发送到相应控制单元。在信息采集阶段可以借用物联网的研究成果，而云计算和大数据方面的研究成果可以较好地支撑信息的高效计算。

7.1.6 用能策略

支持用户个性化能源使用策略是能源互联网的主要功能之一，其实现基础在于支持用户和能源互联网的交互。一方面，用户可以根据当前能源供应形势调整自己的能源使用策略，能源互联网根据所有用户能源策略制定能源供应模式满足用户需求；另一方面，能源互联网会搜集不同用户的能源使用数据，从中计算出相应的能源使用规律，制定合理的能源使用策略，提供最佳使用策略反馈给用户，供用户选择。因此，能源路由器应具有接收和处理所管理区域内用户请求的能力，并且能够及时准确地将能源价格等反映当前能源供应形势的信息反馈给用户。

未来的能源单元从范围上来看，可以包括单一设备、家庭、建筑物、小区甚至一个区域或国家，定制化策略保障具有明显的范围特征要求，所需的信息和能源支撑方法存在差异，要求路由器具有针对性的解决方案。对于特定设备，如电动汽车，其对应的用电策略可能仅包括充放电管理，此时需要能源网络提供当前的电压、电流和能源价格等信息，并能够接收和识别电动汽车的能量管理策略，而汽车设备的移动性支持则要求能源路由器之间具有协同工作机制。随着能源单元范围的扩大，包含的设备数量、类型都将大幅度增加，以家庭为例，它可以包括能源存储设备、能源生产设备和能源消耗设备。此时能源路由器的工作重点在于协调各设备间联合工作，按照既定目标安排能源生产、存储和消费。

7.1.7 运行管理

网络运行管理对能源互联网来说同样重要，实时保持网络的可用性、可扩展性、可靠性、可生存性、安全性等是其追求的目标。在能源路由器中设置管理功能模块，开发针对性的管理协议，对于能源互联网的运营具有重要意义。从功能角度看，管理功能应包括网络的接入识别、管理策略的远程部署、异常处理和修复，以及日志文件的设定与管理等。

远程控制管理将提高管理的效率，为保证网络的可靠性和可用性提供技术支持。能源路由器作为能源单元接入能源互联网的统一手段，友好便捷的管理界面是必不可少的，即实现类似 Internet 中路由器的 Web 管理界面。通过该界面，用户可以根据需求选择或配置其需要的功能模块，从而实现对通信、能源接口的有效管理。此外，异常的自动化处理和修复是对时效性要求较高的能源互联网系统必须具备的功能，从能源角度看，远动、继电保护、测距等业务必须支持，通信模块为指令的传输提供支撑，通信模块和管理控制模块的联动是保证该管理功能实施的关键，规定和开发相应的标准是实现该功能的主要方式。而记录系统运营过程中发生的各种信息，形成日志文件，对系统的持续优化运行至关重要。针对能源互联网运营，设计合理的路由器日志文件内容和格式也必须引起足够重视。

7.2　固态变压器技术

能源路由器是能源互联网实现能量互联和管理的核心设备，其通过对接口上各种设备信息的采集做出智能决策，然后通过能源路由器的执行设备——固态变压器对网内设备进行管控。

7.2.1　工作原理

随着高渗透率下可再生能源发电设备及储能设备接入，传统变压器的供电质量等方面难以满足能源互联网建设和发展的需求，而固态变压器作为一种利用电力电子器件进行高频下能量和功率控制的变换器，被认为是能源路由器的核心技术。固态变压器是将变压器原边的工频信号通过高频开关转换成高频信号，耦合到隔离变压器的副边，再由高频开关转换成工频信号。在此过程中，通过相应的控制策略来完成将电能从一种波形和频率转换成另一种波形和频率。固态变压器工作在高频信号下，其重量和体积将随着频率增加相应减少，有助于其小型化、模块化发展，提高整体利用效率。

固态变压器的工作拓扑如图 7-2 所示。该拓扑由 AC/DC 整流部分、DC/DC 高频降压变换和 DC/AC 逆变部分组成。在该三级功率电路级联拓扑中，第一级整流部分将 10 kV 高压交流整流成 15.8 kV 高压直流，高压输出端的电容将第一级整流部分与第二级高频降压变换部分解耦后，能单独进行控制，使得高压直流稳定输出。第二级高频降压部分 15.8 kV 高压直流通过双有源桥隔离变成 400 V 低压直流电，给可再生能源发电设备、储能设备和各类直流负载提供低压直流接口，组建相应的直流能源局域网，其低压输出电容同样起到解耦作用，使其可以单独控制，输出稳定的低压直流。第三级逆变部分将低压 400 V 直流电逆变成工频 220 V 交流电，输出供给交流负载供电。整个固态变压器起到统一接口的作用，可以在此基础上搭建直流-交流混合能源局域网。

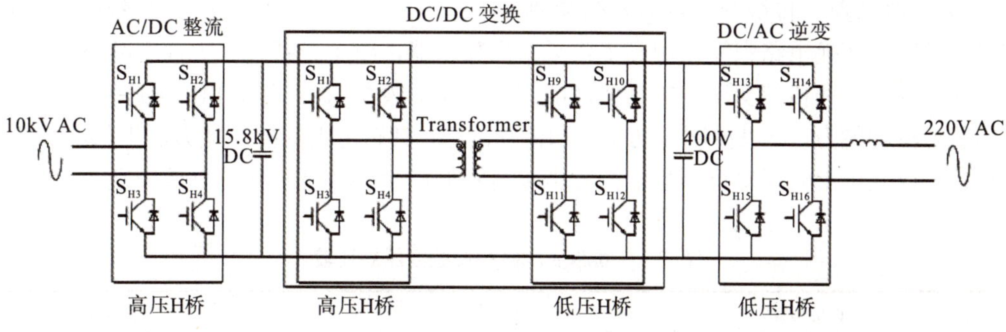

图 7-2　固态变压器电路拓扑

固态变压器的第一级整流部分输入电压等级可达 10 kV 甚至更高，由于没有合适的高压、高频功率半导体器件，多采用器件串联的方式，使拓扑结构变得更为复杂。目前全球研究固态变压器主要包括：欧盟的 UNIFLEX-PM 项目，采用每相 4 个 H 桥串联的方式承受 1.9 kV 电压；美国 FREEDM 中心的第一代固态变压器采用 6.5 kV 的 IGBT 器件，通过单相串联 H 桥的方法承受 7.2 kV 的电压，而利用 SiC MOSFET 研制的 FREEDM 二代固态变压器，实现 AC/DC 的变换效率达 97%，体积仅为第一代的 1/5。随着 SiC 功率器件开关频率不断提升，新型基于 SiC 的 MOSFET 耐高压(15 kV 以上)器件不断研制，这将为能源互联网的大规模应用奠定重要基础。

7.2.2 功能特点

固态变压器融合了固态技术和变压器技术，应用电力电子变换器与高频隔离变压器结合的方法，相对于传统变压器来说，固态变压器具有以下新功能。

(1) 电压下陷补偿。当电网输入电压短期下降时，固态变压器可以补偿功率差额维持输出电压稳定，这种直流总线的能量存储功能可以满足用户特定需求。

(2) 断电补偿。和电压下陷补偿原理类似，在外电网断电时，固态变压器可以通过内置储能设备提供全电压补偿。

(3) 瞬时电压调整。当电力系统或者负载出现波动时，固态变压器因为具有的能量缓冲功能可以维持输出电压恒定。

(4) 故障隔离。固态变压器能起到电网和负载故障相互隔离的作用。

(5) 单位功率因数校正(无功功率补偿)。固态变压器能在一定功率范围内保持单位功率因数运行，也可以根据系统需要产生或吸收一定的无功功率。

(6) 谐波隔离。非线性负载产生的畸变电流会积累到变压器的主边，而固态变压器能维持输入电流不畸变，运行在单位功率因数下。

(7) 直流输出。固态变压器具有 400 V 直流输出，使得分布式能源的接入更方便。

(8) 分布式信息量自动测量。固态变压器能自动测量包括瞬时电压、电流、功率因数、谐波量、功率、故障电流和故障电压等参数。

(9) 环境效益。传统变压器需要绝缘油等液体，而固态变压器不需要绝缘油，对环境友好，且因为变换电路中间采用高工作频率的变压器，整个设备体积大幅度减小。

固态变压器和传统变压器的具体性能比较总结见表 7-1。可以看出，固态变压器具有双向能量流动能力，可以控制有功功率和无功功率，具有更大的控制能力以提供即插即用支持，在此基础上实现对可再生能源发电设备和储能设备以及负载的有效管理。

表 7-1 固态变压器和传统变压器比较

评价指标	传统变压器	固态变压器
无须绝缘油	×	√
紧凑的体积和重量	×	√

续表

评价指标	传统变压器	固态变压器
无功补偿	×	√
电压下陷补偿	×	√
电压调整	有限，缓慢	√
断电补偿	×	√
谐波隔离	×	√
直流输出	×	√
可选储能	×	√
故障隔离	×	√
双向能量流动	×	√

7.2.3　先进控制方法

目前固态变压器的经典比例积分(PI)控制是基于变压器各级功率变换电路稳态数学模型，进行小信号分析设计的。而固态变压器工作在高温高压环境下，其电路参数会发生变化，固态变压器的输入端高压交流电网可能会出现三相电压不对称、电压突变等情况。其低压直流端口接入的可再生能源发电设备也属于不可测、不可控的负功率负载，其交直流端口接入负载的突变会对固态变压器稳定安全工作造成一定干扰。经典的 PI 控制只具有小信号稳定性，在以上工作条件变化情况下稳定性能会变差，不能达到预定工作目标。

固态变压器的三级功率变换电路各级通过解耦电容使得每一级可以独立控制、独立工作，这方便了对每一级电路控制方法的改进。第一级整流器要求：输出的高压直流稳态误差小，输入电流正弦化，系统在外界扰动下，调节迅速，能抑制直流电压大幅度波动；第二级双有源桥变换器要求输出低压直流电压稳定；第三级逆变器三相 PWM 逆变器要求输出电压正弦化且总谐波畸变率低。

可以将每一级电路用先进控制方法进行优化控制，如利用神经网络的任意逼近及自适应学习能力，建立神经网络内部模型，进行相应预测，并在线修正可以获得有较好鲁棒性的整流器控制方案。同时利用神经网络对逆变器输出电压畸变进行模型参数、负载变化方面补偿，可以很好地抑制输出电压畸变。利用滑模控制对外部干扰及内部变化的不敏感性，设计相应滑模控制器，可以改善整流器和逆变器性能，提高鲁棒性。将模糊控制的无须精确模型以及鲁棒性和快速调节的性能优点，应用在整流器控制设计中，可优化电流响应性能，实现快速、无超调的输出电压控制。

利用重复-模糊控制策略，克服逆变器启动超调现象，获得较低的总谐波失真(Total Harmonic Distortion，THD)，提高动、稳特性。利用单周期控制易于实现、鲁棒性好、稳定性好及动态响应快等优点，改善整流器性能，使得其在负载变化时，有着良好的动态响应，且功率因数近似为 1。基于单周期控制的逆变器控制，同样提高控制器的动、稳性能，同时获得 THD 小于 3%。

利用自适应控制在工作状态发生变化时的自适应性，自适应地调节双有源桥的 PI 参数，能获得更好的瞬态反应能力和稳定的直流输出电压。将自适应控制和滞环电流相结合，能克服滞环电流控制开关频率不固定的特点，同时保留其稳定性和高动态响应，使得逆变器输出电压波形失真率小，谐波含量低。

利用预测电流控制能实现整流器输入电流的准确跟踪，使输入电流尽量正弦化。利用模型预测控制可以对逆变器进行控制，而无须设计控制器参数，且使逆变器在各种负载情况下均具有良好性能。除此之外，可以应用无源性控制、平坦控制、边界控制等方法对固态变压器的各级变换电路进行改进，不断提高固态变压器整体性能表现。

7.2.4 固体功率器件

固态变压器作为一种新兴的电力电子变换器技术，在很多的研究领域还不是很成熟，其中比较关键的就是基于碳化硅(SiC)的新型宽禁带材料的研制。固态变压器要工作在高温、高压、高频的环境下，并且小型化也要求固态变压器具有高功率密度，而 SiC 材料在高压、高温、高频环境下表现出比硅(Si)材料更优异的性能。未来的发展趋势是 SiC 材料将逐渐取代 Si 材料，成为固态变压器中功率半导体的主要材料。

SiC 是一种Ⅳ-Ⅳ族化合物半导体材料，具有多种同素异构类型。其典型结构可分为两类：一类是闪锌矿结构的立方 SiC 晶型，称为 3 C 或 β-SiC，这里 3 指的是周期性次序中面的数目；另一类是六角型或菱形结构的大周期结构，典型的有 6 H、4 H、15 R 等，统称为 α-SiC。作为一种宽禁带半导体材料，SiC 对功率半导体可以说是一个冲击。这种材料不但击穿电场强度高，热稳定性好，还具有载流子饱和漂移速度高、热导率高等特点。

具体来看，SiC 导热性能是 Si 材料的 3 倍以上，在相同反压下，SiC 材料的击穿电场强度比 Si 高 10 倍，而内阻仅是 Si 的 1%。SiC 器件的工作温度可以达到 600℃，而一般的 Si 器件最多能坚持到 150℃。因为这些特性，SiC 可以用来制造各种耐高温的高频大功率器件，应用于 Si 器件难以胜任的场合。以 SiC 肖特基二极管为例，它是速度最快的高压肖特基二极管，无须反向恢复充电，可大幅降低开关损耗、提高开关频率，适用于比采用 Si 技术的肖特基二极管高得多的操作电压范围。

采用硅材料的 MOSFET 在提高器件阻断电压时，必须加宽器件的漂移区，这会使其内阻迅速增大，压降增高，损耗增大。阻断电压在 1200～1800 V 的 MOSFET 不仅体积大，而且价格昂贵。IGBT 虽然在高压应用时可降低导通功耗，但若开关频率增加，开关功耗亦随之增大，因此 IGBT 在高频应用上亦有其本身的限制。而用 SiC 做衬底的 MOSFET，可轻易做到 1000～2000 V 的 MOSFET，其开关特性(结电容值、开关损耗、开关波形等)则与 100 多伏的硅 MOSFET 相若，导通电阻更可低至毫欧。在固态变压器应用上，完全可取代硅 IGBT，提高系统的整体效率以及开关频率。

如上所述，SiC 功率器件以其高耐压、低损耗、高导热率等优异性能，可以有效实现电力电子系统的高效率、小型化和轻量化，被普遍认为是替代 Si 基功率器件最理想的新型半导体器件。随着 SiC 材料及其功率器件制备技术的不断成熟，成本和可靠性的不断优化，SiC 功率器件将在能源路由器等新能源领域有着广泛应用前景。

参 考 文 献

曹军威, 2015. 分层分级发展能源互联网[J]. 伺服控制, (Z2): 36-37.

曹军威, 孟坤, 王继业, 等, 2014. 能源互联网与能源路由器[J]. 中国科学: 信息科学, 44(6): 714-727.

慈松, 李宏佳, 陈鑫, 等, 2014. 能源互联网重要基础支撑: 分布式储能技术的探索与实践[J]. 中国科学: 信息科学, 44(6): 762-773.

董朝阳, 赵俊华, 福拴, 等, 2014. 从智能电网到能源互联网: 基本概念与研究框架[J]. 电力系统自动化, 38(15): 1-11.

侯朝勇, 2013. 储能技术在能源互联网中的应用[C]// 2013·学术前沿论丛——中国梦: 教育变革与人的素质提升. 北京: 北京师范大学出版社.

刘开俊, 2015. 能源互联网发展路径探究[J]. 电力建设, 36(10): 5-10.

沈洲, 周建华, 袁晓冬, 等, 2014. 能源互联网的发展现状[J]. 电力工程技术, 33(1): 81-84.

于慎航, 孙莹, 牛晓娜, 等, 2010. 基于分布式可再生能源发电的能源互联网系统[J]. 电力自动化设备, 30(5): 104-108.

曾杰, 2009. 可再生能源发电与微网中储能系统的构建与控制研究[D]. 武汉: 华中科技大学: 45-60.

查亚兵, 张涛, 黄卓, 等, 2014. 能源互联网关键技术分析[J]. 中国科学: 信息科学, 44(6): 702-713.

查亚兵, 张涛, 谭树人, 等, 2012. 关于能源互联网的认识与思考[J]. 国防科技, 33(5): 1-6.

张赟宁, 2014. 信息物理融合电力系统网络化控制研究[D]. 武汉: 华中科技大学: 2-6.

周海明, 刘广一, 刘超群, 2014. 能源互联网技术框架研究[J]. 中国电力, 47(11): 140-144.

Bui N, Castellani A P, Casari P, et al, 2012. The internet of energy: a web-enabled smart grid system[J]. IEEE Network, 26(4): 39-45.

Cao Y, Jiang T, Zhang Q, 2012. Reducing electricity cost of smart appliances via energy buffering framework in smart grid[J]. IEEE Transactions on Parallel & Distributed Systems, 23(9): 1572-1582.

Duan Q, Ma C, Sheng W, et al, 2014. Research on power quality control in distribution grid based on energy router[C]// International Conference on Power System Technology. IEEE: 2115-2121.

Heydt G T, Chowdhury B H, Crow M L, et al, 2012. Pricing and control in the next generation power distribution system[J]. IEEE Transactions on Smart Grid, 3(2): 907-914.

Huang A Q, Crow M L, Heydt G T, et al, 2010. The future renewable electric energy delivery and management (FREEDM) system: the energy internet[J]. Proceedings of the IEEE, 99(1): 133-148.

Hwang S H, Liu X, Kim J M, et al, 2013. Distributed digital control of modular-based solid-state transformer using DSP+FPGA[J]. IEEE Transactions on Industrial Electronics, 60(2): 670-680.

Liu X, Li H, Wang Z, 2012. A start-up scheme for a three-stage solid-state transformer with minimized transformer current response[J]. IEEE Transactions on Power Electronics, 27(12): 4832-4836.

Mcdonough M, 2015. Integration of inductively coupled power transfer and hybrid energy storage system: a multiport power electronics interface for Battery-Powered electric vehicles[J]. IEEE Transactions on Power Electronics, 30(11): 6423-6433.

Meng F, Haughton D, Chowdhury B, et al, 2013. Distributed generation and storage optimal control with state estimation[J]. IEEE Transactions on Smart Grid, 4(4): 2266-2273.

Qin H, Kimball J W, 2013. Solid-state transformer architecture using AC–AC dual-active-bridge converter[J]. IEEE Transactions on Industrial Electronics, 60(9): 3720-3730.

Ramirez V, Ortega R, Bethoux O, et al, 2014. A dynamic router for microgrid applications: Theory and experimental results[J]. Control Engineering Practice, 27(27): 23-31.

Ramirez V, Ortega R, Grino R, et al, 2013. Theory and experimental results of two dynamic energy routers[C]// American Control Conference. IEEE: 2128-2133.

Sanchez-squella A, Ortega R, Grino R, et al, 2010. Dynamic energy router: energy management in electrical systems fed by multiple sources[J]. IEEE Control Systems Magazine, 30(6): 72-80.

She X, Burgos R, Wang G, et al, 2012. Review of solid state transformer in the distribution system: From components to field application[C]// Energy Conversion Congress and Exposition. IEEE: 4077-4084.

She X, Yu X, Wang F, et al, 2014. Design and demonstration of a 3. 6-kV–120-V/10-kVA solid-state transformer for smart grid application[J]. IEEE Transactions on Power Electronics, 29(8): 3982-3996.

Su W, Huang A Q, 2013. Proposing a electricity market framework for the Energy Internet[C]// Power and Energy Society General Meeting. IEEE: 1-5.

Tang T, 2013. Optimal charging control for plug-in electric vehicles in smart microgrids fueled by renewable energy sources[J]. International Journal of Green Energy, 10(9): 924-943.

Tsoukalas L H, Gao R, 2008. From smart grids to an energy internet: assumptions, architectures and requirements[C]// International Conference on Electric Utility Deregulation and Restructuring and Power Technologies. IEEE: 94-98.

Wang F, Yao G, Huang A, et al, 2014. A 3. 6 kV high performance solid state transformer based on 13 kV SiC MOSFET[C]// IEEE, International Symposium on Power Electronics for Distributed Generation Systems. IEEE: 1-8.

Xu Y, Zhang J, Wang W, et al, 2011. Energy router: architectures and functionalities toward Energy Internet[C]// IEEE International Conference on Smart Grid Communications. IEEE: 31-36.

Yan L, Wei D, Wei P, 2013. Energy management embedded software designed for distributed generations[C]// International Conference on Service Operations and Logistics, and Informatics. IEEE: 236-240.

Yang C H, Zhabelova G, Yang C W, et al, 2013. Cosimulation environment for event-driven distributed controls of smart grid[J]. IEEE Transactions on Industrial Informatics, 9(3): 1423-1435.

Zhang M, Du Z, Lin X, et al, 2017. Control strategy design and parameter selection for suppressing circulating current among SSTs in parallel[J]. IEEE Transactions on Smart Grid, 6(4): 1602-1609.

Zhao B, Song Q, Liu W, 2015. A practical solution of high-frequency-link bidirectional solid state transformer based on advanced components in hybrid micro-grid[J]. IEEE Transactions on Industrial Electronics, 62(7): 1-1.